普天之下・盡是好書

普天出版家族
Popular Press Family

凌雲文創
A-Plus Creative Company

北溟玉——著

隋唐其實很有趣 全集

Sui and Tang Dynasties are actually very interesting

再現群雄爭霸歷史畫卷，還原真正的隋唐英雄傳說！

梟雄戰梟雄．王牌對王牌

隋煬帝揭開亂世序幕，各路草莽英雄與廟堂潛龍紛紛登上歷史舞台！
除了李世民兄弟、瓦崗群雄，你還知道多少隋唐好漢？你知不知道，中國歷史上首次打出娘子軍旗號者，是李淵的女兒？
大名鼎鼎的王世充，實際上不姓王，而且還是個胡漢混血兒？
名列英雄榜第一的李元霸竟然被康熙皇帝硬生生改名子？牛鼻子老道徐茂公，
本尊竟是一代名將李勣？英雄榜上的裴元慶、羅成、宇文成都，竟然……都不存在？
沒搞錯，絕對沒搞錯！這才是真正的隋唐！且看《隋唐其實很有趣》以嶄新風格揭露歷史真相，再現群雄爭霸歷史畫卷，還原真正的隋唐英雄傳

出版序

最風趣幽默的隋唐英雄傳說

這是一篇盪氣迴腸的英雄樂章，這是一部風趣幽默的歷史傳奇，揭露歷史真相，再現隋末唐初群雄爭霸、戰火紛飛的歷史畫卷，還原真正的隋唐英雄傳說。

西元六〇四年，被西方人譽為「中國最優秀統治者」的隋文帝楊堅駕鶴西歸，惡名昭彰的大暴君隋煬帝楊廣在弒父疑雲中登上皇帝寶座。

隋煬帝登基之後，對內窮奢極欲、橫徵暴斂，對外則擴張軍事、窮兵黷武，一系列的暴政昏政，揭開了隋末亂世序幕，各路草莽英雄與廟堂潛龍紛紛豎起反旗，躍上歷史舞台。

一夕之間，大隋帝國山河裂變，各大小反叛勢力遍地開花，十八路反王、六十四處煙塵彼此征伐吞併，一個又一個亂世英雄應運而出。這段混亂而又讓人熱血澎湃的歷史，就是我們熟知的隋唐風雲。

揭穿演義小說假象，還原英雄真實面貌

說起隋唐風雲，誰是你最難忘的英雄好漢？

你腦海中的隋唐英雄形象又是如何形成的？來自演義、小說或是影視劇？有沒有想過他們的眞實面貌究竟是怎樣？

你知不知道，中國歷史上首次打出娘子軍旗號者，是李淵的女兒？大名鼎鼎的王世充，實際上不姓王，而且是個胡漢混血兒？隋唐第一好漢的李元霸竟然從沒打過仗，而且還被康熙皇帝強迫改名？牛鼻子老道徐茂公，本尊竟是一代名將李勣？秦叔寶、程咬金、尉遲敬德、單雄信……等人與眞實的歷史人物有著不小落差？名列隋唐英雄榜的裴元慶、羅成、宇文成都，竟然都不存在？

沒搞錯吧！這眞的是隋唐歷史？怎麼跟我們的認知完全不一樣？

沒搞錯，絕對沒搞錯！這才是眞正的隋唐歷史。

且看新銳歷史作家北溟玉以「微觀寫史」的新風格，揭露歷史眞相，再現隋末唐初群雄爭霸、戰火紛飛的歷史畫卷，還原眞正的隋唐英雄傳說。

北溟玉擁有深厚的文史素養，寫作態度嚴謹，將史料融會貫通後，以平易近人的流暢文字，成功將艱澀難懂的史書內容化爲幽默逗人的讀本，文字詼諧而不失愼重，論述有憑有據，令人不得不信服。

翻閱《隋唐其實很有趣》，不時可以見到作者對歷史事件做出風趣幽默的獨到見解，同時適度加入諷喻、俏皮話，以及時下的流行用語，栩栩如生地描繪千百年前那些你我熟知卻又不盡理解的亂世風雲，使讀者輕鬆融入，重新領略一部不同以往的嶄新隋唐傳奇。

三大特色，全新演繹隋唐歷史傳奇

《隋唐其實很有趣》是一部精采詼諧又暢快淋漓的趣味歷史讀物，整體而言，本書具有三大特色：

- 真實：《隋唐演義》、《隋唐英雄傳》等演義作品深入人心，許多經典人物及橋段廣為流傳，然而眞實的歷史，往往與小說情節有著極大的差別。本書以「眞」字為最高原則，眞實、客觀、生動地講述隋唐英雄們的縱橫捭闔。

● 細緻：北溟玉獨創「微觀寫史」新道路，強調盡最大可能深入、細緻地還原歷史眞相。《隋唐其實很有趣》講述了大隋仁壽四年至大唐貞觀二年之間的亂世風雲，隋朝為何衰落，大唐如何崛起，群雄們的鬥智鬥勇躍然紙上。

● 雅俗共賞：身為趣味歷史作家，北溟玉的功力深厚，筆法細膩深刻，文風幽默詼諧，每每將紛繁蕪雜的歷史演變清晰地娓娓道來，可謂老少皆宜，雅俗共賞。

北溟玉以獨特的視野，透過風趣優美的筆觸和大氣磅礴的敘事結構，將一千多年前那段波瀾壯闊的歷史栩栩如生地呈現在我們眼前。這是一篇盪氣迴腸的英雄樂章，這是一部全新演繹隋滅唐興的歷史傳奇，展現衆多歷史人物在改朝換代的風雲變幻中沉落起伏，絕對值得你一看再看。

風雲板蕩

帝王之路

種子出局

先近後遠

南征北戰

風雲板蕩

猛然間，楊廣意識到了一個問題，
表哥也姓李，莫非他就是預言之子？
聯想到表哥長了三個乳頭的怪事，
懷疑之心越來越重了。
沒事長三個乳頭幹嘛？一定有陰謀！

第 1 章

隋煬帝來了

隋文帝楊堅死後，中國歷史上臭名昭著的大暴君、大昏君隋煬帝就此走上了歷史的前台。一個波瀾壯闊、精采紛呈、豪傑輩出的年代，就此進入了倒數計時……

我們的故事，始於一樁著名的歷史疑案……

大隋仁壽四年（西元六〇四年）七月十三日這一天，已經在病床上躺了三個多月的隋朝開國老大——文帝楊堅突然收到了一封信。寫信人是他最最寵信的大臣楊素，收信人則是大隋帝國的明日之君——太子楊廣。負責送信的宮人也許是腦袋被驢踢了，抑或撞豬身上了，居然把信誤送到楊堅這裡來。

這是一個錯誤，但這個錯誤並不美麗。這一點，從楊堅看完信後的表現就可以看得出來，「上覽而大恚」。因爲，在這封信中，老楊一直信任有加的楊愛卿居然對他家老二（楊廣是楊堅的次子）說：「殿下，剛才你問我，萬一你爹死翹翹了，咱們該怎麼辦。我告訴你，你就要一二三如此這般……」

楊堅本已脆弱不堪的小心肝兒瞬間就被扎成馬蜂窩。什麼情況？老子還沒死呢！你就迫不及待地想當皇帝了？這還是朕那個仁慈孝順的廣兒嗎？

經過一番痛苦的思想鬥爭，楊堅決定：召楊廣來問個究竟。

正在此時，他的寵妃宣華夫人慌慌張張地闖了進來。楊堅定睛這麼一看，只見他的寶貝疙瘩臉蛋緋紅，衣衫不整。有情況！絕對有情況！老楊連忙問她怎麼了？宣華夫人眼中噙滿淚水，卻只是搖頭不語。禁不住一再追問，她才囁嚅著說剛才遭到了一個男性的猥褻，未遂的那一種。

楊堅聽了，無比震驚，靠！這天底下居然有人敢動朕的女人！便厲聲喝問道：「那個混球是誰？朕為妳做主！」

宣華夫人如實回答：「太子無禮！」

此言一出，楊堅如聞驚雷，怎麼又是廣兒呢？往事彷彿決堤的洪水從眼前洶湧而過，許多原本貌似毫無牽連的事情，此時都串在一起。剎那間，他明白了：這麼多年來，楊廣其實一直都在僞裝。

無盡的憤怒與悔恨湧上心頭，老楊捶床大罵：「我眞是他媽的瞎了眼，居然會把江山社稷託付給這個畜牲！老太婆啊老太婆（已故皇后獨孤伽羅），妳可把我坑苦了！」

許久，楊堅的情緒終於平靜下來。痛定思痛，他給隨行的大臣柳述和元岩下了一道命令：「把我兒子叫來！」

柳述、元岩這哥倆有點懵，老楊有五個兒子，死了一個老三秦王楊俊，現在就剩下廢太子楊勇、現太子楊廣、蜀王楊秀和漢王楊諒四個了，這叫的是哪一個啊？哦，對了，此時只有太子楊廣在仁壽宮伴駕，想來應該是叫太子了。

「陛下，我們這就去傳太子！」哥倆扭頭就走。

楊堅一聽，急了，「是勇兒！」

柳述、元岩對望了一眼，心裡不禁想：老楊，你這葫蘆裡面究竟賣的什麼藥啊？前太子楊勇不是已經被你廢爲庶人了嗎？但是，看老楊的臉色不好，這哥倆也不敢多說什麼，屁顛屁顛地出去傳令。

楊堅以爲這件事只有天知、地知、柳述知、元岩知、他知，豈料，還有一個人也探到了風聲，這人就是楊廣的死黨楊素。

楊素在文帝身邊經營多年，宮中哪怕是芝麻綠豆大點的小事都休想瞞得了他。多年宦海浮沉的經驗告訴楊素：情況緊急，老楊很有可能是想在最後關頭顛倒乾坤。事不宜遲，他趕緊將這一情況報告楊廣。

楊廣接報大驚，這個老不死的居然想在最後一刻翻盤？於是，一面假傳聖旨，將柳述、元岩二人逮捕入獄；一面將東宮將士調來戍衛仁壽宮，嚴禁任何人員出入。

這兩件事辦完以後，楊廣命親信張衡進入大寶殿，伺候文帝，殿中所有人員都被清了出去。沒多久，被西方人譽爲中國最優秀統治者的隋文帝楊堅駕鶴西歸，去向玉皇大帝報到了。

以上情節出自北宋史學家司馬光著作《資治通鑑》第一百八十卷的記載。

隋文帝究竟是怎麼翹辮子的？對此，司馬光很謹慎地說「中外頗有異論」。但透過字裡行間，我們不難看出，他的潛台詞是說：楊堅在生命的最後時刻發現楊廣的僞善，決定改正錯誤，重新立楊勇爲太子。可惜謀事不周，這記最後的乾坤大挪移被楊廣破解，自己也被楊廣害死。

司馬光不僅是人名，更是名人；《資治通鑑》不僅是書名，更是名書。千百年來，因爲司馬光和《資治通鑑》的「品牌效應」，上面這個故事廣泛流傳，歷代民衆也都普遍接受。

後來，《隋唐演義》、《說唐》和《興唐傳》這三大演義都接受了《資治通鑑》的觀點，認爲隋文帝楊堅因爲想在最後一刻翻盤而遭到楊廣的毒手。

這其中，《隋唐演義》和《說唐》還算厚道，基本沿襲《資治通鑑》的風格，沒有明說是怎麼回事。《興唐傳》的作者比較八卦，在「弄陰謀晉王謀東宮、逞弒逆楊廣登大寶」一回中，以生動細緻的筆觸記述道：「再說張衡把原來伺候皇上的太監、宮女都打發走以後，殿內只留下自己帶來的太子近侍，接著獨自轉到屏風之內。開始，還聽得皇上喃喃自語。突然，就聽到一聲撕裂人心的慘叫。噗！噗！一大片一大片的血漬濺落在屏風的帷幕之上。接著，見張衡從屏風內走了出來。這些太子的近侍知道大事已畢，留下幾個人封鎖殿門，其餘人都跟著他離開了大寶殿。」

看！寫得好像現場直擊，不僅有幫兇，有慘叫，還有血漬，描述得那叫一個細膩啊！那麼，這情節是眞的嗎？隋文帝楊堅眞的想在最後一刻翻盤嗎？楊廣又眞的殺了自己的父親嗎？

我認為，未必！

依據另一權威史籍《隋書》的記載，七月初十這一天，隋文帝就預感到自己很快就要去閻王殿報到了，因而在仁壽宮的龍榻之上與百官舉行告別儀式。在儀式上與群臣依依話別，又是握手，又是掉淚，場面十分感人。三天之後，楊堅駕崩於大寶殿。不過，死前他留下了一道遺敕。

遺敕中，楊堅回顧並總結了自己光輝的一生：「撥亂反正，偃武修文，天下大同，聲教遠被。」在提到繼承人時，他則誠懇地說：「古人有言：『知臣莫若於君，知子莫若於父。』若令勇、秀得志，共治家國，必當戮辱遍於公卿，酷毒流於人庶。今惡子孫已為百姓黜屏，好子孫足堪負荷大業……皇太子廣，地居上嗣，仁孝著聞，以其行業，堪成朕志。」

這麼看來，楊堅並沒有動翻盤的念頭。相反的，人家對楊廣還是十分滿意的。

當然，有人肯定會說，這份遺敕有可能是楊廣那個壞胚偽造的啊！換言之，《隋書》根本就是故意抹去了這一段。

可問題是，《隋書》完全沒有抹掉這一段的必要。

大家知道《隋書》的主編是誰嗎？是魏徵！

魏徵又是誰呢？

相信大家都知道，是唐太宗李世民的小弟。李唐是透過暴力奪取大隋江山的，爲了讓暴力奪權披上合法外衣，李唐應該且必須對隋煬帝進行最大程度的抹黑，否則就無法說服群衆。這叫做，以壞襯好，方顯李唐本色。

試想，如果楊廣殺父篡權一事屬實，李唐的史官們又不是傻子，怎麼會放過這個猛料呢？但我們在《隋書》當中並沒有看到類似《資治通鑑》的記載。也就是說，《隋書》傾向於認爲，隋文帝沒有動過廢立的念頭，楊廣也沒有殺害自己的父親，楊堅其實是自然死亡的。

好了，現在《資治通鑑》和《隋書》發生了衝突，這就衍生出一個問題：兩者誰更靠譜呢？

依我之見，當然是《隋書》更爲可信一些。

道理十分之簡單，你們說，是民初的人對清朝瞭解多一些呢，還是今天的我們對清朝瞭解多呢？《隋書》成於唐代，《資治通鑑》成於宋代，宋人沒理由比唐人更瞭解隋朝。別忘了，唐宋之間還隔了一個五代呢！

當然了，這只是個人的看法。隋文帝之死依然是中國古代史上的一樁懸案，有待考古學家和史料學者來爲我們解開這個謎團。

好了，撇開這個謎團，不管眞相到底如何，隋文帝楊堅的時代都結束了。在他死後的第八天，楊廣終於登上了夢寐以求的皇帝寶座，因爲他死後的諡號爲「煬」，所以後世都稱他爲隋煬帝。

中國歷史上臭名昭著的大暴君、大昏君隋煬帝就此走上了歷史的前台。翌年正月，隋煬帝正式改元爲大業。

一個波瀾壯闊、精采紛呈、豪傑輩出的年代，就此進入了倒數計時……

第 2 章

一半海水，一半火焰

正是對絕對權力掌控的慾望，逐步改變了楊廣的性格，使他最終變成了一個虛榮、固執、自私、冷酷的人；性格變異的楊廣日益膨脹，最終在絕對權威的溫室中走向變態。

大多數人在評判一個人的時候都難免以偏概全。表現在橫向上，就是看到某人一個突出的優點，就把這個優點無限放大，把他誇得完美無瑕；看到某人一個突出的缺點，也把這個缺點無限放大，把他貶得一無是處。表現在縱向上，則是以一個人後半段人生的表現來評判其一生，只要他後半輩子惡貫滿盈，那麼他前半輩子的所有功績與亮點就統統歸零了，這叫做「蓋棺定論」。

上述習慣性思維在評價楊廣的問題上就表現得很明顯。那麼，眞正的楊廣又是怎樣的呢？依小玉我的理解，楊廣這個人很像一部電影的名字——《一半海水，一半火焰》，兼有天使與魔鬼兩種面孔，是一個矛盾的綜合體。

先來說說天使楊廣。

首先，楊廣長得很帥，而且非常聰明，這是遺傳所致。楊廣的姥爺獨孤信是北朝出了名的大帥哥，一顧傾人城，再顧要人命，帥到掉渣了，連史官都忍不住稱呼他爲「璧人」。所以，楊廣出衆的相貌應該遺傳自獨孤信的基因。至於他過人的智商，則十有八九是來自於他那個鬼頭鬼腦的父親楊堅。

其次，楊廣是很有才華的文藝青年，沒事喜歡作詩，且文筆極佳。《全隋詩》一共輯錄了四十多首隋煬帝的詩歌。其中，最能夠代表他藝術水準的是《飲馬長城窟行》：

「肅肅秋風起，悠悠行萬里。萬里何所行，橫漠築長城。豈合小子智，先聖之所營。

樹茲萬世策，安此億兆生。詎敢憚焦思，高枕於上京。北河見武節，千里卷戎旌。山川互出沒，原野窮超忽。摐金止行陣，鳴鼓興士卒。千乘萬旗動，飲馬長城窟。秋昏塞外雲，霧暗關山月。緣嚴驛馬上，乘空烽火發。借問長城侯，單于入朝謁。濁氣靜天山，晨光照高闕。釋兵仍振旅，要荒事萬舉。飲至告言旋，功歸清廟前。」

你看，人家這詩寫得多給力！

後世文人對隋煬帝的詩作給了相當高的藝術評價，說他的《飲馬長城窟行》「通首氣體強大，頗有魏武之風」，還說「混一南北，煬帝之才，實高群下」、「隋煬起敝，風骨凝然」、「隋煬從華得素，譬諸紅艷叢中，清標自出」、「隋煬帝一洗頹風，力標本素，古道於此復存」……等等不一而足。當今的很多學者認為，隋煬帝開啓了盛唐邊塞詩的先聲。岑參、高適等唐代邊塞名家其實都是偷學人家的。

最後，楊廣有著出眾的軍事統帥能力，有二事為證：

一是開皇九年（西元五八九年），年僅二十一歲的楊廣拜為隋朝兵馬都討大元帥，攜賀若弼、韓擒虎等名將，統領五十一萬大軍，南下進攻陳朝。在楊廣統一指揮下，隋軍一舉攻滅陳朝，結束了魏晉南北朝長達三百七十年（從西元二二〇年東漢滅亡到西元五八九年）的分裂割據，在中國歷史上第二次實現了大一統。

二是開皇二十年（西元六〇〇年），楊廣率軍北上，一舉擊潰東突厥鐵騎的主力。

這一仗打出了十五年的和平，一直到大業十一年（西元六一五年），突厥人都不敢南下侵略中國。突厥的一哥啓民可汗甚至在一次會面中向楊廣表示願爲「臣民」，並請求「變改衣服，一如華夏」。

既能文，又能武，長得帥，還是個帝二代，這哪裡是人啊？分明就是不愼遺落人間的天使嘛！

在很多人的印象當中，隋煬帝似乎是一個胸無大志、貪圖安逸的昏君。眞實的情形剛好相反，隋煬帝恰恰是中國歷史上最富進取精神的帝王之一。他的雄心壯志絲毫不亞於秦皇漢武，甚至有過之而無不及。楊廣這輩子，以成爲一個卓越的帝王爲奮鬥目標。

他不僅是這樣想的，更是這樣做的。

話說老楊到了晚年的時候，有點老糊塗了，「不悅儒術，專尙刑名」。仁壽元年（西元六〇一年）的夏天，他藉口現在的學校多而不精，就「廢天下之學，唯存國子一所，弟子七十二人」。

想想眞是有點讓人哭笑不得，偌大一個國家，居然只有一所學校，學校裡面只有七十二名學生！老楊被豬撞上了！

老楊不喜歡文化，但是楊廣喜歡啊！於是，他就在登基的第二年，也就是大業元年（西元六〇五年）的秋天，頒下了一道詔書，強調「君民建國，教學爲先」。這和我們今天所說的「窮啥都不能窮教育」基本上就是一個意思。楊廣還說，無論你是在家自學，還是在學校學習，只要「學行優敏，堪膺時務」，他就會「隨其器能，擢以不次」。於是，各地的學校又陸陸續續地恢復了，大隋的天空下又能聽到朗朗的讀書聲了。

不僅如此，楊廣還十分重視圖書的管理和整理工作。從大業三年（西元六〇七年）開始，就不斷充實秘書省（國家圖書館）的力量。到大業十一年（西元六一五年），秘書省的工作人員已經增加到一一七人。當時，西京大興（就是今日的西安）的嘉則殿中有圖書三十七萬卷，楊廣命秘書省認眞整理，最終篩選出「正御本」三萬七千卷，藏於東都洛陽的修文殿。

他還讓秘書省抄寫了五十份副本，分爲上、中、下三品，分別收藏在大興及洛陽的宮、省、官府。雖然此舉不像開疆拓土那樣引人注目，但絕對是功在當代，利在千秋。咱們應該向隋煬帝豎個大拇哥！

在政治軍事方面，大業五年（西元六〇九年），隋煬帝親率大軍擊敗青海的吐谷渾，之後繼續西行，橫穿祁連山，經大鬥拔谷北上，最後到達河西走廊的張掖郡。

這次出行絕對不是爲了遊山玩水，因爲沒啥好玩的，入眼所見，不是荒灘，就是沙漠，且氣溫常在零度以下。在行進過程中，隋軍多次遭到暴風雪襲擊，士兵凍死大半，官員大都失散，楊廣本人也吃盡了苦頭。在整個中國歷史上，皇帝西巡到達這麼遠地方的，只有隋煬帝一個。

楊廣的苦沒有白吃，到達張掖之後，西域二十七國的君主與使臣紛紛屁顛屁顛前來謁見，表示願意做大隋的小弟。這樣一來，自東漢末年封閉了三百多年的古絲綢之路再次打通。爲了炫耀中華盛世，楊廣在張掖舉行了盛大的萬國博覽會，《飲馬長城窟行》就是在這次博覽會上寫下的。

至此，大隋王朝達到了鼎盛時期。

綜上所述，觀楊廣之所爲，簡直就是一代聖主明君，完全可以和秦皇漢武、唐宗宋祖一較高下，這和後來那個暴戾恣睢、剛愎自用的楊廣相比，簡直判若雲泥。但令人奇怪的是，天使是他，魔鬼也是他，那究竟是什麼原因促使他從天使走向魔鬼的呢？

有一個英國貴族阿克頓勳爵說對了：絕對的權力導致絕對的腐敗。正是對絕對權力掌控的慾望，逐步改變了楊廣的性格，使他最終變成了一個虛榮、固執、自私、冷酷的人；而對絕對權力掌控的實現，使得本已性格變異的楊廣日益膨脹，最終在絕對權威的溫室中走向變態。

隋煬帝幹了很多頗有爭議的事情，其中最出名的有兩件，第一件就是開鑿大運河。很多人想當然地認爲，開鑿大運河是隋煬帝的專利。其實，最先想到開鑿大運河的是楊廣他爹楊堅，最先落實爲行動的也是老楊。小楊只是沿著老楊開闢的道路繼續前進而已，只不過他的決心更強、動靜更大。

隋文帝時期，隋都大興城（今陝西西安）人滿爲患，糧食供應成了政府的嚴重負擔。爲了解決這麼多人的吃飯問題，老楊於開皇四年（西元五八四年）命人從大興城開鑿了一條渠到潼關。這條渠就是在中國水利史上佔有重要地位的廣通渠（又名富民渠）。廣通渠全長三百多里，將關中地區和關東地區的漕運連接起來，有效地解決大興城的糧食危機。

到了隋煬帝時，雖然名義上的國都是大興，但實際的政治中心已經東移到了洛陽。洛陽的人口也很多，同樣存在著嚴重的糧食問題。這個問題擺上了隋煬帝的案頭。

今天很多人認爲，隋煬帝開鑿大運河只是爲了方便自己到南方遊玩，這種看法有失公允。方便遊玩固然是開鑿大運河的諸多好處之一，但卻並非是隋煬帝開鑿運河的主要原因。他主要還是想解決北方的糧食供給問題。此外，正如現在的很多官員喜歡搞些形象工程來提升自己的政績一樣，好大喜功的隋煬帝也想透過這樣一個龐大的工程來彰顯自己的雄才偉略。

正是基於以上種種考慮，楊廣分別於大業初年（西元六〇五年）、大業四年（西元六〇八年）、大業六年（西元六一〇年）開鑿了通濟渠、永濟渠和江南河。這三段水渠連接起來構成了全長兩千五百多公里的京杭大運河。

在那個工程技術極度不發達的年代，大運河的成功開鑿是人力征服自然的偉大壯舉。大運河將長江流域、淮河流域和黃河流域連成一體，使中國出現第一條貫穿南北的交通大動脈，極大地方便了漕運，同時也大大地便利文化交流，強化政治控制，進而有效地鞏固國家政權。

唐代詩人皮日休以煽情的筆觸評價道：「盡道隋亡為此河，至今千里賴通波。若無水殿龍舟事，共論禹功不較多。」

瞧瞧，在老皮眼中，楊廣的偉大程度都快趕上大禹了。

歷經歲月的擾攘，現在的大運河僅剩一千七百九十四公里，但它仍然是世界上最長的運河，仍然發揮著不可替代的作用。可見，開鑿大運河確實是件好事。

問題是，做事的方式方法不對，最終導致了背離預期目標的不良後果，功在後世，罪卻在當代。在這件事上，楊廣至少犯了以下三個大錯誤：

首先是無限制地徵集大批人民服徭役。

開鑿通濟渠時，楊廣就在河南、淮北一帶徵集了一百多萬民工；開鑿永濟渠時，又從河北徵集了一百多萬民工……大批農民脫離農業生產，以至於北方的農業生產陷於停滯。與此同時，因為要照顧北方，南方的農業生產壓力陡然增大，國家經濟格局的平衡被打破，農業整體受到嚴重的衝擊。

其次是殘暴地剝削、虐待民工。

隋煬帝任命歷史上臭名昭著的麻叔謀擔任監工。這個老麻生性殘忍，愛吃小孩肉，當時的父母哄孩子的時候，都說：「別哭了，要不然麻老虎就來吃你了。」孩子聽了，馬上就不哭了。

讓這麼一個人做監工，民工的處境可想而知。不到一年，三百六十萬民工中，就有二百五十萬死亡，累累白骨遍佈運河兩岸。罪行雖然是老麻犯下的，但最終買單的還得是隋煬帝。

最後是貪婪腐化，窮奢極欲。

大業元年八月，隋煬帝從通濟渠南下江都。單是他乘坐的龍舟，就有二十四丈，近八十米之高，船上建有四層高的樓閣。此外，還有專門爲嬪妃們建造的舟船，同樣是不惜工本。算上爲隨行大臣、僕人、將士們建造的船隻，隋煬帝下一次江都，動用的舟船就在六千艘以上。

如此龐大的船隊綿延近一百多公里，除了由騎兵護衛外，還有八萬名縴夫拉縴。所過州縣，方圓五百里以內都要獻上山珍海味，吃不完的就地掩埋。即便在今天，哪個國家領導人出行也沒有這麼大的排場。

如此龐大的船隊，花費之巨，讓人連想都不敢想。

隋煬帝愛出鋒頭，喜歡那種前呼後擁的感覺。自大業元年一下江都後，他就迷上出巡，在位十三年間，居然先後出遊八次，其中三次是去了江都。巡遊過程中，隋煬帝大講排場，奢侈浪費極其嚴重，廣大人民群眾飽受摧殘。

有朋友忍不住問了，靠！他這麼胡來，怎麼就沒人出來勸諫呢？大臣們都是吃乾飯的啊？

這個問題該怎麼回答呢？只能說早先有，後來就沒有了。因爲，楊廣這個人自認天縱英明，特不喜歡別人給他提反對意見。他曾經大剌剌對大臣虞世南說：「我這個人什麼都好，就是有個小小的缺點，生性不喜歡別人進諫。地位名望已經顯達的人還想用諫諍來沽名釣譽，我不能容忍；至於地位低下的人，雖然可以寬恕，但我絕對不讓他們有出頭之日！」

中國古代絕大多數皇帝都不喜歡大臣進諫，但如此恬不知恥挑明說的，只有楊廣一個。隋煬帝由著自己的性子一味胡搞亂搞，大臣們爲了保位保命，只好裝聾作啞。結果，問題不僅沒有解決，反而越積越多。於是，不堪忍受的人民憤怒了。

大業六年（西元六一〇年）正月初一，建國門外突然來了一隊幾十人的僧侶。這些僧侶「皆素冠練衣，焚香持華」，自稱是彌勒佛。衛兵一聽是彌勒佛，趕緊稽首參拜。豈料，「彌勒佛們」突然發難，搶奪武器。

正好隋煬帝的二兒子齊王楊暕打這裡經過，順手平息了這場突如其來的暴亂，否則後果不堪設想。隋煬帝很生氣，下令嚴查此事，進行大搜捕，無辜受到牽連的群眾竟達千餘家。「彌勒門事件」是《隋書》中記載的第一件民變，可以說是後來的隋末農民大起義的先聲。

儘管如此，隋煬帝還是沒有記取教訓。十四天後的元宵節，他盡集各國酋長及使者，盛陳百戲，表演藝人多達一萬八千人，聲響遠傳數十里之外，燈火把黑夜照耀得如同白晝。演出活動通宵達旦，一直持續到正月底。

各國商賈都希望到洛陽東市進行貿易，煬帝就下令東都商戶家家整飾店面，廣積珍貨，商人要衣飾華美，賣菜也得先用龍鬚席鋪地，然後再擺上菜蔬。外邦商客經過酒食店，店主須盛情邀入，不僅不能收一個銅板，還得喊口號：「中國豐饒，酒食例不取值。」此外，所有的樹木都要用綢帛纏飾。有些外商就不明白了，靠！怎麼樹木有綢帛穿，那些窮人沒衣服穿？

六月，雁門人尉文通聚眾三千造反，旋即被政府軍鎮壓。十二月，硃崖人王萬昌舉兵作亂，也遭鎮壓而失敗。

明眼人都看得出來，人民的反抗已經星星點點冒出來，再不加以控制，恐怕就會形成燎原之勢了。

到了這個節骨眼上，按說隋煬帝也該警醒了。可是，他不但不節制自己的慾望，反而變本加厲，又做了一件更大的蠢事。

終於，大隋的天空被捅了一個大大的窟窿。

第 3 章

大隋流行音樂榜 Top 2

王薄一夜之間暴紅，肖像很快就貼遍城牆，憑藉著這首主打歌，奠定自己在大隋樂壇無可撼動的領袖地位，《無向遼東浪死歌》連續幾年都高據大隋流行音樂排行榜的 top 2。

這一年年底，隋煬帝起駕巡遊北疆，重點對突厥進行了友好的國事訪問。在突厥考察期間，隋煬帝與啓民可汗會晤，雙方就雙邊關係及共同關心的地區和國際問題深入交換意見，並簽訂了一簍子的經貿協定。

然而，會晤結束後，隋煬帝卻在啓民可汗的大帳中發現一個令他很不爽的人——高句麗的使者。

一見高句麗人，隋煬帝的臉當下就黑了，要多難看有多難看。

爲啥呢？

他和高句麗有仇！

啥仇？

國仇！

西元七世紀的朝鮮半島正處於三國時代。那時的半島上有三個國家，分別是新羅、百濟和高句麗。百濟地處半島西南角，隔黃海與大隋相望；新羅地處半島東南角，隔日本海與日本相望；高句麗則佔據半島北部的大部分地區和遼東地區。

當時，高句麗在一哥高元的帶領下，正處於全盛時期，大有吞併新羅、百濟，一統朝鮮半島之勢。新羅和百濟磕不過高句麗，只好投到大隋的門下尋求庇護。隋朝自然也不希望周邊出現一個強大的鄰居，就經常出面給這兩小弟撐腰。再加上帝國東北邊境和高句麗接壤，雙方在邊境上摩擦不斷，大隋和高句麗的矛盾越積越深。

老楊在位的時候，曾經要求高句麗承認大隋的宗主國地位，豈料卻遭到高句麗堅決拒絕。高元不僅拒絕老楊的要求，反而還向隋朝提出領土要求。開皇十八年（西元五九八年），高元見索土不成，竟悍然發兵入侵遼西，後來被隋軍驅逐出境。

這件事可把老楊給氣壞了，立即發兵三十萬攻打高句麗。可氣他娘的老天爺不照應，三十萬隋軍連高麗人蔘長啥樣都還沒見到，就被狂風大雨加疾病給拍了回來，死傷比例高達八十％。

從志在必得到慘澹收場，尷尬的結局讓老楊恨不得找個地縫鑽進去。高元聽說這個消息後樂壞了，不過，他並不想與隋朝全面開戰，便主動派人送來一份謝罪表，也算是給老楊一個台階。

老楊恨不得將高元活吞了，但現在無力再戰，只得強嚥這口鳥氣，接受了高元的「謝罪」。但場面上的虛情假意禮畢竟掩蓋不住問題的實質，大隋上上下下都將征討高句麗失敗之事看做國恥。

楊廣這個帝二代登基以後，就開始琢磨著怎麼收拾高句麗。他正想著如何找碴，豈料天遂人願，竟讓他在啓民可汗這裡意外地碰見高句麗使者。

這下，隋煬帝可逮著機會了，牛氣哄哄地對高句麗使者說：「你知道朕爲什麼會在這兒嗎？因爲啓民老弟誠心地尊奉我大隋，所以朕才會親自來看他！明年，朕會去涿郡。你回去告訴你們老大，只要他好好報答朕的照顧之恩，朕會像對待啓民老弟這樣對待他。但是，醜話說在前頭，假如他不來覲見朕的話，我就要帶著啓民老弟去巡視（這個詞用得蠻考究的）你們的國土了！」

然後，高句麗的使者就回去了；再然後，高元卻沒有來。再再然後，隋煬帝就堅定了一個信念：他娘的，一定要打敗高句麗，而且要往死裡打，一勞永逸地解決問題。

從突厥那兒回來後不久，隋煬帝便著手進行戰爭準備。

他強令天下富人爲國家購買軍馬。部分馬商趁機囤積居奇，哄抬物價，政府宏觀調控不給力，結果一匹軍馬的價格竟然漲到十萬錢。

與此同時，隋煬帝又命令各地官吏細心挑選、查驗兵器，「務令精新」，如果發現有粗製濫造的，負責檢查的人一律砍頭餵野狗。

大業七年（西元六一一年）二月十九日，隋煬帝坐龍船從江都出發，北上涿郡。二十六日，他在北上途中頒佈敕書，要求全國軍隊向涿郡集結，咱們要去打高麗棒子囉。

東萊（今山東掖縣）領受了造船三百艘的艱鉅任務。楊廣催逼主管官吏，主管官吏催逼各級監工，監工就催逼民工。

結果，民工們夜以繼日地泡在水裡，很多人腰身以下竟腐爛生蛆，死亡者十之四五。

運送軍需及糧食的民工有數十萬人，史載民工隊伍「塡咽於道，晝夜不絕」，以至於「死者相枕，臭穢盈路」，於是天下騷動。

離涿郡最近的山東，因爲地利之便，自然受到隋煬帝的特別「眷愛」。皇帝陛下那如大海一般的「愛」簡直成了山東百姓生命不能承受之重。恰逢洪災突降，田園毀壞，物價飛漲，偏偏官吏橫徵暴斂，百般壓榨，老百姓怨聲載道。於是，整個山東變成了一個大大的火藥桶。

終於，在大業七年三月，一顆火星出現，引爆了這個火藥桶，他的名字叫做王薄。王薄原本是齊郡鄒平（今山東鄒平西北）的一個農民，因爲不堪忍受政府的橫徵暴斂，聚集數百群衆，佔據長白山（不是大家熟知的長白山，是山東章丘境內的一個地名），正式舉起了反隋的大旗。轟轟烈烈的隋末農民大起義就從這一刻拉開序幕。

王薄給自己取了一個響叮噹的名號，叫做「知世郎」，意思是老子無所不知、無所不曉。爲了吸引更多的群衆入夥，這哥們還特地創作了一首《無向遼東浪死歌》，翻譯成現代漢語就是《別去遼東白白送死之歌》。歌詞是這樣的：「長白山頭知世郎，純著紅羅錦背襠，長矟侵天半，輪刀耀日光。上山吃獐鹿，下山吃牛羊。忽聞官軍至，提劍向前蕩。譬如遼東死，斬頭何所傷？」

說實話，這首歌的文采有點遜，但是立意特別大膽，風格十分獨特，給沉悶已久的大隋樂壇帶來一陣清新的空氣。於是乎，王薄一夜之間暴紅了，他的肖像很快就貼遍山東各州府郡縣的城牆，那顆原本不值錢的腦袋現在人人搶著要。憑藉著這首主打歌，王薄奠定自己在大隋樂壇無可撼動的領袖地位，《無向遼東浪死歌》連續幾年都高據大隋流行音樂排行榜的top 2。

偶像的力量是無比巨大的。受到王薄的感召，越來越多粉絲群眾揭竿而起，唱著他們的主打歌，投身到反對隋煬帝暴政的鬥爭中。

第 4 章

楊玄感黎陽起兵

楊大娃特會裝，表面上失望萬分，心中卻是欣喜欲狂。隋煬帝前腳剛走，他後腳就開始準備謀反。六月初三，楊玄感率軍進入黎陽，正式誓師起兵。

王薄就好比是一串鞭炮上第一個被點燃的炮仗，他的爆炸引起了後面的連環爆炸。起義的烽火好似雨後春筍一般，一簇接一簇地冒了出來。

清河鄃縣人張金稱、信都蓨人高士達、平原人劉霸道、東郡人翟讓、清河漳南人孫安祖、竇建德、齊州章丘人杜伏威、輔公祏等相繼聚衆起兵，豎起了反隋的旗幟。

但不管怎麼說，這些起義的規模都非常小，嚴格說來，似乎稱爲群體性事件更加合適些。人家楊廣壓根就沒把這些小規模的民變放在心上。此時，他的心中就惦記著一件事：消滅高句麗，消滅高句麗，消滅高句麗……

大業八年（西元六一二年）正月初二，隋煬帝在涿郡發佈東討敕書，正式起兵攻打高句麗。

全軍共分二十五路人馬，合一百一十三萬三千八百人，號稱兩百萬，創下了中國歷史上出征人數的最高紀錄。時過百年，宋代的司馬光在提到這段歷史時，依然不由得驚呼！這一百多萬人還僅僅是士兵，負責後勤補給的民工，人數更多，約有近三百萬人。也就是說，楊廣爲了征討高句麗，一共動用了四百多萬人。不要說中國歷史了，整個人類歷史上都沒有這麼大的手筆。

有人問了，高句麗不過是個彈丸小國，犯得著動用這麼多人馬嗎？

說實話，真犯不著。但大隋人都知道，現任皇帝是一個好大喜功、講究排場的人。一個彈丸小國居然敢和泱泱中華叫板，實在讓楊廣太震驚太生氣了。

打敗高句麗，這是必須的。但是，楊廣覺得，這還遠遠不夠，他要的不僅僅是勝利，而是征服！他要讓高句麗人乃至周邊的其他國家部族，以後聽到大隋、聽到楊廣這個名字就兩腿發軟，哭爹喊娘。

然而，六個月後，隋煬帝討平高句麗的宏偉夢想就被無情的現實擊個粉碎。在關鍵的薩水戰役當中，隋軍遭到決定性慘敗，參加該戰役的三十萬大軍僅剩下兩千多人。七月二十五日，萬般無奈的隋煬帝只得下令班師回朝。第一次東征就這麼草草收場。

事實再一次證明，楊廣絕不是那種善罷干休的人。大業九年（西元六一三年）正月初二，也就是一討高句麗一周年紀念日這天，他再次發佈征討高句麗的敕書。

敕書一出，天下人都抓狂了。靠！還來？你他娘的有沒有搞錯？

於是乎，一些性格火爆的群眾便開始發動群體性暴力事件了。平原人李德逸、靈武人白瑜娑、齊郡人孟讓、北海人郭方預、平原人郝孝德、河間人格謙、勃海人孫宣雅、濟北人韓進洛、濟陰人孟海公先後聚眾造反。一時間，遍地開花，警報迭傳。

隋煬帝沒想到民間的反戰情緒會這麼強烈。世界如此美妙，你們卻如此暴躁，動不動就搞群體性事件，這樣不好，很不好！為了安撫人心，他宣佈大赦天下。

但無論如何，征討高句麗這件事，是一定要做的，不打敗高句麗，楊廣死不瞑目。

四月二十七日，隋煬帝率軍渡過遼河，第二次征高大戰開始了。

隋煬帝頭也不回地走了，有一個人卻陰惻惻地笑了。此人姓楊名玄感，官居禮部尚書，是前司徒楊素的長子。

幫助楊廣登上皇帝寶座後，楊素著實風光了幾天。但好景不長，大業二年他就病死了，時年六十二歲，不算高壽。說起來，楊素其實是活生生嚇死的，死亡原因就是中國歷史上經常出現的那六個字：狡兔死，走狗烹。

隋煬帝一直想烹楊素，只是礙於主客觀等多方面條件不成熟，才一直沒烹。楊廣想吃狗肉，楊素心知肚明，天天生活在極度憂慮和恐懼當中，撐了兩年，沒撐住，死了。

果然，他死後，隋煬帝不僅沒有一點悲傷，反而幸災樂禍地對侍臣說，「楊素死得好！要是再不死，最終恐怕得被誅滅九族。」

世上沒有不透風的牆，這句話很快就傳到楊玄感的耳中。楊玄感十分害怕，我靠，老子雖然死了，兒子還在啊！看來皇帝遲早會對我們楊家下手。狗急了還跳牆呢！就更別說是人了。於是，楊玄感就和六個弟弟暗中策劃謀反。

時機說來就來，第二次征討高句麗的戰爭即將發動，楊玄感趁機請求隋煬帝說，「我家世世代代蒙受國恩，我願意主動請纓，前去征討高句麗。」

隋煬帝聽了，意外之餘也感到十分高興，連聲誇讚楊玄感，「好啊好啊，人說將門必有將，相門必有相，果然不假。」

隋煬帝實在是太瞭解楊家人了。楊家七個葫蘆娃當中，就數大娃楊玄感最爲成器，「好讀書，便騎射」，德智體美勞全方面發展，堪稱全方位複合型人才。不過，話說回來，老楊家「四海知名之士多趨其門」，再讓楊大娃去前線建功立業，擴大影響，這種賠本兒買賣咱楊廣可不幹，你當我是傻子啊？

所以，出發前夕，隋煬帝就讓楊大娃留在黎陽（河南省浚縣）搞後勤工作，負責督運軍資。崗位雖然重要，但永遠都是幕後英雄，上不了檯面。

楊大娃特會裝，表面上失望萬分，心中卻是欣喜欲狂。隋煬帝前腳剛走，他後腳就開始準備謀反。楊大娃也挺狠的，隨即利用職務之便，給楊廣來了個釜底抽薪：故意遲滯漕運，不按時發運軍資。

前線隋軍總是缺少糧草，士氣萎靡不振。隋煬帝當然很著急，一而再再而三地派使者前來催促楊大娃。每到這個時候，楊大娃總是裝出一副無可奈何的樣子，說什麼水路上暴民很多，很難按時發運。

楊廣聽了這樣回答，也沒什麼靠譜的辦法。

正式起兵之前，楊大娃鄭重地做了一件事：派使者去大興請一個人，李先生。

六月初三，楊玄感率軍進入黎陽，正式誓師起兵，「皇帝無道，絲毫不體恤百姓，天下紛擾不休，死在遼東戰場的人數以萬計，現在我要和你們起兵拯救天下的蒼生，你們願意嗎？」

楊大娃說出了大家的心裡話。眾人皆山呼萬歲，大事就這麼成了。

儀式結束後不久，有人來報，李先生來了。

楊玄感撫掌大笑，大事可成矣！

第 5 章

一號人物閃亮登場

軍隊很快就發展到了五萬之眾，楊大娃心中不免有些飄飄然了，一連串的勝利更讓他堅信自己當初的抉擇是對的，同時對李密也開始有點小小的輕視了。李密既無奈又憂慮。

隋末唐初第一號人物——李密就此登場。

貞觀名臣魏徵在主編的《隋書》當中，給了李密相當高的評價，「密多籌算，才兼文武，志氣雄遠，常以濟物爲己任。」

李密的出身非常好，他的父親李寬官至上柱國，封蒲山公，是隋朝名臣。父親死後，李密得以蔭受爲左親侍。左親侍大致相當於今天的中南海保鏢，是給大隋一哥隋煬帝站崗放哨的。

話說大業年間，大興的市里坊間突然流傳起一首《桃李歌》。這首歌的歌詞極短，翻來覆去其實只有六個字，「桃李子，有天下」。相信大家一眼就看出來了，《桃李歌》的內容相當大逆不道，預示著一個姓李的男人將會擁有天下。

很快，這首歌便傳到了大隋疆土的每一個角落。

前文中曾說過，《無向遼東浪死歌》雖然很流行，但也只是大隋流行音樂排行榜的第二名而已，排第一的正是這首《桃李歌》。

隋煬帝聽到這首歌後，直氣得嘴歪眼斜，暴跳如雷。發完飆之後，他就開始尋思：誰會是歌謠當中所說的姓李之人呢？

也是合該李密倒楣，這天，楊廣閒來無事，在宮中溜達，無意中看到站崗值勤的李密。他一下子就想到《桃李歌》，眉頭不由地皺了起來，問身旁的許國公宇文述，「左邊仗下站著的那個黑不溜秋的小子是誰？」

宇文述回答說，「哦，那個後生是已故蒲山公李寬的兒子李密。」

隋煬帝當然知道那個小子是李密，雞蛋裡挑骨頭地說：「這小子東張西望，不像個好鳥，讓他滾蛋吧。」

宇文述和李寬交情不錯，不好意思讓李密直接捲舖蓋回家，但是，陛下囑咐的事還得照辦不是？如何才能既完成皇帝交代的任務，又不傷與李密的和氣呢？

宇文述有辦法，忽悠李密說：「我說老弟啊，你這麼聰明，應當靠著自己的才學求取功名，在這裡站崗放哨，能有什麼前途呢？」

李密那時還很年輕，社會經驗嚴重不足，聽了宇文述的話，高興極了，歡天喜地回家讀書去了。而且，他還找了一個藉口，說身體有病。真是傻到蛋疼的程度！

這小子回家後，還真「兩耳不聞窗外事，一心唯讀聖賢書」。一次，他騎著牛去拜訪名儒包愷，連路上的時間都不肯浪費，把整套《漢書》往牛角上一掛，捧起其中一本，在牛背上看得津津有味。

這時，正趕上楊大娃他爹楊素下班回家，看到這個場景後，楊素十分感動，騎馬從後趕上，問道：「你是哪裡的書生，居然如此愛好學習？」

李密抬頭一看，原來是當朝紅人——尚書令楊素楊大人，趕緊下牛參拜，道出自己的姓名。楊素又問他讀什麼。李密回答說《項羽傳》。

楊素大感興趣，就和李密攀談起來。李密這小子是眞有才啊，滔滔不絕，如數家珍，和楊素聊得非常投機。意猶未盡的楊素回到家中，依然讚不絕口，略帶不滿地對自己的兒子們說：「你們的才學和氣度都比不上李密。」

楊玄感聽後，便與李密「傾心結納」。他曾經偷偷地問李密，「當今聖上猜疑多忌，大隋的國祚不會很長。如果有朝一日機會來臨，你和我誰先誰後啊？」

聽聽，這話有點曹孟德青梅煮酒論英雄的意思。楊大娃眞不害臊，和人家李密根本就不是一個檔次的，居然自抬身價。

李密回答得挺實在，「要是在兩軍陣前交戰，大怒喝喊，使敵人震驚懾服，我不如你；要是指揮天下賢士俊傑，各自施展才能，使遠近歸附，你就不如我了。」

現在，這個自信能「攬天下英雄馭之，使遠近歸屬」的李密就站在楊玄感的面前。楊玄感迫不及待地問李密，「你常常以拯救百姓爲己任，現在是時候了！咱們下一步該怎麼辦？」

李密胸有成竹，娓娓道來，「如今，天子御駕親征，遠在遼東，其地離幽州有千里之遙，南面是大海，北面是強胡，中間只有一條道路，且地勢險峻。你應該出其不意，率兵長驅入薊，憑藉險要地形，扼住皇帝的歸路。不出一個月，軍資糧秣必定會耗盡。

屆時，高句麗軍肯定會隨後追擊，隋軍必定潰敗。這是上策。」

隋煬帝要是知道李密出了這麼一計，肯定會對李密唱道：「你好毒，你好毒，你好毒……你越說越離譜，我要啃掉你的骨……」

但楊玄沒這個膽量，感想了一下，問還有沒有別的計策。

李密接著說：「關中地形險惡，四面都有天然的要塞屏障，簡直就是天府之國。刑部尚書衛文升（主持大興工作的大臣）能力一般，不足為慮。你可以揮軍向西，沿途一城不攻，直取大興。進入大興後，收攏豪傑，安撫士民，固險而守。即便皇帝從遼東回來了，我們也可以以關中為根據地，逐步蠶食天下。這是中策。」

楊玄感又想了想，問還有沒有別的計策。

李密無奈，只得說：「還有一個下策。挑選精兵強將，晝夜兼程，攻取東都，號令四方。但是，如果我們在三個月之內拿不下東都，各路援軍就會從四面八方趕來。屆時，勝負就不是我能預料的了。」

仔細分析李密的平隋三策：上策最毒，見效最快，但實施起來最困難；中策雖好，但是見效太慢；下策最為簡便易行。

智者和聰明人的區別就在於，聰明人永遠都想走捷徑，而智者總是能看到問題的實質；最簡單易行的計策未必就是最好的計策，利益最大化的計策才是上策。

楊玄感的一句話道出了他和李密的本質區別，「你的下策，正是我的上策。如今文武百官的家屬都在東都，如果拿下東都，就會擾亂他們的心。而且，如果路上一城不取，怎麼能顯示我軍的威風呢？」

事到如今，李密也不好再說些什麼了。

楊大娃說幹就幹，立即率軍向東都洛陽進發。一切似乎都很順利，僅僅用了十天時間，便兵臨洛陽城下。

在洛陽城外的曠野上，楊大娃再次舉行盛大的誓師儀式，「我官居上柱國，家資巨萬，對於富貴，已無所求。我之所以要冒著滅族的風險起兵，正是為了拯救天下的黎民百姓於水火之中！」

別管楊玄感自己信不信，反正老百姓信了。父老鄉親們爭著搶著給楊大娃的軍隊送肉送酒，有的乾脆把自家的耕牛都牽來，最後甚至發展到送人的地步，父親送兒子，妻子送丈夫。送來幹啥？

革隋煬帝的命！

據載，「父老爭獻牛酒，子弟詣軍門請自效者，日以千數」。楊玄感的軍隊很快就發展到了五萬之衆。

楊廣眞應該親眼看一看這種情形，他一直覺得自己是堪比堯舜的明君，殊不知天下人早把他看成是桀紂一樣的昏君暴君了。

面對此情此景，楊大娃心中不免有些飄飄然了，一連串的勝利更讓他堅信自己當初的抉擇是對的，同時對李密也開始有點小小的輕視了。更何況，此時他的身邊又多了一個智囊——內史舍人韋福嗣。

韋福嗣其實是被俘後收做智囊的。他率軍抵抗楊玄感，結果戰敗被俘，楊大娃聽說他鬼點子多，所以就收他做智囊。自從有了韋福嗣，楊玄感就不怎麼聽李密的了。

韋福嗣是被迫上賊船的，內心還在猶豫觀望，每次出謀劃策的時候，都出那種模稜兩可、似是而非的點子。起初，李密也沒有看出來。直到有一次，楊大娃讓韋福嗣寫一篇聲討隋煬帝的檄文佈告天下，他還想站到楊廣這一邊，死活不肯寫，左推右拖，理由一大堆。

楊大娃倒沒當回事，不寫就不寫吧！但李密看出門道了，力勸楊大娃殺掉韋福嗣。豈料，楊大娃根本不聽，一句「何至於此」就把李密給噎了回去。

李密既無奈又憂慮，對自己的親信說：「楚公（對楊玄感的尊稱）造反，卻不知取勝之道，咱們怕是要當俘虜了！」

隋煬帝楊廣現在做著和楊大娃同樣的事情——圍城，只不過楊大娃圍攻的是東都洛陽，而他圍的則是高句麗的遼東城。

眼看著遼東城唾手可得，偏偏就在此時，一道緊急奏疏拯救了高句麗人。不用說大家也猜得到，沒錯，上報楊玄感造反的奏疏到了。

隋煬帝看了奏疏，簡直不敢相信自己的眼睛，沒想到楊玄感這廝居然敢造反！他以爲楊玄感是他案板上的一塊肉，想切成肉丁就切成肉丁，想切成臊子就切成臊子，豈料，人家不幹，要革他的命了。

驚訝之後則是深深的恐懼。楊廣明白，高句麗再強，也不會對自己的統治構成致命威脅，楊玄感就不同了，他們楊家世代顯赫，門生故吏遍佈天下，楊玄感登高一呼，從者無數，這才是心腹大患。

二十八日二更時分，隋煬帝突然升帳開晚會。

諸將個個睡眼惺忪，「不知陛下有何指示？」

楊廣從牙縫裡面擠出一個字：撤。

什麼？撤兵？現在？軍械怎麼辦？

後院起火了，咱們得趕快回去，再晚了，恐怕就回不去了。東西就別要了，咱們多得是錢，還在乎這點東西？

是夜，隋軍大營人喊馬嘶，兵找不到將，將尋不著兵，亂成了一鍋粥。這麼大的動靜，城中的高句麗軍當然聽到了。但是，他們摸不準隋軍葫蘆裡面到底賣的什麼藥，不敢出城試探，只是在城中擊鼓吶喊。

於是，隋軍趁著夜色，一窩蜂地撤圍而去。

一直到第二天的中午時分，高句麗軍才敢出城查探。隋軍大營中，糧草碼得齊刷刷的，兵器堆得跟個小山似的，一頂頂的帳篷連綿不絕，望不到個頭。什麼都有，就是沒有人。現在，這些統統歸高句麗所有了。據說，後來高句麗人抵抗唐太宗李世民的時候，用的就是隋煬帝給他們留下來的武器。

楊廣就是慷慨！

第二次征討高句麗就這麼戲劇性地戛然而止了。現在，在隋煬帝的心目中，高句麗之類的都是浮雲，只有楊玄感最給力。回到涿郡以後，楊廣立馬頒發敕書，調大將屈突通、宇文述、來護兒等率軍討伐楊玄感。

李密的擔憂果然變成現實，楊大娃兵鋒雖盛，但就是攻不破洛陽。與此同時，隋朝援軍正從各地趕來。

楊大娃雖然屢戰屢勝，部隊雖然日日擴編，但處境卻越來越危險。

很快，隋軍的第一路援軍就趕到了。這四萬隋軍是由楊廣的三孫子——西京留守代王楊侑派出的，統兵的正是李密瞧不上眼的刑部尚書衛文升。來洛陽之前，衛文升順道去了趟華陰，那裡有楊素的墳墓。將楊素的屍體挖出來挫骨揚灰以後，這老兄才揮軍出崤谷，過澠池，直抵東都北門外。

第 6 章

不殺光不足以警戒後人

楊廣舉行了隆重的楊玄感集團分子處決大會。三萬多人被殺，六千多人被流放邊疆，家產全部被沒收。凡是接受過楊玄感糧米的百姓全都被坑殺在洛陽城南。

望城興歎的楊大娃心情本來就不好，祖墳被刨，他的憤怒可想而知，正好拿衛文升洩火。衛文升的忠誠沒得說，但是他的軍事能力實在讓人不敢恭維。這哥們挺有意思的，八成有點受虐狂的傾向，雖然每隔一兩天就要被楊玄感追打一次，但他就是不肯後撤。你打吧！你打吧！有種你就打死我，我就是不走。

人家楊玄感的部隊天天都在擴編，衛文升部隊卻天天都在減員。一來二去，他帶來的那四萬人馬已經傷亡了一大半。不帶這麼欺負人的，衛文升終於發了火，索性率軍進駐邙山南麓，要和楊玄感一決雌雄。

一天之內，雙方你來我往，交鋒十餘次。眼看著這點可憐的隋軍就要被楊玄感吃了，就在這時，一枝華麗麗的小箭正中楊家三娃楊玄挺的要害，楊三娃當場陣亡。楊大娃無奈，只得收兵回營。

楊大娃剛剛處理完弟弟的後事，就有一個老朋友登門拜訪了。來者名叫李子雄，曾官居右武候大將軍，現在的身份是逃犯。李子雄苦這麼多年，怎麼淪為逃犯了呢？因為他得罪了一個不能得罪的人，當朝皇帝楊廣。

李子雄和楊廣的關係原本挺和諧的，但他美好的前途卻因為一首《桃李歌》而急轉直下。繼李密之後，李子雄又成了楊廣眼中「預言之子」的可能人選。楊廣硬是安了一個莫須有的罪名，將他除名為民，發配至東萊，在來護兒手下效命。

但就是這樣，楊廣還是不放心，回軍途中給來護兒發了一道密旨，讓他派人將李子雄押送到自己的行營。李子雄畢竟在楊廣身邊多年，知道這回去了，恐怕就再也回不來了，就在路上幹掉押送人員，一路狂奔前來投靠好友楊玄感。

李子雄見到楊玄感的第一句話就是，「你怎麼還不稱帝呢？」

楊玄感說：「我沒想到啊！」

李子雄勸他，「現在想到了吧？還等什麼？趕緊稱帝吧！」

楊大娃目前確實還沒想過稱帝的事情，但這個東東實在是太誘人了，他有些拿不準，便來徵求李密的意見。

李密聽了，忙不迭反對，「不行，不行，現在不行。你想咱們起兵以來，雖然屢次獲勝，但是郡縣一級的官吏並無一人回應。況且，洛陽還沒有打下，各地的隋軍正陸續趕來，咱們正面臨著危險。當前，我們最應該做的事是果斷採取措施，解決面臨的困難。可你卻急著稱帝，這只會讓天下人說你目光短淺。」

楊玄感聽了十分尷尬，只好笑著掩飾了過去，稱帝這件事也就不了了之。

李密最最擔心的事情還是發生了。很快，隋軍屈突通、宇文述、來護兒的部隊先後渡過黃河，望洛陽而來。與此同時，洛陽城中的隋軍則一反常態，頻頻出擊。衛文升上竄下跳，鬧得也很歡，情勢不容樂觀。

李子雄提議，捨棄洛陽，西入關中。說實話，這就是當初李密所提中策的翻版。楊大娃這回變得聽話了。七月二十日，他解除了對洛陽的包圍，掉頭西逃。屈突通、衛文升、宇文述聽說楊大娃要西入關中，都著了慌，趕緊在後面追趕。

楊大娃大軍到達弘農（今河南陝縣）後，被當地的一幫老百姓攔住去路。這幫熱心的老百姓給他出主意，「來打弘農吧！弘農城中糧食特多，而且城裡現在十分空虛。你來打，一打一個準兒。」

楊大娃聽了怦然心動，不知道，這幫老百姓其實都是臨時演員。

誰僱的臨時演員？

弘農太守楊智積。

楊智積是隋朝宗室，受封蔡王，是老楊的親侄子。他是個明眼人，聽說楊玄感要入關的消息後，就對自己的下屬們說：「楊玄感這個小子很狡猾。他久攻洛陽不下，見朝廷援軍將至，便想西入關中。這個計劃要是得逞，咱們以後就不好對付他了。依我看，咱們應該想法子拖住楊玄感，不出十天，他一定會失敗。」

不久之後，楊玄感大軍就到達弘農城下了。楊大娃想了又想，還是決定不打弘農，趕路要緊。剛要撥轉馬頭，隱隱約約聽見有人似乎在問候他老母，楊玄感定睛一瞧，可不是嗎？城頭上確實有人在罵髒話。罵人者正是楊智積。

楊大娃暴怒，傳令大軍停止前進，全力攻城。李密急了，「咱們現在後有追兵，還是趕緊走吧！屈突通他們說不定啥時候就追上來了！」

楊大娃不聽，「不行！你沒聽見他問候我媽嗎？」於是，大軍停下來奮力攻城。

楊智積見楊大娃果然中計，樂歪了。他早有準備，怎麼會怕楊玄感呢？

一天，兩天，三天，整整三天過去了，始終沒有攻破弘農，楊玄感的理智終於回歸了。他害怕了，不敢再做停留，趕緊收拾人馬，向西而去。

但是，一切都晚了，他浪費了至為寶貴的三天。八月初一，大軍走到閿鄉（今河南靈寶西北文鄉）這個地方時，被宇文述、衛文升、來護兒、屈突通等四路隋軍追上了。還跑個啥？沒法跑了。雙方在皇天原（即董杜原，在今河南靈寶縣西北）擺開陣勢。隋軍衛文升部居中，來護兒部與宇文述部猛攻楊玄感前軍，屈突通則趁楊玄感不注意猛攻後軍。終於，楊玄感軍全盤崩潰，十萬大軍頓時作鳥獸散。

楊玄感僅帶十餘騎逃往上洛（今陝西洛南東南）。一路上，隋軍精騎窮追不捨。逃到葭蘆戍時，楊玄感忽然停了下來。他知道逃不掉了，生命的最後時刻即將來臨。

楊玄感慘然一笑，對七娃楊積善說：「我不能忍受別人的侮辱，你殺了我吧！」說罷，他閉上雙眼，淚水已悄然從眼角滑落。

楊積善也是淚眼婆娑，咬著牙，狠了狠心，抽刀劈死了自己的大哥。隨後，他揮刀自戕，但並未刺中要害，被隨後趕來的隋兵抓住了。

屈突通等人將楊積善和楊玄感的屍首火速送到高陽的隋煬帝行營。雖然楊玄感已經死了，但楊廣依舊將他的屍首處以車裂之刑，在鬧市示眾三天後，才剁碎焚燒。

二娃楊玄縱在董杜原一戰中被俘，已在洛陽問斬；三娃楊玄挺陣亡於洛陽城下；四娃楊玄獎官拜義陽太守，爲下屬所殺；五娃楊萬石從遼東逃歸，半路被抓，在涿郡處死；六娃楊仁行是朝議大夫，在長安被處死；只剩下一個七娃楊積善。楊廣並不是可憐老楊家，要給他們家留個後代，而是在等李密等人都送到了，一起殺頭。

此時，東都方面已經抓到了李密、李子雄、韋福嗣等造反骨幹，並派人將他們解送高陽。還是李密鬼點子多，悄悄地對其他人說：「咱們要是到了高陽，肯定死無葬身之地。趁著還在路上，咱們趕緊想法子逃啊！」

幾個人商定了計劃，便開始實施了。

哥幾個當中，有一個比較有錢。李密就讓他把錢送給押送官，「我們都是快死的人了，錢對我們已經沒什麼用了，就全都留給您吧！我們被砍頭後，您把我們安葬了，剩下的就都是您的了。」

押送官見錢眼開，樂壞了，忙不迭地答應下來。

常言說得好，吃人嘴軟，拿人手短，押送官也不好意思把幾個瀕死之人看得太緊。李密趁機請人買來酒菜，哥幾個每天晚上都要吃喝一頓。如是幾次，押送官也習慣了。走到邯鄲的時候，出事了，李密等人把押送官灌了個爛醉，鑿穿牆壁，逃了。

只有一個人沒逃，就是韋福嗣。本來李密叫老韋一起走，但老韋不幹，頭仰得老高，「我和你們不一樣，你們是亂臣賊子，我是朝廷忠臣，陛下頂多就是罵我一頓，要逃你們逃吧！」

李密見他這麼執拗這麼傻，無奈地歎了一口氣，帶著其他人跑了。

到了高陽，韋福嗣傻眼了。宇文述參了他一本，說不殺韋福嗣，不足以警醒後人。楊廣只回了四個字：任你處置。

十二月十五日，在高陽野外，楊廣舉行了隆重的楊玄感集團分子處決大會。除楊積善和韋福嗣之外，其他人員都被綁在木樁上，用車輪卡住脖子。楊廣規定，凡在高陽的九品以上官員都要親手射擊。結果，受刑人身上的箭多得像刺蝟的毛一般，慘不忍睹。最慘的是楊積善和韋福嗣，兩人均處以車裂之刑，屍體被挫骨揚灰。至此，楊素全家滅門。

這還不算什麼，楊廣說了，「楊玄感振臂一呼，天下就有十萬人響應他，這還了得？

我早就說過，人一多就會作奸犯科。如果不把這些人殺光，根本就不能警戒後人。」

結果，三萬多人被殺，六千多人被流放邊疆，家產全部被沒收。凡是接受過楊玄感糧米的百姓全都被坑殺在洛陽城南。這……怎一個狠字了得！

但殺戮真的管用嗎？如果說王薄是普通民衆中第一個站出來反對隋煬帝的人，那麼楊玄感就是官員隊伍中公開向隋煬帝叫板的第一人。兩人的共同點是：他們的造反行為對各自的集團起了「不良」的示範作用。

第 7 章

長了三個乳頭的皇表哥

猛然間，楊廣意識到了一個問題，表哥也姓李，莫非他就是預言之子？聯想到表哥長了三個乳頭的怪事，懷疑之心越來越重了。沒事長三個乳頭幹嘛？一定有陰謀！

弘化留守元弘嗣也上了楊廣的黑名單。

其實，元弘嗣並沒有參與楊玄感的造反，但誰讓他的親家公——兵部尙書斛斯政在楊廣回軍前夕投降高句麗呢？所以，楊廣一定要辦他。

派誰去合適呢？楊廣左思右想，最後一拍大腿，有了，就派李表哥去吧！

這位李表哥，大家都認識，他就是李淵。李淵怎麼成了隋煬帝的表哥呢？這就要從老李家的家族史講起了。

李淵直系祖先是東晉十六國中西涼王國締造者李暠。論輩分，李淵應該稱呼李暠一聲「太太太太爺爺」。此人文韜武略，十分了得，一生以恢復漢族正統爲己任，雖然稱王，卻仍然對偏安江南的東晉王朝奉表稱臣。李暠死後，他的繼承人李歆「繁刑峻法」、「大興土木」，搞得西涼「人力凋殘，百姓愁悴」，僅維持三年即爲北涼所滅。

李歆生子李重耳，李重耳生子李熙，李熙生子李天錫，李天錫生子李虎，李虎生子李昞。李淵正是李昞的兒子。

李淵後來能登上皇帝寶座，其實最應該感謝的人是他的爺爺李虎。因爲，正是李虎爲老李家的雄起打下了堅實的基礎。

老李家世代行伍，是關隴地區的軍事貴族——只是小貴族。這種情況在李虎這一代發生了變化。李虎參與了好友兼領導宇文泰的政治投機。結果，宇文泰的事業像滾雪球一樣越做越大，李虎沾了光，也是水漲船高，不斷升遷。

西元五五〇年，西魏皇帝頒佈詔書，將「杜國大將軍」這一光榮稱號授予八名高級軍事將領，時人稱為「八杜國家」，李虎正是其中的一根大柱子。北周建立的時候，李虎已經去世六年了，但他仍然被宇文氏列為開國第一功臣，賜姓大野氏，追封唐國公。李唐的國號就是源於李虎。

有這麼牛的父親，李昞順理成章地成為北周的驃騎大將軍。後來，他和一個名叫普六茹那羅延的年輕人都娶了八根大柱子之一的獨孤信的女兒做老婆。再後來，他協助連襟普六茹那羅延發動政變，奪取了北周的國家政權。再再後來，普六茹那羅延登基稱帝，改國號為隋，並且恢復了自己的漢族姓名——楊堅。

楊堅投桃報李，冊封連襟李昞為唐國公。

李昞育有四子一女，長子李澄、次子李湛、三子李洪全都早死，只留下老四李淵和女兒同安公主。

我一直懷疑，李淵這廝命太硬，專剋親人。他有三個哥哥，按說唐國公的封號怎麼也不會輪到他的身上，但是，三個哥哥竟然全都英年早逝了。緊接著，七歲那年，他老爹李昞也死了，小屁孩李淵便承襲了唐國公的爵位。真是邪乎！

講到這裡，大家應該明白了，李淵是隋文帝楊堅和獨孤皇后的親外甥，他和楊廣是姨表兄弟。

有這麼牛的裙帶關係，李淵的仕途之順可想而知。開皇元年（西元五八一年），年僅十六歲的李淵即被授予千牛備身的職務。

什麼是千牛備身呢？千牛備身就是皇帝衛隊的衛隊長。

緊接著，李淵被下放外地鍛鍊，先後幹過譙、隴、岐三州的刺史（相當於市長）。隋煬帝大業初年（西元六〇五年），李淵百尺竿頭更進一步，在滎陽、樓煩兩郡幹了一段時間的太守（相當於今日的省長）後，便迅速進入中央，擔任殿內少監。八年後，李淵已經是正三品的衛尉少卿了。

現在，為了對付元弘嗣，楊廣搬出了表哥李淵，派他到弘化傳旨，將元弘嗣就地關押，並接任留守一職，節制關西十三郡的軍隊。李淵性格比較好，為人「倜儻豁達，任性真率，寬仁容眾」，他到任後，「無貴賤咸得其歡心」。

很快，這個消息就傳到了楊廣的耳中。隋煬帝這個人最大的缺點就是見不得別人比他強，聽了之後醋意翻滾。猛然間，楊廣意識到了一個問題，表哥也姓李，莫非他就是預言之子？聯想到表哥長了三個乳頭的怪事（史載李淵「體有三乳」），懷疑之心越來越重了。沒事長三個乳頭幹嘛？一定有陰謀！

楊廣後悔了，便派人去召李淵來高陽謁見。可巧，李淵當時偶感風寒，正臥病在床。

他也沒多想，以為表弟要請他去喝酒，便以身體不適為由婉拒了。這下子，楊廣以為李淵做賊心虛，疑心更重了。

李淵的妹妹同安公主的女兒王氏是楊廣的小老婆。有天，楊廣在行宮中溜達的時候，無意中碰到了王氏，便問道：「妳舅舅怎麼不來啊？」

王氏如實回答說：「我舅舅生病了。」

楊廣聽了，氣不打一處來，吹鬍子瞪眼睛說了一句相當眞誠的話：「他會死嗎？」當然了，重要的不是事件本身，而是這件事過後李淵的反應。聽說皇帝龍顏大怒後，李淵十分恐懼，明白自己已經引起隋煬帝的不滿和猜忌。如果換做一般人，可能早已經嚇得手足無措，回神後便是絞盡腦汁、想盡辦法要解釋、要彌補。李淵的不同凡響之處此時表現得淋漓盡致。

史書是這麼寫的，「高祖聞之益懼，因縱酒沉湎，納賄以混其跡焉。」什麼意思呢？意思是說，李淵聽了之後十分害怕，不過，並沒有解釋辯白，而是終日縱情聲色，飲酒作樂，並且收起賄款。這個「混」字相當有內涵，一個簡簡單單的字背後卻隱藏著無數引人深思的韻味。

李淵之所以沉迷於聲色犬馬，醉心於收受賄賂，並非本性使然，而是為了秀給隋煬帝看：表弟啊，你可瞧好了，表哥我是一個生活奢侈、貪汙腐化、沒有什麼進取心的人，我這樣一個胸無大志的人對皇帝陛下你能有什麼威脅呢？

他的表演也確實收到效果。楊廣覺得，他這個表哥不可能是那個預言之子，就把疑心收了起來。

臘盡春回，轉眼已是大業十年（西元六一四年）。

群臣百官在極度忐忑中熬過正月初二（前兩份東征詔書都是在這一天發佈的），一個個喜笑顏開。阿彌陀佛，陛下不會去征討高句麗了。

但是，他們錯了。二月初三，楊廣召集群臣開會：愛卿們，你們大夥兒都說說，咱們這次該怎麼征討高句麗？

此話一出，群臣當場就被雷倒一片。你他娘的，還來？不過，雖然怨言滿腹，大夥兒誰都不敢說出來，怕掉腦袋。於是，這一次百官超有默契地行使了集體沉默權。

這種無聲的抗議一直延續了十七天。最後，楊廣坐不住了，什麼意思，不同意是吧？老子告訴你們，反對無效！

二十日，楊廣再次下敕，徵調全國軍隊，分百路並進，三打高句麗。

在路上，楊廣才發現反戰情緒已經由民間擴展到軍隊當中了。這一路走來，士兵逃離軍隊的事件天天都在發生，搞得軍心大動，士氣不振。三月二十五日，車駕到達臨渝宮後，楊廣臨時拍板，要在這個地方整頓一下軍隊。

他先是在野外舉行了隆重的祭祀黃帝儀式，給全軍將士講了一通「我們都是炎黃子孫」、「團結就是力量」之類的理論。隨後，命人斬殺數名被抓回的逃兵。有理論說教，還有反面警示，政治工作搞得很好很強大，但效果卻很一般，逃亡現象依然不止。逃亡的負面效應終於在七月的時候顯現出來。十七日，隋煬帝駕臨東征大本營懷遠鎮。根據事先擬定的計劃，這個時候全軍都應該集結完畢了。可現實是，有相當數量的隋軍仍未到達。這下，楊廣的頭都大了，這可怎麼整啊？

好在來護兒比較爭氣，畢奢城一戰大敗高句麗軍。隋軍士氣復振，正準備直取平壤時，七月二十八日，高句麗那邊來人了。來使向隋煬帝遞上降表，請求歸順朝廷。

一切都發生得這麼突然，這是怎麼回事呢？

原來，楊廣死纏爛打的執著勁頭把高元搞煩了。打仗這事，最終還是得落到綜合國力上去。像隋朝這樣的大國、富國、強國都受不了連年的戰爭，更何況是高句麗這樣的小國、窮國、弱國呢？再這麼下去，高句麗就算不被打殘，遲早也得被拖死。高元仔細斟酌了一番，決定還是向隋煬帝低頭算了。

高元的服軟讓隋煬帝十分受用。面子已經有了，還打什麼啊？撤吧！於是，八月四日，楊廣從懷遠鎮班師回朝。走到邯鄲的時候，發生了一段小插曲，差點沒把他氣死。

當地義軍領袖楊公卿竟然在光天化日之下公然對堂堂大隋天子進行搶劫，並成功搶走了四十二匹御馬。

十月二十五日，楊廣終於回到西京大興，下敕召高句麗國王高元入朝覲見。

高元降隋本就是權宜之計，你說他會來嗎？

楊廣傻了，這時才明白，著了高元的道了。靠！有這樣欺負人的嗎？暴怒不已的楊廣下令將帥們準備行裝，擇日四討高句麗。

但這時候，天下已經大亂了，起義的烽火由山東、河北蔓延到全國各地。唐弼佔據扶風，張大虎佔據榆林，劉迦論佔據延安，劉苗王佔據離石，王德仁佔據汲郡，彭孝才佔據東海，左孝友佔據齊郡，盧明月佔據涿郡，各擁衆十數萬，橫行一方。隋朝地方政府遭到滌蕩，中央的政令難以暢通，楊廣心有餘力不足，第四次東征計劃只得流產。

第 8 章

李世民的處子秀

豈知李世民年輕氣盛，非要給雲定興出謀劃策。雲定興拍案連聲叫好，當即依言實行。始畢可汗果然照李世民的意思中計，真以為大批隋軍趕來救援，當時就慌了神。

隋煬帝這個人和作家路遙《平凡的世界》中的王滿銀有得一拼，是個典型的逛鬼，讓他在一個地方待住，除非太陽打西邊出來。大業十年十二月初九，他又跑到了東都洛陽。勉強待了八個月後，又想去塞上溜達溜達了。

大業十一年（西元六一五年）八月初五，隋煬帝從洛陽啓程，巡遊北塞。消息一傳出，立刻引起一個人的高度重視。

此人便是突厥的一哥始畢可汗，啓民可汗的長子。

自啓民可汗時代起，突厥與大隋一直保持著友好的雙邊關係。始畢可汗即位之初，依舊奉行對隋友好政策。

但是，有一個隋朝大臣，接連做了兩件事情，把始畢可汗惹毛了。此人名叫裴矩，表字弘大，河東聞喜（今山西聞喜東北）人氏。他的官職我就不提了，大家只要記住一點：這哥們人是隋朝專門研究制定對突厥政策的大臣。

裴矩發現，在始畢可汗帶領下，突厥正日益走向強盛。作爲一個有責任心的大臣，他絕不能容忍突厥的實力膨脹至威脅大隋安全的程度。不行！一定要讓他們窩裡反。於是，他給隋煬帝出了個點子，建議將宗室公主嫁給始畢可汗的四弟叱吉設（突厥稱掌兵官為設），並且封叱吉設爲南面可汗。

依著裴矩的想法，在大隋金錢和美女的雙重誘惑之下，叱吉設一定會接受南面可汗的封號。一山難容二虎，屆時，他和大哥始畢可汗之間將不可避免地爆發內戰，打個你死我活。這樣，大隋就可以坐山觀虎鬥，盡享漁人之利了。

隋煬帝也不糊塗，對裴矩的建議按個讚，下令由他全權負責此事。但裴矩做夢都沒想到，叱吉設這傻子不僅拒絕大隋朝的「美意」，還將這件事情報告大哥始畢可汗。

始畢可汗聽了，臉當下就黑了。但是，此時突厥的實力尚不足以與大隋抗衡，只能強把這口鳥氣嚥了下去。

始畢可汗不吭聲，但裴矩卻不肯罷休，又策劃了一個行動。

始畢可汗麾下有一謀臣，名叫史蜀胡悉。此人善於謀略，經常給大隋添堵。裴矩假意要和他做買賣，約他到馬邑（今山西朔縣）交易。史蜀胡悉一聽說有錢賺，樂壞了，屁顛屁顛地趕到馬邑。

結果，錢沒賺到，反而把腦袋丟了。

事後，裴矩派人將史蜀胡悉的腦袋送了回去，並且忽悠始畢可汗說：「大汗，您可得好好整頓整頓內部了。這個史蜀胡悉居然背叛您來投降，我已經替您把他處死了。您不用謝，咱們都是鄰居，這點小事是應該的。」

始畢可汗以斷絕兩國邦交的行動回應了裴矩的「善意」，從此以後，天天都琢磨著怎麼黑隋煬帝一把。可是，楊廣遠在內地，他終究鞭長莫及，只能望南興歎。可巧，這一次隋煬帝居然要北巡，始畢可汗接到情報之後，樂歪了，看我怎麼整死你。

八月初八，始畢可汗召集親信開會，策劃襲擊隋煬帝。他可能是過於興奮，以至於忽略了一個人。這個人是隋朝的和親公主——義成公主。

義成公主有兩個身份：第一個身份是啓民可汗的小老婆，始畢可汗的後娘；第二個身份是始畢可汗的可敦，也就是老婆。突厥人延續了草原民族的古老風俗，父親死了，兒子可以迎娶後母。

始畢可汗正陶醉在生擒楊廣的美好暢想之中，完全忘記他老婆骨子裡仍是一個隋朝人的事實。義成公主聽說老公要襲擊表哥隋煬帝，急壞了，趕緊偷偷派人將這個消息告訴隋煬帝。

隋煬帝接訊大吃一驚，哪還顧得上欣賞什麼北國風光，下令前軍加速前進，於十二日進入雁門郡郡治雁門城。他的二兒子齊王楊暕則率領後軍進駐崞縣。入城以後，楊廣以爲他終於可以鬆一口氣了。

豈料，始畢可汗的行動賊快，第二天一大早，便率領十萬突厥騎兵前來雁門城問候。楊廣沒想到一夜之間自己就變成了甕中之鱉，始畢可汗朝思暮想，就想著喝王八湯，命令士兵猛攻雁門。

這下，楊廣傻眼了。城外有十萬突厥精騎，而全城軍民加起來還不到十五萬人，糧食僅夠供應二十天的。沒過幾天，突厥大軍就攻下雁門郡四十一座城池中的三十九座，楊廣和楊暕被分割包圍在雁門和崞縣。楊廣嚇得要死，抱著三兒子趙王楊杲整天抹眼淚，眼睛哭得跟泡泡糖似的。

二十四日，隋煬帝下敕，招募天下義士共襄國難，勤王救駕。敕令一出，全國各地的官吏立刻行動起來。

話說這日，屯門將軍雲定興正在苦思冥想營救皇帝的辦法，突然有衛兵來報告，說是營門外有個少年要求投軍。國難當頭，正是用人之際，雲定興趕忙命人引入。

稍頃，來了一個器宇軒昂的少年。

雲定興問他，「你姓啥名啥？」

少年微微一笑，說道：「我爸是李淵，在下李世民。」

陝西武功，坐落在渭水北岸。這座城市雖然不算大，但卻是渭河平原上農牧業發達的富饒之鄉。大隋開皇十八年十二月戊午日，也就是西元五九九年一月二十三日，李淵的二兒子就誕生在武功的一座別館內。當時，老李剛剛卸任譙州刺史，正在趕往岐州上任的途中，武功別館正是李淵一家的中途落腳之所。

據史書記載，生李老二的那天，發生了神奇的超自然現象，不知從什麼地方冒出兩條頑皮的龍，在武功別館外打鬧嬉戲個不停，整整折騰了三天，才意猶未盡地離去。現代人都知道事純屬扯淡，但那時候的人卻津津樂道。

李老二四歲那一年，突然有個書生要求見李淵。書生說他擅長看相，要給李淵看一看，李淵欣然接受。這個書生對李淵是左看，右看，上看，下看，最後得出一個結論：這個男人不簡單。

書生倒吸了一口冷氣，失聲叫道：「哎呀！您可是貴人之相啊！不止如此，您的兒子也是貴不可言啊！」

不一會兒，活尿泥的李家老二被牽了進來。

這個書生猛地一瞅，驚出一腦門子汗，再仔細一瞅，驚出一身冷汗，「歐買尬！這個娃娃不簡單，別看他現在玩尿泥，長大後可了不得，有龍鳳之姿，天日之表，不到二十歲，他就可以濟世安民了！」

李淵慌了，「這話太大逆不道了，現在是太平盛世，老百姓安居樂業，濟什麼世？安哪般民？」於是，趕緊給了書生一點錢，將他打發走了。

書生走後，李淵越想越怕，擔心書生將剛才的那番話外洩，引來殺身之禍。想到此處，他立即派人去追殺那個書生。但是，神奇的事情又出現了，那個書生居然「忽失所在」。事後，李淵想想，這或許是冥冥中的天意，於是就以書生所說的「濟世安民」，給李老二取名爲世民。

這個李老二從小就古靈精怪，滑頭滑腦，而且主意特別正，別人根本就不知道他在想什麼。依當時的教育標準來看，這廝算不得什麼好鳥，調皮搗蛋，不愛學習。這一點，李世民自己都承認，「朕少不學問，唯好弓馬。」興趣是孩子最好的老師。十來歲的時候，李世民已經閱盡了古今兵法，而且還揣摩出一套具有個人特色的用兵之道。他整日裡東遊西蕩，到處結交朋友，疏財仗義，頗有俠士之風。

這不，聽說皇帝表叔被圍困在雁門，李世民便跑到雲定興這裡來投軍了。雲定興見他是個小毛孩，心中便有幾分輕視，但仔細一聽，知道他是李淵的兒子，馬上變了嘴臉，將他接納下來。豈知李世民年輕氣盛，非要給雲定興出謀劃策。雲定興無奈，只得硬著頭皮聽著。

李世民侃侃而談，「始畢可汗之所以敢這麼做，是料定咱們倉促之下無力救援陛下。依我之見，咱們應該玩個疑兵之計。白天的時候，咱們廣設旌旗，連綿數十里不絕；夜晚的時候，咱們就不停地鳴金敲鼓。這樣，始畢可汗那個老東西一定以爲有大批援軍趕來，必定會望風而逃。」

雲定興的眉頭漸漸舒展開來，聽得心花怒放，眉飛色舞，拍案連聲叫好，當即依言實行。始畢可汗果然照李世民的意思中計，眞以爲大批隋軍趕來救援，當時就慌了神。同時，義成公主及時放出了一條假消息：北部邊境告急。始畢可汗擔心兩頭受敵，便於九月十五日率軍撤退了，雁門之圍至此解除。

經此一事，楊廣已成驚弓之鳥，於十月初三倉皇奔回洛陽。

讓你丫的再瞎逛！

第 9 章

混血胡兒王世充

真實的王世充應該是這麼一副模樣：身材高大健碩，體毛旺盛，皮膚白皙，亞麻色的頭髮，深褐色的瞳仁，堅挺的鷹鉤鼻，稜角分明的嘴巴周圍滿是濃密的鬍子。

指望隋煬帝浪子回頭，無異於盼著老母豬學會爬樹。

洛陽雖好，但畢竟是北方，風光遠不如江都那般旖旎秀麗。這不，楊廣又把持不住了，動起了三下江都的念頭。但是，下江都所用的龍船早就被楊玄感付之一炬了。於是，楊廣就給江都方面下了一道敕書，讓他們再造一批龍船。

江都官員不敢怠慢，加班加點趕製龍船。大業十二年（西元六一六年）七月，龍船完工，送到洛陽。楊廣一見，喜上眉梢，乖乖，這批新龍船規模比原來的還要大，裝修比原來的還要豪華。

隋煬帝還沒怎麼著急，宇文述倒坐不住了，上竄下跳地勸楊廣趕快南下江都。其實，宇文述本人並不是個驢友，對旅遊不太感興趣，他之所以急得像猴子，無非是想藉機討好隋煬帝。果然，楊廣十分高興，下令即日起程。

正要出發的時候，右候衛大將軍趙才站了出來，堅決反對，「如今百姓疲憊勞苦，國庫空竭，盜賊蜂起，禁令不行，希望陛下返回京師，安撫天下百姓。」

楊廣很生氣，操你爺爺，局勢哪有你說得那麼危險？個別小毛賊不自量力，遲早會被消滅，現在最大的事就是朕要旅遊。隨即下令將趙才下入大牢，關了十幾天。

建節尉任宗就沒有趙才的好運氣了，他也堅決反對隋煬帝南下江都，結果當場就被亂棍活活打死。

七月初十是驢友隋煬帝再下江都的好日子。臨行之前，楊廣命令二孫子越王楊侗與光祿大夫段達、太府卿元文都、右武衛將軍皇甫無逸、右司郎盧楚等人共同負責留守東都之事。奉信郎崔民象不甘心，專門跑到建國門封堵楊廣。楊廣勃然大怒，先讓人摘掉他的下巴，繼而又將他處死。

幹掉崔民象之後，楊廣吟詠著「我夢江都好，征遼亦偶然」的詩句，踏上南下的龍船，以為再也沒有人敢站出來反對他南下江都。但他錯了。船隊到達汜水後，奉信郎王愛仁終於忍不住，上表請求隋煬帝返回大興。隋煬帝暴跳如雷，又弄死了王愛仁。

連番的勸諫終於在梁郡達到最高潮。這一次，站出來的不是官員，而是一個平民老百姓。這個勇敢的無名氏說得很直接，「陛下若是一定要巡遊江都，那天下就將不是陛下的了！」

隋煬帝很乾脆地命人將他就地正法。從此以後，再也沒人站出來反對了。

七月底，隋煬帝終於到達夢寐以求的江都。他很高興，但此時的他並不知道，他再也回不了大興，連洛陽都回不去了。

隋煬帝到江都後，第一件事情就是接受江、淮各郡官員謁見。這件事本無可厚非，但是當楊廣張口就問官員進獻多少禮品的時候，問題就變質了。更為出格的是，隋煬帝竟然把送禮的多少作為調整官吏的主要依據，「豐則超遷丞守，薄則率從停解」，送的多加官晉爵，送的少就地免職。皇帝都帶頭這麼幹了，國家不亡那才眞是邪門呢！

一衆送禮的江都地方官員中，最大的贏家是江都郡丞王世充，因爲進獻了一個銅鏡屛風和一批江淮美女，由郡丞直接升爲通守。

王世充？沒錯，就是評書演義中那個大名鼎鼎的王世充！

關於隋末唐初歷史的文學作品和影視劇當中，王世充都被想當然地塑造成一個黑頭髮、黃皮膚、黑眼睛的漢人。事實上，王世充根本就不是漢人，是胡漢混血兒。眞實的王世充應該是這麼一副模樣：身材高大健碩，體毛旺盛，皮膚白皙，亞麻色的頭髮，深褐色的瞳仁，堅挺的鷹鉤鼻，稜角分明的嘴巴周圍滿是濃密的鬍子。

另外，王世充原來也不姓王，他本姓支。王世充的父親本名支收。支收的父親早亡，風韻猶存的老母只好帶著年幼的他，改嫁給霸城的漢族豪強王粲。寄人籬下的支收隨了王家的姓。後來，王收娶了一個漢族媳婦，生了六個兒子，其中的老五就是王世充。

王世充爲人勤奮好學，儒法兼修，喜歡研讀史書，尤其癡迷兵法和占卜，長大後，考取了國家公務員。他還眞是塊當官的料，仕途十分順利，到了隋煬帝大業六年的時候，已經是江都郡的郡丞了。

江都郡郡丞這個職位相當於今天的上海市市長，在當時可是個大大的美差。一來，江都地區風光旖旎，經濟發達，在這樣的地方當官，又風光又有油水；二來，皇帝陛下經常駕臨江都，如果把他老人家伺候好，那仕途可就眞是不可限量了。

王世充就是這麼幹的。隋煬帝曾先後兩次駕臨江都（算上這一次是三次），荒淫無度、奢侈享樂的形象深深地鐫刻在王世充的腦海裡。善於察言觀色的他馬上就湧起一種強烈的感覺：人生的轉機來臨了，能不能百尺竿頭更進一步，就要看自己能否贏得皇帝陛下的心了。

打這以後，王世充便用心揣摩楊廣的心思，阿諛奉承，投其所好。隋煬帝愛講排場，他就爲楊廣盛修宮室台閣，不惜工本，極盡奢華；隋煬帝喜歡珍寶和美女，他就不辭辛勞地從全國各地搜羅寶物和美女……這樣的人，不論在哪個時代，不論在什麼社會，都是非常吃得開的。

果不其然，楊廣十分受用，對王世充寵愛有加，還讓他兼任江都宮的宮監。但楊廣也不是笨蛋，此時王世充在他的眼中，充其量只是個弄臣，還算不上是股肱之臣。

質的變化固然需要量的積累，但更需要機遇。機遇說到就到，大業九年七八月間，江南人劉元進、管崇、朱燮分別聚衆起義。十月，三股勢力合流，公推劉元進爲天子，正式建立起反隋政權。隋煬帝先後調動多路人馬征討，但全都功敗垂成。派誰去合適呢？楊廣扒拉扒拉身邊的人，想來想去，只能讓小王去試一試了。

王世充從楊廣那兒討了一道敕書，招募了數萬淮南兵，十一月就帶著這支新的軍隊在群臣質疑的目光中走上前線。一個月後，劉元進義軍被徹底消滅。

當前線的捷報傳來時，滿朝文武發現，他們應該重新看待王世充這個人了。王世充再接再厲，又於大業十年十二月成功瓦解長白山孟讓義軍十多萬人馬對江都的進攻。隋煬帝到江都後不久，他又擊潰了河間郡起義軍十餘萬人，並成功擊斃義軍領袖格謙。

在每次的捷報當中，王世充都會把獲勝的功勞完全（請注意這個程度副詞）歸於自己的部下。繳獲的物資大部分送給同僚（你們懂的），其餘的則分給了士兵，他本人分毫不取。士兵們很高興，大臣們很高興，當然了，最高興的還是隋煬帝，事實證明，自己果然英明神武，居然發掘了一顆明日之星。

除了王世充，隋煬帝又發現了一顆明日之星，這個人就是李淵。

早在去年的四月，隋煬帝就任命表哥李淵為山西、河東撫慰大使。山河大使的權力非常之大，最主要的有兩項：第一，有權決定山河境內各郡縣所有文武官員的升遷貶退；第二，有權徵調山河境內所有軍隊討伐反賊。李淵剛一上任，就給皇帝表弟送上一份大禮：在龍門大敗毋端兒率領的起義軍。緊接著，他又於十二月底成功地消滅了絳郡的敬盤陀義軍。

隋煬帝非常滿意，抵達江都後不久，即於十二月擢升李淵為北疆軍事重鎮——太原

（今山西太原）的留守，兼管晉陽宮宮監。李淵就此迎來一生中最爲重要的轉捩點。

原因有二：首先，太原是帝國北疆的重要藩籬，與附近的馬邑互成犄角之勢，是扼制突厥的兩個重要據點，所以，隋朝在建造和經營太原上不遺餘力、不惜工本。太原的城牆建得又高又大，護城河挖得又深又寬，守衛太原的是帝國正規軍中的精銳，糧草更是充足得不得了。

其次，太原建有晉陽宮，是隋煬帝在北方的行宮，所以，太原的實際政治地位相當於帝國陪都，具有極強的政治號召力。

以上這兩項爲後來李淵的起兵奠定了堅實的人力、物力、財力和政治基礎。

隋煬帝之所以要把李淵安置在太原，是爲了消除一近一遠兩個禍患。

「一近」是指活動於太原附近的甄翟兒義軍。大業十一年二月，上谷人王須拔和魏刀兒聚衆起兵，很快就發展到十餘萬人。主帥王須拔自稱漫天王，副帥魏刀兒自稱歷山飛，稱霸一方。十二年四月，歷山飛魏刀兒派部將甄翟兒率衆十萬人攻打太原。甄翟兒雖然沒有攻破太原，卻就地打起了游擊，嚴重威脅著太原的安全。

「一遠」則是指北方草原上虎視眈眈的突厥。突厥對大隋的不臣之心早已昭然若揭，早在大業九年，他們便偷偷地支援靈武地區的白瑜娑起義軍。十一年，他們開始支持漫天王王須拔和歷山飛魏刀兒。雁門之圍以後，始畢可汗乾脆公開自己的反隋立場，誰反對隋朝，他就支持誰。與此同時，突厥大軍也開始公然入侵隋境。

隋煬帝把李淵安置在晉陽，就是為了讓他對付甄翟兒和始畢可汗。李淵剛到任便賣力地幹起活來。不到一個月的時間，就消滅了甄翟兒起義軍，並先後多次瓦解突厥人的進攻，給隋煬帝送上了兩份新年禮物。

一個王世充，一個李淵，一個是親信，一個是親戚，隋煬帝對他們的信任和器重之情溢於言表，他覺得，有這兩人輔弼，大隋朝的江山一定會千秋萬世地傳下去。可惜啊，他沒有未卜先知的本領，否則一定會把這兩個人幹掉。沒錯，這兩個人都是明日之星，但很可惜，不是他的。後來發生的事實證明，正是這兩個人使他的大隋朝最終變成了一個歷史符號。

大業十三年的第一縷陽光即將降臨，隋煬帝以為自己看到的是希望的曙光，殊不知那是他和他的帝國所能看到的最後一抹夕陽……

帝王之路

李世民、裴寂你一言我一語，
良久，李淵終於艱難地點了點頭。
裴寂和李世民相視一笑，搞定！
誰知，就不走尋常路數的楊廣又出手了。
楊廣一變卦，李淵也跟著變卦了。

第 1 章

昔日階下囚，今日大哥大

瓦崗寨成長為天下各路反隋勢力當中實力最為雄厚、勢力最為龐大的一支力量，魏公李密則儼然是天下群雄的精神領袖。昔日階下囚，今日大哥大。

局勢失控之快，讓隋煬帝瞠目結舌。

一連串的反隋鬥爭終於在大業十三年（西元六一七年）達到最高潮。僅正月，就傳來三份警報：初一，杜伏威、輔公祏起義軍擊敗江都隋軍陳稜部，破高郵，占歷陽，橫行江淮；初五，河北義軍領袖竇建德在河間樂壽縣稱長樂王；緊接著，魯郡人徐圓朗也佔據東平起兵。

一月糟糕，二月更糟糕，總的來說，二月似乎稱爲「楊玄感月」更爲合適。因爲在這個月，許多帝國官吏都加入了反隋大軍的隊伍當中。初一，朔方鷹揚郎將梁師都殺死郡丞唐世宗，起兵反隋。初八，馬邑鷹揚府校尉劉武周殺太守王仁恭，聚衆造反。

不過，這個月的關鍵字既不是梁師都，也不是劉武周，而是李密。

話說李密自邯鄲逃脫以後，先後去投靠平原的郝孝德和長白山的王薄，但卻接連碰壁。有那麼一段時間，他一度淪落到以樹皮充饑的悲慘地步。後來，李密跑到淮陽鄉下隱居起來，化名劉智遠，聚徒教授，聊以度日。

但李密畢竟不是那種甘於平淡的人，血管裡始終流淌著尋求冒險、追求刺激的血液，這是骨子裡帶出來的東西，誰都無法改變。就這麼過了幾個月，李密受不了，成天長吁短歎，顧影自憐，慨歎天妒英才。在鬱鬱寡歡的極度苦悶之中，他寫下了一首五言詩，藉以抒發自己未酬壯志、虛度年華的痛苦和失落：「秦俗猶未平，漢道將何冀？樊噲市井徒，蕭何刀筆吏。一朝時運會，千古傳名謚。寄言世上雄，虛生真可愧！」

這首詩借古抒懷，雖然格調悲憤，但大氣磅礡，任何看過的人都會覺得詩作者其志不小。沒過多久，這首詩竟然由偏僻的小山村傳到太守大人的耳中。太守一聽急了，這分明是首反詩嘛！趕緊給我把這個大逆不道之徒抓來。

李密的警覺性倒是蠻高的，一聽到風吹草動，立馬啪啪地逃了。他又去投奔自己的妹夫——雍丘（今河南杞縣）縣令丘君明。丘君明是朝廷命官，怎敢私自窩藏欽犯？便把李密安置在好友王季才（一說王秀才）家中。王季才是一個俠肝義膽之士，不僅欣然接納，而且還把女兒許配給李密爲妻。

岳丈的器重和新妻的呵護漸漸溫暖了李密那顆冰凍已久的心，他忽然覺得，就這麼生活下去也未嘗不可。但梟雄的人生註定是不平凡的，上天執意要讓他走上另一條道路。丘君明的堂侄丘懷義是個遊手好閒的古惑仔，整天山吃海喝，到處斂財。時間一長，他就了解李密的眞實身份了。

爲了獲取賞金，丘懷義向政府告發李密。當地政府立刻調兵遣將，包圍王季才家。也是李密命大，當時剛好不在家中，這才躲過這一劫。但王季才和李王氏就沒那麼幸運，全部被捕。不久之後，王、丘兩家幾十口人全被處死。

李密悲憤交加，再次踏上漫漫的流亡之路。一次次的挫折終於使他認識到，他與隋朝勢同水火，隋朝一天不滅，他就一天別想過好日子。所以，他必須要推翻隋朝。

但希望在哪裡？

希望在這裡！在今天河南省安陽市滑縣最南部緊挨新鄉的地方，有一片方圓百里的土地。這片土地坐落在黃河岸邊，水氣十分充沛，草木叢生。從軍事學的角度來講，此地進可攻，退可守，實在是逃難避禍、落草爲盜的不二之選！

大業七年，東郡韋城（今河南滑縣東南）人翟讓犯事之後，就帶著一幫兄弟跑到這裡落草，搭建了一個簡單的寨子。這時的翟讓怎麼都不會想到，眼前的這個避難所竟會在不久的將來成爲名滿江湖的天下第一寨。

翟讓是一個平凡到有些平庸的人，有肉吃，有酒喝，有妞泡，有錢花，就已經很滿足了。在他的字典裡，是找不到「逐鹿中原」、「雄霸天下」這樣的辭彙的。所以，發韌之初的瓦崗寨其實就是一土匪窩，專門批量生產車匪路霸。由於靠近滎陽（今河南滎陽）、梁郡（今河南商丘南）等富庶地區，瓦崗寨日入斗金，資本積累的速度非常快。有錢就不缺人，瓦崗寨的人馬很快就發展到一萬多人。

錢有了，人有了，規模也提升了，下一步就該整合資源，實現跨越式發展了。可是，很遺憾地說，翟讓缺乏高瞻遠矚的戰略眼光，以及支撐這種眼光所需的能力和魄力。儘管他已經有了刀槍，有了地盤，有了資本，偏偏缺問鼎天下的志向。

翟讓沒有，但李密有啊！李密一眼就看中瓦崗寨，向翟讓遞交了入寨申請書。翟讓畢竟是公務員出身，要比郝孝德、王薄知書達禮一些，便接納了李密。就這樣，李密又一次實現了人生的不華麗轉身，說好聽點，就是由朝廷欽犯變成嘯聚山林的好漢，說難聽點，就是盜匪。

和翟讓不同，李密可是一個胸懷遠大抱負的人，吃飽喝足混日子根本就不是他想要的生活。信任初步建立，李密便迫不及待地向翟讓推銷自己消滅隋朝的價值觀，「當今正是劉邦、項羽那樣的梟雄們奮起的良機。以翟公您的雄才大略（戴高帽），以瓦崗寨的精兵良將，我們足可以席捲東西二京，誅滅暴君，覆亡隋朝！」

翟讓聽得目瞪口呆，這樣一個肩不能扛、手不能提的書生居然有著改朝換代、吞食天地的野心？他憑什麼？是不是有點不自量力呢？就憑我們這些人，真的能推翻一個王朝嗎？這……太荒謬了！

良久，他悠悠地對李密說：「我們只是一群強盜而已，每天都在草叢裡過著苟且偷生的日子。你說的那些不是我們這些人所能想到的。」想都不敢想，更別提幹了。

釘子！軟釘子！放棄嗎？絕不！瓦崗寨是附近各路人馬中實力最爲強大的，李密決心推動翟讓向著自己期待的方向轉變，他看中了翟讓的軍師賈雄……

這天，翟讓召見賈雄，詢問他應否採納李密的建議。賈雄的回答既簡潔又迅速，「吉不可言。」緊接著，他話鋒一轉，「不過，如果您自立為王，恐怕未必能夠成功。但如果擁立李密為王，事情就一定能夠成功。」

翟讓一聽，心裡老大不情願了，憑什麼把我的交椅讓給他呢？他不以為然地反問道：「照你這麼說，蒲山公（對李密的尊稱）大可自立為王，又何必來追隨我呢？」

賈雄神秘兮兮地說：「世間之事都是相互聯繫的。李密之所以要來投奔你，是因為將軍你姓翟，翟是澤的意思，蒲草非澤不生。So, he need you.」

翟讓是個土包子，平時就迷信陰陽風水，聽了賈雄的話竟然頻頻點頭，深信不疑。從此以後，他與李密「情好日篤」。有了賈雄的鋪墊，李密再次勸說翟讓爭奪天下。這一回，翟讓聽了。自此以後，瓦崗軍頻頻出擊，滎陽郡各縣相繼落入瓦崗軍的手中。

楊廣一看，這打不死的小強李密居然東山再起了，大為惱火，便於大業十二年十月調滎陽通守張須陀圍剿瓦崗軍。關於張須陀此人，大家記住一點就好了，這是個猛人。自參與鎮壓反賊以來，張須陀先後與王薄、孫宣雅、石秪闍、郝孝德、裴長才、郭方預、左孝友、盧明月等起義軍交過手，結果就兩字：完勝。

二十七日，猛人張須陀在大海寺和李密幹了一仗，結果很慘，居然被打死了。一時間，天下震驚。

大海寺戰役結束後不久，翟讓即主動提出，李密可以建立自己的營署，單獨統帥一撥人馬，就叫蒲山公營。此提議正中李密下懷，蒲山公營就此掛牌成立。

爲什麼說大業十三年二月的關鍵字是李密呢？

因爲這個月，李密幹了兩件大事：

第一件，率軍一舉攻佔天下第一大糧倉——洛口倉（河南省鞏縣東），散糧救民。

大運河完工後，隋王朝在沿線的一些重要地段設置了不少糧倉，以方便中轉漕糧。在配套的衆多糧倉當中，規模最大的有兩個：一個是位於東都洛陽城北七里處的回洛倉，此倉實際上就是洛陽的專用糧庫；另一個是位於洛河與黃河邊上的洛口倉，二十多里的範圍內，「穿三千窖，每窖容八千石」，「置監官並鎮兵千人守衛」，全倉儲米約有二千四百萬石，規模最爲龐大。

時人將洛口倉稱爲「天下第一倉」，一方面是因爲規模最大，另一方面則是由於戰略地位最高。洛口倉是大運河上最重要的物流中心，南方運來的漕米，絕大部分都儲存在這裡，由此向西可轉運至洛陽、長安；用兵東北時，又可以由此倉運糧渡過黃河，繼而經永濟渠運往東北。

二月初九，李密、翟讓突然率七千人馬攻佔這個「天下第一倉」。瓦崗軍打開糧倉，聽任百姓取糧，想拿多少就拿多少。附近的老百姓聽說這個消息之後，簡直都不敢相信自己的耳朵，紛紛扶老攜幼，或牽著牲畜，或推著小車，浩浩蕩蕩地趕來領糧。消息傳來，東都朝野震驚。

第二件，在翟讓擁戴之下，李密當上了瓦崗軍的最高領導人，自號魏公，建元永平，正式建立起反隋的割據政權。

十一日，李密一舉擊潰東都方面派來收復洛口倉的虎賁郎將劉長恭所部兩萬五千人馬。戰後，翟讓想起了當年賈雄對他說的那番話，便主動提出將主公之位讓給李密，並且要給李密上尊號為魏公。李密聽了，心中狂喜，但表面上卻一再推託。如此三次，李密才「無可奈何」地接受了翟讓的意見。十九日，李密於洛口正式即魏公位，並改元永平，大赦天下。

打下了天下第一大糧倉，又建起獨立政權，有了這兩條，魏公李密的國內影響力迅速飆升。趙魏以南、江淮以北的各路勢力莫不群起響應，前來歸降的人絡繹不絕，如流水一般。李密的部眾很短的時間內便增長至幾十萬人。河南的絕大多數郡縣都為瓦崗軍所有。至此，瓦崗寨已經成長為天下各路反隋勢力當中實力最為雄厚、勢力最為龐大的一支力量，魏公李密則儼然已是天下群雄的精神領袖了。昔日階下囚，今日大哥大。

莫非李密就是那個預言之子，隋煬帝陷入了深思。當初沒整死他，真是失策啊！

第 2 章

唐公的艱難抉擇

李世民、裴寂你一言我一語，良久，李淵終於艱難地點了點頭。裴寂和李世民相視一笑，搞定！誰知，就不走尋常路數的楊廣又出手了。楊廣一變卦，李淵也跟著變卦了。

太原留守李淵最近比較煩。

本來，他在「大隋號」這艘頂級豪華巨輪上幹得好好的，但世易時移，「大隋號」的營運狀況日益惡化，業績一天不如一天。之前，他從未懷疑過自己手中的飯碗是鐵做的，然而現在，他有些拿不準了。他很不安，很躁動。因爲，對他這樣的貴族來說，失業就意味著死亡。

同事楊玄感起兵造反一事，更是把他雷得死去活來。李淵做夢都沒有想到，像楊玄感這種根紅苗正的高幹子弟都會造反，這是否預示著大隋已經氣數將盡了呢？他的天子表弟對楊玄感造反的事情震怒萬分，下令嚴加查辦，凡是和這件事沾上邊的官員，一個不留，很多人無故送命。隋煬帝的狠辣，讓包括李淵在內的很多官員都感到害怕。劇變的時事不斷刺激著他緊張而敏感的神經。眼看著「大隋號」就要觸礁沉沒了，是傻乎乎地跟它共存亡，還是另謀出路？李淵和他的家族終於走到歷史的十字路口。

李淵是一個徹頭徹尾的現實主義者。他看穿了大隋滅亡是遲早的事。想要他做行將傾覆的「大隋號」的陪葬人，門都沒有！面對現實，李淵產生了一個大膽的念頭：再造一條船，自己開。

想法是有了，但想法畢竟是想法，從想法到行動之間還有個相當漫長的過程。沒錯，老李確實動了另起爐灶的念頭，但事到臨頭，他卻猶豫起來。這是因爲造反是一條極其危險的不歸路，贏了，什麼都有了，輸了，榮華富貴、項上人頭，什麼都沒有了。而且，一旦邁出了第一步，就再也無法退縮了，就只能一條道走到黑了。

起兵造反，是不是一定會贏呢？這個李淵可不敢保證。另外，棘手的是，他身邊有隋煬帝的臥底，而且還不止一個，有兩個，一個叫做高君雅，一個叫做王威。這兩人名義上是李淵的左膀右臂，實際上就是隋煬帝派來監視老李的眼線。如果謀事不周，被這兩人打小報告，那可就麻煩了。

世間種種利益往往都帶著風險，包賺不賠之事無異鳳毛麟角。但承擔風險是需要勇氣的，並非所有人都有這樣的勇氣，比如李淵。

那該怎麼辦呢？答案很簡單：幫他樹立信心，增添勇氣。

於是，在這風雲板蕩的關鍵時刻，有三個人站了出來。這三個都是牛人，而且一個比一個牛：第一個名叫劉文靜，第二個名叫裴寂，第三個就是李世民。

史載，劉文靜「偉姿儀，有器幹，倜儻多權略」，是一個諸葛亮、劉伯溫式的人物。大業年間，老劉靠著祖先的福蔭，出任晉陽令，在晉陽結識了一個讓他前半生愛、後半生恨的朋友——裴寂。

裴寂，表字玄眞，和劉文靜一樣，也是個「官三代」，不過，起點比劉文靜差多了。老裴很小的時候就沒了爹娘，成了破落戶，是幾個哥哥將他拉扯大的。十四歲的時候，靠著先人用血汗掙回來的功勞，裴寂才補了一個州主簿的位置。

大業年間，裴寂終於熬到晉陽宮副宮監的位置。他就是在這個時候和劉文靜結為朋友的。兩人都將對方視為知己，交情好得不得了，晚上睡一個被窩都嫌不夠親密。

裴寂曾遙望城頭的烽火，仰天長歎，「唉，老劉，你看看我這一輩子，家道中衰，窮困潦倒，又四處顛沛流離，還有什麼前途啊！」

劉文靜比較樂觀，笑著回答：「只要你我二人意氣相投，還用擔心將來嗎？」

果然，上天並沒有讓他們等待太久。大業十三年底，改變他們一生命運的那個人來了。這個人就是李淵，李淵調任太原留守兼晉陽宮宮監，成為晉陽的最高長官。

經過一段時間觀察，劉文靜發現李淵志向不小，便主動接近。在李淵家做過一次客之後，他才發現，老李家牛人實在太多了，其中最具潛質的就是排行老二的李世民。

從遇見李世民的那一刻起，劉文靜就被這個年輕人的氣質征服了，從此堅定了一個信念：誓死追隨李世民，直到天荒地老。當然，鬼精鬼精的李世民也一眼看上了他。「你選擇了我，我選擇了你」，兩人就這樣走到一起。

劉文靜按捺不住心中的喜悅，悄悄地對好哥們裴寂說：「老裴，你有沒有發現李家老二可不是一般人啊！你看他，雍容大度好像漢高祖劉邦，英明神武彷彿魏太祖曹操，年紀雖小，將來必非池中之物。」

這是一個相當高的評價，但後來的歷史證明，對於李世民，這個評價還是有些低了。

裴寂聽了，大不以爲然：「哪有你說的那麼玄乎？我看老大建成更優秀一些。」

要說起眼光，裴寂還眞不如劉文靜。劉文靜說得不錯，李世民確非池中之物。現在，他那顆年輕的心正在不安地躁動著。

在雲定興手下實習的半年多時間裡，李世民算是看透了，隋王朝的腐朽已經無藥可救。尤其聽說隋煬帝因爲執意要去江都而殺了好幾個忠直的大臣之後，他對大隋、對煬帝徹底絕望了，「當今聖上居然昏庸到這種地步！我待在這裡還有什麼意義呢？」於是辭別雲定興，回到河東的家中。不久之後，李淵職務調整，李世民就來到了晉陽。

李世民少年老成，雖然年紀不大，但是想得比他爹還要遠。他斷定隋朝不久必亡，天下不久必亂，亂世馬上就要降臨了，現有的一切都將被打亂，重新洗牌。李世民覺得，應該儘快舉義，再晚了，勝利果實就要被別人搶走了。

問題是，他這麼想完全沒用，他老爹不這麼想啊。李世民不知道老李已經動了造反的念頭，還以爲老爹仍要做大隋的忠臣，心裡很著急，卻不知道該怎麼辦。

就在他著急上火的這段日子裡，劉文靜出事了。老劉挺冤的，但誰讓他攤上李密這麼個親家？隋煬帝從江都給李淵發來一道敕書，大意是說：劉文靜和李密是親家，應該連坐，你接到敕書後要立即將他革職下獄。李淵不敢怠慢，當即將劉文靜關入大牢。

這下，李世民就更坐不住了，趕忙跑到大牢裡探視劉文靜。劉文靜見李世民來了，當下就樂了，知道他爲什麼會來，索性開門見山，「天下已經大亂，除非有商湯、周武王、漢高祖、光武帝這樣的人，否則是無法平定的。」

李世民也笑了，「你怎麼知道現在沒有這樣的人呢？恐怕是常人看不出來吧？明說吧！我是來與你商量大事的，請你爲我出出點子。」

劉文靜等的就是這一刻，撫掌大笑道：「好！好！好！我果然沒有看錯人。」心中早有丘壑的他侃侃而談，「現在，李密正在圍攻洛陽，皇帝被困於江都，大大小小的各路人馬不可勝數。各地的百姓爲了躲避戰亂，紛紛逃入太原，只要你們父子能夠應天順人，登高一呼，馬上就可以招來大批英雄好漢。再加上你父親本身就有的精兵強將，咱們乘虛入關，直搗大興，用不了半年，就可以成就帝業了。」

秀才不出門，能知天下事，此言不虛也。劉文靜蟄伏晉陽，卻對天下大勢瞭若指掌，瞧這架勢，簡直是唐朝版的隆中對。不，應該是牢中對。

李世民聽了，茅塞頓開，欣然表示同意，但緊接著，他又犯了愁，「想法是不錯。只是，我擔心我爹不同意，這該怎麼辦啊？」

劉文靜微微一笑，「這有何難？你去找他啊！」

「誰啊？」

劉文靜一字一頓，「裴、寂！裴、玄、眞！」

劉文靜為何如此推崇裴寂呢？因爲裴寂和李淵的關係非常好，好得不得了。前文中說了，李淵除了太原留守的職務外，還有一個兼職——晉陽宮宮監。他的副手，也就是副宮監，正是老裴。兩人處得非常和諧，官方的表述是這樣的，「延之宴語，間以博奕，至於通宵連日，情忘厭倦。」

乍看之下，「情忘厭倦」，似乎好像很高雅似的。其實，翻譯成白話文，你就會發現這倆傢伙待在一起根本就沒幹什麼正事：在酒席上侃大山，侃累了就開始賭錢；賭累了之後，接著再侃大山；一玩起來就沒個正經樣，通宵達旦，連著好幾天。名副其實的酒肉朋友！但話說回來了，酒肉朋友未必就不是眞朋友。老李和裴寂雖然沒幹什麼正事，但他們的確結下了深厚而眞摯的友誼。

於是，李世民從自己的小金庫裡拿出數百萬錢，交給馬仔高斌廉，讓他當陪賭員，專門負責輸錢給裴寂。裴寂回回贏錢，心情大好，還眞以為自己賭技出衆呢，每天都像個跟屁蟲一樣黏著李世民。如是幾次，李世民看火候差不多了，就將自己的想法和盤托出。裴寂略一沉吟，便一口答應了下來。

但畢竟是造反這樣的大事，裴寂不敢直接和李淵明說，靈機一動想了一個損招……

話說這日，裴寂在晉陽宮設宴，請老李來吃飯，老李欣然赴宴。兩人觥籌交錯，喝得不亦樂乎。裴寂一邊勸酒，一邊偷眼瞧老李的臉色。見李淵已經有五六分醉意，便拍了拍手。

李淵聽得背後有腳步聲傳來，回頭這麼一看，眼睛當時就直了。迎面而來的居然是兩個豐滿性感的漂亮美眉，看她們鬢若層雲，眉若遠山，瞳若秋水，面若朝霞，肌若凝脂，手若柔荑，體若春柳，步出蓮花，端的是傾國傾城的天香國色。

常言說得好，酒爲色媒，已經半醉的李淵瞧見這兩個絕色美人，眼珠子差點沒瞪出來，魂兒早就不知飛到哪裡去了。

這兩個妞兒不僅長得火辣，行爲更火爆，一左一右緊挨著李淵坐了下來。檀口一開，鶯聲燕語，老李的身子當時就酥掉了半邊，哪裡還顧得上問她們的來歷？兩個美眉輪流勸酒，不一會兒工夫，老李就被灌到桌子底下了。

是夜，神女會高唐，襄王登巫峽，龍鳳諧歡，熊羆入夢，行雲布雨，其樂可知。

第二天，李淵醒來之後就懵了。一覺醒來，身邊睡了兩個妞兒，這種事換誰誰都懵。李淵仔細一瞅，嚇得魂飛魄散，你娘咧，這不是晉陽宮中皇帝「御用」的張美人和尹美人嗎？李淵扯上衣服，奪門而出。

裴寂正在外面候著他呢！

李淵扯住裴寂，不住地埋怨他，「玄眞啊玄眞，你可把我害慘了！」

豈料，裴寂相當淡定，跟個沒事人似的，笑著對李淵說：「唐公，你的膽子未免也太小了吧？不要說是一兩個宮人了，即便是大隋的江山，想要拿來也很容易啊！」

老李一聽，嚇壞了，四下瞅瞅無人，壓低聲音對裴寂說：「你不要命了？咱倆都是大隋的臣子，怎麼能說這種話呢？」

裴寂索性攤了牌，「你家老二已經開始聚集兵馬，打算起兵了。之所以讓我老裴出此下策，實在是因為事態緊急。現在天下大亂，城門之外，到處都是盜賊。如果你還要拘泥於小節，恐怕很快就要大禍臨頭了。相反的，如果你能起兵舉義，肯定能夠擁有天下。大家已經達成了一致意見，你看怎麼樣啊？」

豈料，李淵這個老東西居然假正經，「我世受國恩，不敢變志。」

裴寂慌了，正要說些什麼的時候，突然有一衛兵跑進來報告：「留守大人！不好了！突厥大軍突然在馬邑出現！」

李淵聞訊大驚，也沒工夫和裴寂饒舌了，趕忙回去調兵，派高君雅領兵萬人，前去援救馬邑太守王仁恭。豈料，人家突厥這次是有備而來，王仁恭和高君雅連戰連敗。老李本來就在為睡了皇帝美眉的事而發愁，現在好了，軍事上連連失利，心裡的鬱悶就別提有多深了。

李世民趁機相勸，「我說爹啊！當今聖上昏庸無道，百姓苦不堪言，晉陽城之外處處都是戰場。此時，下有盜賊流寇，上有嚴刑峻法，您要是再固執於小節，恐怕就要大難臨頭了。依我之見，咱們不如也反了吧！」

李淵故作吃驚，「你個混小子，怎麼能說這種話！我現在就要大義滅親，把你抓起來，交給朝廷。」

李世民也急了，「我仔細分析研究了當前的形勢，才敢說這樣的話。您是我爹，您要是想告發我，就儘管做吧！」

李淵慌了，「你是我兒子，我怎麼忍心告發你呢？但是，你要管住自己的嘴，不要到處亂說。」

這天晚上，李淵失眠了。

第二天一大早，李世民又來了，「爹，現在群雄並起，您能討伐得過來嗎？到最後，您還是一樣會獲罪。退一萬步來說，就算您把這些人都剿滅了，又能怎麼樣？李氏當有天下的歌謠已經傳遍了天下，皇帝能不起疑心嗎？能不對付您嗎？只有我昨天說的那些話，才能使咱們李家躲過災禍。希望您不要再猶豫了！」

李淵長歎一聲，「昨天晚上，我一直在想你說的那些話。你說得很有道理，就這麼辦吧！不過，咱們的家屬都在河東的家中，爲了他們的安全，還不能立即起兵。」

李世民抑制不住自己的興奮，「爹，你就放心吧！我即刻派人通知他們來晉陽。」

李淵點了點頭。

正在這時，突然有江都的聖旨傳到。李淵聽完之後，差點沒暈過去。原來，楊廣認爲，李淵這個太原留守相當不稱職，相當無能，居然連個突厥都擋不住，他老人家很生氣，不僅派人來斥責老李，還準備把他押到江都問罪。

李淵急壞了，趕緊找李世民和裴寂商量。李世民趁機勸老李速速起兵，「當今聖上是個大昏君，跟著這樣的人混，能有什麼前途？勝敗乃兵家常事，他卻借題發揮，要對付你，太讓人寒心了！現在已經到了火燒眉毛的緊要關頭，咱們不能再等了！」

李淵還是很猶豫，「萬一不成功怎麼辦？」

裴寂跳了出來，「怎麼可能不成功呢？晉陽軍隊兵強馬壯，宮中積蓄的軍資財物更是不可勝數，有這麼豐厚的家底，還有什麼好擔心的？再說了，西京留守代王楊侑還是個小屁孩，關中的豪傑正蠢蠢欲動，只要您大張旗鼓地向關中進軍，他們必定望風而附。您怎麼甘心受一個使者的節制，等著被殺頭呢？」

李世民、裴寂你一言我一語，小雙簧唱得那叫一個和諧啊！良久，李淵終於艱難地點了點頭。裴寂和李世民相視一笑，搞定！

誰知，就在他們沾沾自喜的時候，不走尋常路數的楊廣又出手了。這一次，他老人家又變了卦，下旨赦免李淵和王仁恭，還讓他們官復原職，戴罪立功。

李淵本來已經被楊廣逼到懸崖邊，緊要關頭，楊廣又把他拉了回來。楊廣一變卦，李淵也跟著變卦了，「事情還有迴旋的餘地，犯不著鋌而走險嘛，再等等看吧！」

攤上這麼個優柔寡斷的人，裴寂和李世民感到很無奈，很乏力。就在這個時候，很多李淵的死黨都站了出來，勸他速速舉兵。這裡面有大理司直夏侯端、鷹揚府司馬許世緒、前太子左勳衛唐憲，以及他的弟弟唐儉，還有一個是行軍司鎧武士彠。知道武士彠的人可能並不多，但說起他的女兒武則天，中國人恐怕沒有不知道的。

監獄裡面的劉文靜也坐不住了，一個勁地催促裴寂，「老裴，你難道沒有聽說過『先發制人，後發制於人』的古訓嗎？唐公奪取江山，那是上天的安排，爲什麼要一而再再而三地推遲呢？你應該勸說他儘早起兵。」劉文靜可能太著急了，居然還威脅裴寂，「別忘了，你身爲宮監，居然拿皇帝的女人去招待唐公，這可是死罪！你死了倒無所謂，可別耽誤了唐公！」

裴寂見劉文靜急了，十分害怕，拼命勸說李淵起兵。

李淵見衆意已決，終於下定決心，他娘的，幹了！

第 3 章

萬事俱備

全體晉陽人民一致認定，王威和高君雅二人確實是內奸，就是這兩個壞東西把突厥人招進來的。李淵心裡都樂歪了，順勢以通敵罪名將二人處死，懸首示眾。

李淵主意一定，李世民立刻就將劉文靜從獄中撈了出來。

直到這個時候，衆人才發現，老李簡直就是搞造反的天才。他讓劉文靜僞造了一份隋煬帝的敕書，大意是說：「太原、西河、雁門、馬邑等地二十歲以上、五十歲以下的男丁全都要應徵服役，年底之前在涿郡集結完畢，而後討伐高句麗。」

這道敕書一發，四地的老百姓人心惶惶，群情激憤，紛紛問候楊廣他老母！恨不得將楊廣生呑活剝了。李世民和劉文靜這才明白，老李此舉意在爲起兵營造輿論環境。唉呀媽呀，眞是太有才了！

也是天意成全，就在這個時候，隔壁的馬邑出事了。二月初八，鷹揚府校尉劉武周發動兵變，擊殺太守王仁恭，扯起了反隋大旗。三月十七日，劉武周攻佔了汾陽宮，將宮中的宮人統統獻給始畢可汗。

始畢可汗十分滿意，贈給劉武周一面狼頭纛，並冊立他爲定揚可汗。劉武周嫌可汗的名頭不夠響亮，索性自封爲天興皇帝。

劉武周雄起代北的消息成爲李氏父子藉機擴大勢力的幌子。

這日，老李忽然召集手下衆將開會。在會上，他說了，「劉武周這個狗賊居然把汾陽宮都占了。根據大隋律的規定，作爲馬邑近鄰的咱們難辭其咎，論罪該當滅族。你們說，咱們該怎麼辦？」

其實，這話就是說給副留守王威一個人聽的。果然，王威很著急，但他也沒有什麼好辦法，只能表態說一切都遵從留守大人的安排。

李淵故作爲難，「我們應該出兵去打劉武周這狗賊，只是……根據大隋律的規定，咱們指揮軍隊，無論行止進退，都要向陛下稟告，此時敵人近在咫尺，陛下卻遠在江都。這可如何是好？」

王威果然上鉤，反倒給李淵出起點子，「古人說得好，將在外，軍令有所不受。要是乾等陛下的回覆，那黃瓜菜都涼了。您既是我朝宗室，又是聞名天下的賢人，爲了剿滅賊人，臨時專一下權，也是可以理解的嘛！」

李淵要的就是這句話，聽了心中竊喜。不過，他還是僞裝出一副不得已的樣子，「既然你都這麼說了，那我也只好如此了。我覺得當務之急應該是多招募點軍隊。」

王威腦袋點得跟小雞啄米似的，「那是自然。」

於是，李淵立即命李世民、長孫順德（長孫無忌和長孫皇后的族叔）、劉弘基等人分頭募兵。

此令一出，王威便不由得滿腹狐疑起來。因爲長孫順德和劉弘基二人的身份不一般。這兩人原本是隋煬帝身邊的中下級軍官，楊廣執意要去攻打高句麗，他倆不願去，便逃亡到晉陽，在李淵手下做事。

派誰去不行，爲什麼非要選這兩個人？王威感覺有點不對勁，散會之後便去找武士彠商量，「老武，長孫順德和劉弘基都是朝廷逃犯，唐公爲什麼要讓他倆徵兵呢？我想把這倆傢伙抓起來。」

他以爲武士彠是他的人，實際上人家早就和老李穿一條褲子了。武士彠聞言，心中一驚，表面上卻說：「不好吧！這兩人都是唐公的門客，你要是拿他倆，唐公肯定會站出來反對。你這不是自找麻煩嗎？」

王威仔細一想，覺得武士彠說得在理，便打消了念頭。

長孫順德和劉弘基的徵兵工作開展得十分順利，不到十天的時間，就有近萬人來投軍。李淵把新招募來的士兵全都交由他二人統帶，這越發加重了王威的疑心。王威認爲，種種跡象顯示，李淵似乎很不正常。

恰在此時，他的拍檔高君雅回來了，王威便去找高君雅商量。高君雅的智商要比王威高一些，斷定李淵這廝想造反了。哥倆兒商量了一番，決定先發制人。正巧，眼下就有一個現成的機會。

這一年，晉陽遭受了罕見的春旱，留守李淵宣佈將於近日去晉祠祈雨。王威、高君雅哥倆兒合計，就利用李淵到晉祠祈雨的機會，率兵逮捕他。

但是，他倆畢竟只是副職，無權調動一兵一卒。還是高君雅腦子快，靈光一現，想到了一個人——晉陽鄉長劉世龍。身爲鄉長的劉世龍有權調動民兵，而民兵和李淵的隸屬關係薄弱，正好可以爲他二人所用。

於是，哥倆兒便找到劉世龍，並將行動計劃全盤托出。劉世龍把胸脯拍得哐哐響，「二位大人，你們就把心放到肚裡吧！爲國除賊，我劉世龍義不容辭。」

王威、高君雅十分滿意，高高興興地回家去了。他們做夢都沒想到，這劉世龍不靠譜啊，扭頭就將這件事情報告李淵。

李淵一聽，先是一驚，繼而又樂了。正想著怎麼整你們，天堂有路你們不走，地獄無門偏要闖進來。

第二天，也就是五月十五日，李淵一大早便派人去召王威和高君雅，說是要開緊急會議。二人不敢怠慢，匆匆趕來開會。

正在商談的時候，突然來了一個人——開陽府司馬劉政會，說是要告狀。李淵就讓王威去接狀。豈料，劉政會不給，還振振有詞地說：「我告的是王威和高君雅，狀紙只有唐公可以看。」

王威、高君雅哥倆當場就傻了。

李淵還佯作驚訝，「不會吧，居然會有這種事？」他接過劉政會的狀紙，上面就一行字，「副留守王威高君雅潛引突厥入寇。」

李淵「震怒」，將狀紙扔給王威。

王威看了，大吃一驚，趕忙辯白，「大膽狂徒，居然敢陷害朝廷命官？」

李淵冷笑道：「眞是陷害嗎？」

此時的王威、高君雅二人就算渾身長滿了嘴，也說不清了。他們明白，這回著了老李的道了。二人索性不做辯解，一同下堂而去，才走到門口，李世民帶著一幫人攔住了去路，當場將他們拿下。

這哥倆兒也確實夠背的。兩天後，突厥大軍突然出現在晉陽城下。李淵巧施妙計，於十九日成功嚇退突厥人。事到如今，全體晉陽人民一致認定，王威和高君雅二人確實是內奸，就是這兩個壞東西把突厥人招進來的。李淵心裡樂歪了，順勢以通敵罪名將二人處死，懸首示衆。

也是天佑李淵，剛剛處死了王威和高君雅，一衆家眷便從河東趕到了晉陽。

李淵與正妻竇氏育有四子一女：長子李建成、次子李世民、三子李玄霸、四子李元吉和三女平陽公主（這是後來的封號，名字不詳）。竇氏體弱多病，已於大業九年（西元六一三年）去世。翌年，年僅十六歲的三子李玄霸也夭亡了。

這個李玄霸就是演義中大名鼎鼎的李元霸。有人忍不住問了，這哥們到底叫啥啊？怎麼一會兒玄霸，一會兒元霸的？

事情是這樣的，李老三從娘胎裡面出來後，便叫李玄霸，一直到滿清康熙朝以前，歷代的史書和人們都管他叫李玄霸。但是，到了康熙皇帝登基的時候，情況就發生了變化。大家都知道，康熙的名字叫愛新覺羅．玄燁。在那個年代，皇帝名字裡的每一個字都是禁字，除了皇帝他媽能叫，其他人連說都不能說。也正是因為這個緣故，李玄霸硬生生被改成李元霸。

根據《說唐》的記載，李元霸不是人，是天上的大鵬金翅鳥投胎轉世，「年方十二歲，生得尖嘴縮腮，一頭黃毛立在中間。戴一頂烏金冠，面如病鬼，骨瘦如柴，力大無窮。兩臂有四象不過之勇，撚鐵如泥，勝過漢時項羽。一餐斗米，食肉十斤。用兩柄鐵錘，四百斤一個，兩柄共有八百斤，如缸大一般。坐一騎萬里雲，天下無敵」。

李元霸不僅長得奇怪，而且武功極為高強，在隋唐十八好漢當中排名第一，沒人能在他的手下走上三個回合，堪稱打遍天下無敵手。四明山一戰，他擊敗十八路反王二十三萬大軍，打死大將五十員，赤手撕裂伍天錫、宇文成都兩員猛將。紫金山一戰，李玄霸面對一百八十萬軍隊毫無懼色，一對金錘好似蒼蠅拍，殺得屍山血海，迫使李密交出玉璽，十八路反王獻上降表。

再然後，這位牛人在回家路上竟然被老天爺幹掉了，「只見風雲四起，細雨霏霏，少頃虹電閃爍，霹靂交加。那雷聲只在元霸頭上落落落地響，猶如打下來的光景。元霸大怒，把錘指天大叫：『呔！你天爲何這般可惡，照少爺的頭響？也罷！』把錘往空中一撩，抬頭一看，那四百斤重的錘掉將下來，『噗』的一聲正中在元霸臉上，翻身跌下馬來。」

如此看來，這李元霸是個典型的武夫，四肢發達，頭腦簡單到不行，是個徹頭徹尾的大白癡。諸位想想，正常人誰會用錘子去打天？這李元霸簡直就是超級傻蛋兼無敵猛霸王。

眞的嗎？眞的——才怪！

《新唐書》對李元霸只有短短一段的記載，「衛懷王玄霸字大德。幼辯惠。隋大業十年薨，年十六，無子。武德元年，追王及謚，又贈秦州總管、司空。以太宗子泰爲宜都王，奉其祀，葬芷陽。泰徙封越，更以宗室西平王瓊子保定嗣。薨，無子，國除。」

僅從這一段當中，我們就可以推出如下兩點。首先，李元霸不是傻蛋，他的智商其實是非常高的，「幼辯惠」，不僅聰明，而且口才也很好；其次，李元霸根本就沒有參與隋末群雄的紛爭。大業十年的時候，他老兄已經翹辮子了。此時，很多反王尚未形成氣候，他爹還沒有造反呢！

話說回來，李元霸死的時候很年輕，只有十六歲，縱然他眞有驚天地、泣鬼神的本領，可惜時不與之，英年早逝，徒呼奈何！

除去竇氏及其所生的四子一女外，李淵還有以萬氏爲首的幾個小妾以及五女一子。五女即長女長沙公主、次女襄陽公主、四女高密公主、五女桂陽公主和六女萬春公主。一子即庶出的第五子李智雲，母萬氏。

李智雲的年齡雖然不大，但卻是李淵諸子當中最出類拔萃的一個。據史書記載，李智雲兼有大哥李建成的文才和二哥李世民的武功，堪稱全方位複合型人才。

李世民隨李淵在外，五個女兒隨夫家在外，河東的李淵家眷只有幾個小妾、長子李建成、四子李元吉、五子李智雲和六女萬春公主。接到李世民的信後，李老大便帶著一大家子人火速趕往晉陽。

此時，李淵誅殺王威與高君雅的消息已經傳到河東。河東的地方官吏嗅覺十分靈敏，立即派人緝拿他們。在逃亡途中，除李智雲不幸掉隊外，其餘人都安然無恙。李建成走到半路碰到妹夫柴紹（平陽公主之夫），便結伴趕來晉陽相會。

家人團圓本是其樂融融的喜事，但因爲李智雲的生死未卜，所以歡聚中尙帶著三分悲悼。李淵愁眉緊鎖，「五兒智雲今年只有十七歲，我好擔心他啊！」

衆人只好寬慰他，說什麼李智雲吉人自有天相，一定不會有事的。

李淵自己也曉得，乾著急無濟於事，只得派人去河東打探李智雲的消息。

第 4 章

晉陽起兵

隋煬帝大業十三年七月初五，太原城鑼鼓喧天，鞭炮齊鳴，旌旗招展，人山人海。一代梟雄李淵正式起兵，但不反隋。他始終把自己的起兵行為解釋為匡扶社稷的義舉，簡直就是個大忽悠。

家人一到，李淵再無後顧之憂，立即召集衆人商議出兵計劃。豈料，有一個人卻站了出來，說了一句相當雷人的話，「主公，當務之急並不是出兵。」

李淵定睛一瞧，赫然便是劉文靜。

李淵反問他，「那是什麼？」

劉文靜微微一笑，一字一頓地答道：「突厥。」

此言一出，衆人均深感認同。是啊，突厥人隔三岔五就要來晉陽襲擾一番。背後有這麼一個強盜式的鄰居，試問大家如何能放心地西進呢？

劉文靜接著陳述道：「我認爲，當務之急並非出兵西進，而是要以結盟的形式穩住突厥人。這樣，我們西進的時候，就不用擔心突厥人在後院放火了。當然，這只是權宜之計。畢竟，與狼只能共舞一時，卻不能共舞一世。」

劉文靜想得確實長遠，這番話是說到李淵的心坎裡了。李淵當即拍板，派使者帶著他的親筆信和金銀珠寶出使突厥。

數日後，始畢可汗在自己的王庭接見李淵的使者。使者呈上李淵的親筆信，始畢可汗展開信箋，只見上面寫道：「欲大舉義兵，遠迎主上，復與突厥和親，如開皇之時。若能與我俱南，願勿侵暴百姓；若但和親，坐受寶貨，亦唯可汗所擇。」

大概意思就是說：「始畢老大，我李淵想要大舉義兵去江都迎接主上。一旦成功，我將建議皇帝恢復文帝開皇年間的傳統，繼續與貴國和親。老大你若是想和我一同南下也可以，只要貴軍不侵擾百姓就行。當然，老大你也可以選擇坐等我奉上美眉和珍寶。」

始畢可汗平生最恨的人就是隋煬帝，對各部酋長們說：「隋朝皇帝楊廣的爲人，我是再清楚也不過了。如果把他接回來，不僅會加害唐公李淵，而且還會調兵攻打咱們突厥。所以，絕不能讓李淵把這個混蛋接回來。此外，我還要給李淵加一劑猛藥，讓他和皇帝徹底決裂，鬥個兩敗俱傷。這樣吧，給李淵回信，就說只要他肯自稱天子，我就會帶大軍幫助他奪取天下。」

七天後，使者帶著始畢可汗的信回到了晉陽。看完信後，衆人都十分高興，紛紛請求李淵答應始畢可汗的要求，順天應人，登基稱帝。

當皇帝，多好的事啊！可是，老李卻把腦袋搖得跟波浪鼓似的。

裴寂和劉文靜忍不住提醒他，「唐公，長孫順德和劉弘基的徵兵工作搞得不錯，咱們當下倒是不缺兵。可是，咱們戰馬奇缺。突厥大兵我們可以不要，但突厥戰馬我們必須得要。再拖延著不回信，恐怕始畢可汗就要變卦了。」

李淵還是不同意，「難道除了稱帝就沒有別的法子嗎？你們沒看出來嗎？始畢可汗沒安好心，他這是逼我和大隋一刀兩斷！我要是稱了帝，天下人會怎麼想我？我軍前進的道路上將會因此而遭受巨大困難。」

裴寂略一沉吟，想了一個點子：一方面，尊隋煬帝為太上皇，扶立大興的代王楊侑為帝，以安定隋朝王室和各級吏民；另一方面，改換旗幟顏色，以此向突厥示意與隋室不同。這麼做，兩邊就都不得罪了。

李淵滿意地笑了，「這分明就是掩耳盜鈴嘛！不過，形勢所迫，這也是沒有辦法的辦法了。就照玄真（裴寂的字）所說的辦吧！」

於是，使者又將李淵的決定通知突厥。

突厥那邊的消息還沒回來，李淵只能按兵不動。趁著這陣工夫，他多次派人到河東打聽李智雲的下落。

說實話，還不如不打聽呢！因為，傳回來的是一個噩耗：李智雲掉隊後，遭到逮捕，由河東地方官吏解送大興，為留守陰世師所殺。

老李生平最寵愛的就是五子李智雲，豈料轉瞬之間卻是父子殊途、天人永隔了。李淵哭得稀哩嘩啦的，一連幾天都吃不下飯。

正當老李悲痛萬分的時候，西河郡郡守高德儒卻來給他添堵。晉陽周圍各郡官吏，不管主觀上是否願意，反正是都投靠了李淵。唯獨只有這個高德儒不聽招呼。老李本來心情就不好，聽說這個消息後，氣得嗷嗷狂叫。

六月初五，他派李建成、李世民率軍進攻西河，僅用了五天的時間就攻克了西河，斬殺了高德儒。四天後，哥倆兒就率軍返回了晉陽。

幹掉了高德儒，李淵的心情才算是多雲轉晴了。李智雲的死深深地刺激了李淵，如果說之前的他還有一絲猶豫，那麼現在，隨著李智雲的逝去，這點猶豫便蕩然無存了。李淵決定，不等始畢可汗的消息了，即刻起兵。

六月十四日，老李正式建立起造反司令部——大將軍府，並將所部劃分為左、中、右三軍：以李建成為隴西公，領左領大都督，統轄左三統軍；以李世民為敦煌公，領右領大都督，統轄右三統軍；老李自己親領中軍。

此外，老李還授予大批造反骨幹分子官職，以裴寂為大將軍府長史，劉文靜為司馬，唐儉和溫大雅為記室，武士彠為鎧曹，殷開山為府掾，長孫順德、劉弘基、竇琮、王長諧、姜寶誼等分為左右統軍。

十八日，始畢可汗的使者康鞘利來了。始畢可汗與其說是政治家，倒不如說更像個商人，一聽說老李要起兵，立馬派康鞘利送來了一千匹戰馬。當然，不是白給，是送貨上門，估計價格還不低。

為了讓李淵把戰馬都買下，始畢可汗還表態：他會派兵送李淵入關（潼關），想要多少人由老李說了算。

始畢可汗的小算盤打得不錯，李淵現在的確缺戰馬。但他沒有想到，李淵的算盤比他打得還要好。李淵雖然用很高的規格招待了康鞘利，但僅購買了一半戰馬。

劉文靜、裴寂等人想不通，「咱不是缺馬嗎？始畢可汗送馬上門，雖然價格貴了點，但咱們正在用馬之際，應該全買下來。」他們還以爲老李缺錢，就請求用自己的私錢買下其餘的馬匹。

李淵笑了笑，說出了心裡話，「突厥人有的是馬。始畢可汗算準咱們急著用馬，爲了趁機謀利，才送馬上門。我之所以沒全買，不是買不起，而是擔心全買了以後，他們會一批一批地送馬來，到時候恐怕就眞買不起了。所以，我就只買一半，向他們示窮。眞要買，也是我出錢，不需要你們出錢。」

馬的事就這樣了，但還有一個問題：是否接受突厥派兵。人家始畢可汗已經表態了，想要多少人馬你們說了算。於是，老李就讓劉文靜和康鞘利一起返回突厥。

臨走之前，老李偷偷把劉文靜叫到了一旁，「小劉，跟你交個底兒，其實我不想讓突厥派兵。因爲，這些土賊居心不良，一旦進入內地，肯定會縱兵搶掠。但是，爲了不讓劉武周和他們勾搭在一起，襲擊咱們的後方，我們必須做做表面工作向始畢可汗借兵。不過，你記著，突厥兵少要，有個三五百人充充門面就可以了。至於突厥馬，可以多要一些。人吃糧，咱養不起，馬吃草，遍地都是。」

劉文靜領命而去。

隋煬帝大業十三年（西元六一七年）七月初五，正值仲夏時分，太原城鑼鼓喧天，鞭炮齊鳴，旌旗招展，人山人海。一代梟雄李淵在今日正式起兵，但不反隋。

今天的很多人都認爲，李淵在晉陽起兵之時就名正言順地反了。這是一種相當錯誤的看法。實際上，自始至終，李淵都沒有說自己起兵的舉動是造反。相反的，他一直都把自己打扮成一副忠臣模樣，始終把自己的起兵行爲解釋爲匡扶社稷的義舉。

什麼是政治？這就是政治！

在起兵儀式上，老李先是發表自己對時局的看法，繼而又義憤塡膺地批評了自己的混蛋表弟：雖然你是皇帝，雖然你是我表弟，但是，這樣下去是不行的，是會危及咱大隋的江山社稷的。

最後，老李表態：作爲大隋朝最最忠心的臣子，我唐國公李淵，有責任也有義務爲復興大隋盡一份力量。所以我要組織「義兵」，進京匡扶社稷，擁立英明聰睿的表孫代王楊侑做天下的共主。

老李也對隋朝的官吏們提出了期望，熱切地希望沿路的官吏能夠理解他的一番苦心，要積極地回應和幫助自己。當然，如果實在不能理解的話，最起碼也不要對「義軍」橫加阻攔。

忽悠，簡直就是個大忽悠。

李淵立於高台之上，看著身邊文武大臣們熱切而滿含期待的目光，望著台下氣吞山河的隊伍和歡呼雀躍的百姓們。此時的他，心情無比複雜。

他想到了自己的父親爲了大隋鞠躬盡瘁，死而後已，他想到了自己也曾爲大隋揮灑熱血，馳騁疆場。而如今，他卻走上了一條與初衷相背離的道路，所謂「南轅北轍」，大抵如是。造化眞是往死裡弄人啊！

從誕生到現在，他的人生一直很順。但是，從這一刻起，他的明天就變成了一個大大的未知數。只因爲，他參加了一個驚天大賭。他把全族老小和萬千子弟兵的性命全部押上，只爲了那個誘人的賭注——皇位。

在登上高台之前，他當然也有過一絲的徬徨與猶豫。但是，從這一刻起，他再無任何的顧慮。接受命運之神的安排吧！向西，向西，向大興城的方向前進吧！

李淵在晉陽起兵儀式上的一番鬼話迅速傳到了西京留守代王楊侑的耳中。

代王楊侑，隋煬帝的第三個孫子，這一年，他只有十三歲，但早在四年前，他就已經是西京大興的留守了。

有人說了，讓一個孩子去撐起帝國的半邊天，楊廣莫非腦袋被驢踢了？關於這一點，大家還眞是誤會楊廣了，他也不想啊，但是沒辦法。

在歷朝歷代皇室當中，隋朝皇室的人丁不旺是數得著的。隋文帝楊堅只有五個兒子，分別是長子楊勇、次子楊廣、三子楊俊、四子楊秀和五子楊諒。楊俊很早就病死了，楊勇和楊諒則都被楊廣幹掉了，僅剩下一個楊秀。

隋文帝兒子少，隋煬帝的兒子更少，只有三個：長子楊昭、次子楊暕和幼子楊杲。楊昭在大業元年即被冊立為太子，但第二年就去向爺爺老楊報到了。楊昭給父親留下了三個孫子：燕王楊倓、越王楊侗和代王楊侑。老二楊暕為了當太子，曾經搞過一些小動作，結果惹怒了隋煬帝，父子關係勢同水火。他倒是給隋煬帝生了兩個孫子，但現在才剛剛斷奶。幼子楊杲生於大業七年，這一年才七歲，還沒有他的侄子們大呢！

楊秀和楊暕讓楊廣很不放心，不能用。楊杲還是個乳臭未乾的小屁孩，沒法用。能用的就是燕王楊倓、越王楊侗和代王楊侑這三人了。

這一年，楊倓十五歲，楊侗十四歲，楊侑十三歲。三人當中，楊廣最喜歡長孫楊倓，走到哪裡都要把楊倓帶上。所以，只能讓楊侗和楊侑承擔起重任了，楊侗當了東都留守，楊侑則當了西京留守。

當然了，隋煬帝也知道楊侑年紀小，沒什麼經驗，所以他給楊侑配了三名輔政大臣，分別是：刑部尚書兼京兆內史衛文升（打過楊玄感）、左翊衛將軍陰世師（李智雲就是他殺的）和京兆郡丞滑儀。

李淵的一番鬼話騙騙楊侑還可以，想騙衛文升等人，門都沒有。衛文升等人研究了一番，決定給李淵準備兩份大禮。這兩份禮物比較特殊，是兩個人，兩員名將，第一個名叫宋老生，第二個大家都認識，就是參與鎮壓楊玄感叛亂的屈突通。

第 5 章

攻拔霍邑

宋老生後悔得腸子都要青了，連一句「媽呀」都沒來得及喊出口，就被唐將劉弘基砍掉了腦袋。宋老生一死，霍邑隨即陷落，唐軍通往關中的道路自此打開……

三萬唐軍一路西進，於十四日抵達靈石縣，在賈胡堡安營紮寨。前方五十里處便是衛文升等人爲他們設置的第二道障礙——霍邑（今山西霍州市西南十六里）。大隋虎牙郎將宋老生及麾下兩萬鐵騎早已在此等候多時了。

面對來勢洶洶的唐軍，宋老生選擇了堅守。千萬別以爲他膽子小，事實上老宋有自己的小九九：一來，唐軍士氣正盛且人數占優，若是硬碰硬，恐怕自討苦吃；二來，唐軍遠道而來，糧草肯定撐不了幾天，一旦耗盡，士氣必定衰落，屆時，他就率軍出擊，以秋風掃落葉之勢一舉殲滅之。

然而，有一點宋老生卻是萬萬沒有料到，那就是老天爺居然會站出來幫他。一場連綿的夏雨竟然不期而至，而且看樣子短期內根本就沒消停的意思。大雨滂沱，道路濕滑，仗根本沒法打。宋老生無所謂，樂得嬰城自守，養精蓄銳，城外的李淵可就苦了。

宋老生估計得沒錯，李淵確實沒帶多少糧食。老李本指望著迅速打下霍邑，就地補充糧食，豈料竟被一場大雨給攪黃了。眼看著三萬多人馬坐吃山空，李淵如坐針氈，沒辦法，只得命人回晉陽運糧。

運糧隊剛走，始畢可汗的使者就來了。

話說劉文靜抵達突厥以後，將李淵的意思原原本本地告訴了始畢可汗，「若入長安，民衆土地入唐公，金玉繒帛歸突厥。」

這句話的厚顏無恥程度足可與老佛爺的「量中華之物力，結與國之歡心」一較高下。但考慮到老李只是放放空炮彈，我們就不與他計較了。

什麼，金銀財寶都歸我？這老李真夠朋友！始畢可汗見李淵居然開出這麼高的價碼，都快樂瘋了，立刻派使者先行趕到霍邑，通知李淵：突厥軍隊已經上路了。

這算個好消息，但這個好消息仍然解不開李淵的愁思，因爲雨一直下。再這麼耗下去，糧草就眞的要用光了。李淵是白天想，夜裡盼，就等著放晴，但老天爺似乎和他槓上了，就是不給面子。李淵急得團團轉，像熱鍋上的小螞蟻。

話說這日，一名軍校呈入了一篇檄文。李淵打開一看，赫然是瓦崗軍一哥李密發佈的聲討隋煬帝的檄文。

原來李密自當上魏公以後，即對東都方面發動大舉進攻。雙方圍繞洛口倉展開激烈爭奪。四月二十七日，李密做了一件名揚千古的偉大舉動：他讓部下祖君彥起草了一份檄文，細數隋煬帝的十宗罪，並公告天下。

祖君彥乃隋代天下聞名的大才子，文字功底相當了得，這篇檄文寫得文采飛揚，酣暢淋漓。在檄文中，祖君彥書列了隋煬帝弒父、亂倫、嗜酒、勞民、濫賦、興役、征遼、濫誅、賣官、無信等十大罪惡，並指出，「有一於此，未或不亡。況四維不張，三靈總瘁，無小無大，愚夫愚婦，共識殷亡，咸知夏滅。」

最給力的是最後一句，「罄南山之竹，書罪無窮；決東海之波，流惡難盡。顧擇有德以為天下君，仗義討賊，共安天下。」成語「罄竹難書」就是出自於此。

李淵看到此處，也不由得拍案叫好。但再看文尾所署的年月日，竟然是永平元年四月二十七日，老李當時就怒了，好你個李密，眞夠囂張的，居然都建元了，下一步是不是該稱帝了？

生過氣之後，李淵卻動了一個念頭：招降李密。

說實話，這個念頭著實有點可笑。要知道，老李剛剛起兵，手下滿打滿算只有三萬多人馬。且不說李密了，就是王薄、郝孝德這些不入流的小角色，手下人馬都是他的好幾倍。在這樣一個靠實力說話的年代，李淵目前根本排不上列。

現在，這個排不上列的人卻想招降天下最大的造反派頭頭李密。他憑什麼？

憑交情！

什麼交情？同僚之情嗎？

不是，世交之情！

前文中曾提過，李淵的爺爺李虎是北周八位柱國大將軍之一。其實，八根大柱子當中還有一個姓李的，名叫李弼。這個李弼就是李密的曾祖父。自李虎、李弼這一代起，兩個李家就結下了深厚的交情，延續至今已近百年。論資排輩，李密還得稱呼李淵一聲

「世叔」。

李淵就想憑這份交情將李密拉過來，於是讓部下溫大雅給李密寫了一封信，希望李密能歸附他。

李密看完信之後就笑了，靠！你手下才幾萬人，居然想招降我這個反隋盟主，真是可笑，你李淵算哪根蔥啊？略一思考，他便命祖君彥回信給李淵，「我和哥（注意，沒有叫叔）你雖然家世不同，但咱們都姓李，五百年前是一家。我自認才德微薄，但是四海之內的英雄偏要公推我當盟主。如果能和哥你相互扶持，同心協力，幹掉隋煬帝這個大壞蛋，豈不是盛事一樁？」

李密還提了一個具體建議：讓老李親自率領數千騎兵到河內郡結盟。說了這麼多，無非是表達了兩個意思：第一，我是不會臣服你的；第二，你應該臣服我。

李淵接到信後，著實費了一番躊躇。

答應吧？不行，自己在起兵時信誓旦旦地向天下宣稱只反暴君，不反大隋。雖說是裝蒜，可是如果真和這個重量級造反頭頭結盟，那就相當於抽了自己一個響亮的大耳光，不僅前功盡棄，而且在西進的路途上也會增添許多不必要的麻煩和困難。

不答應吧？也不行，你看李密連叔都不叫了，已經動了暗火，如果不答應，萬一他率軍殺過來怎麼辦？

是啊，怎麼辦？這麼辦？

李淵對部下們說：「李密這個人妄自尊大，不是簡單一封書信就能唬弄來的。但如果我們馬上與他斷絕來往，只會多樹一個敵人。我看，不如用阿諛逢承之語吹捧他，使他心志驕橫，讓他替我們牽制東都之兵。這樣，我們就可以專心一意地西征了。待到關中平定以後，我們一邊養精蓄銳，一邊靜看鷸蚌相爭，再坐收漁人之利也不遲。」

衆人都說好。於是，老李又讓溫大雅回了一封信給李密。在信中，他「推心置腹」地說：如今社稷傾斜，危在旦夕，他也看出大隋的覆亡只是時間問題。但是，做爲一個世代蒙受浩蕩皇恩的忠臣，他願意做最後的努力。雖說現在遭到了隋軍的誤解，但他相信誤會一定會消除的。

當然，這樣說明顯是把自己擺到李密的對立面了。於是，李淵又話鋒一轉，自己才具微薄，沒有其他的野心。他還大拍李密的馬屁，說什麼「天生蒸民，必有司牧，當今爲牧，非子而誰」。其實，整封信當中，具有實質內涵的就是八個字，「盟津之會，未暇卜期」。

什麼意思呢？意思是：河內結盟老子沒空，不去了。

在李淵忽悠大法加馬屁神功衝擊下，一代梟雄李密馬上被轟得五迷三道，不知南北東西。你看，連唐公李淵都這麼推崇我，平定天下的人不是我會是誰？於是，李密默許李淵向大興進發，把自己的注意力完全轉向東都方面。

李淵可以擺得平李密，卻擺不平老天爺，大雨還是沒有停的意思，眼看著馬上要缺糧斷餉了，軍心開始浮動。一時間，流言四起，最大的一個流言是這麼說的：劉文靜沒有搞定突厥人，始畢可汗正和劉武周策劃著趁虛攻打晉陽呢。

種種流言好似火上澆油一般，把李淵折騰得腦袋不夠用，眼見困難越來越大，撤兵的念頭也開始浮上心頭。他覺得，再這麼拖下去，就會造成進不能過霍邑、退不能回晉陽的危險局面，與其這樣，還不如暫且退回晉陽，伺機而動。

裴寂等人也和李淵持相同觀點，認爲當前面臨著四個隱患：首先，宋老生和屈突通都不是易與之輩。其次，李密這個人言行不一，嘴上雖然說要聯合，但內心恐怕不是這麼想的。又次，突厥人重利輕義，誰給他們甜頭，他們就跟誰好，保不準啥時候會在背後來一刀，不靠譜。最後，馬邑的劉武周也不是什麼好鳥，正琢磨著怎麼吞掉晉陽呢！

總而言之，言而總之，他們也建議李淵暫時回撤晉陽。

但李建成、李世民哥倆不同意。李世民說：「宋老生雖然厲害，但是爲人輕狂浮躁，一戰可擒；李密捨不得洛口倉，肯定不會向遠處圖謀；劉武周和突厥人雖然表面上是同盟，但實際上卻互相猜忌，難以統一行動。咱們本來就是要興大義，拯救天下黎民於水火之中，怎麼能遇到一點小小的困難就退縮呢？」

李建成同意李世民的看法，但李淵還是不聽，派左路軍先行撤回晉陽。

李世民知道的時候，左路軍已經踏上了返程。他十分著急，立刻來找李淵。此時，天色已經很晚了，李淵已經呼呼大睡了。守門的衛兵攔著李世民，不讓他進去。李世民越想越著急，越想越氣憤，越想越憋屈，便在帳外放聲痛哭起來。

這一哭還真管用，不一會兒，李淵就被吵醒了，他娘的，誰在外面哭爹喊娘啊，還讓不讓人活啊？出來一看，原來是他家老二，就將李世民召入帳中。李世民急著說：「爹，咱們不能撤。一旦我們返回晉陽，將士們就會離心離德，咱們很快就會完蛋。我們只能向前向前再向前。」

許是幡然醒悟，許是被李世民的執著打動了，李淵這才鬆了口，「可是，左路軍已經折返了，這該如何是好呢？」

李世民聞言大喜，「沒事，他們應該還沒有走遠，我去追。」出帳之後，李世民找到大哥李建成，兩人跨上戰馬，連夜把左軍追了回來。

一切似乎都從這個夜晚發生了逆轉。第二天，晉陽的糧食運到了。三天後的八月初一，大雨也停了。命運女神的天平終於向李淵父子傾斜了。初三，李淵命令部隊晾曬鎧甲、器械。就在當天夜裡，一個高明的作戰計劃制定了。

第二天一大早，天色仍尚顯朦朧的時候，唐軍就沿著山間的小道，來到了霍邑城東。

霍邑城頭的隋軍看到從天而降的唐軍，趕忙去通報宋老生。此時的宋老生還在做著加官晉爵的美夢呢！聽說唐軍來襲，宋老生登時驚出一身冷汗，人一下子就清醒了，趕緊穿好戎裝，衝到城樓上察看軍情。

宋老生探頭這麼一看，只見城下的曠野上，李淵、李建成帶著數千人馬列陣挑戰。宋老生微微一笑，不管你們這些混蛋要什麼花樣，我只堅守不出，等到你們的糧食吃光了，看我怎麼拾掇你們。

唐軍見隋軍堅守不出，便開始問候宋老生他老母。

唐軍天天來罵戰，宋老生表現得很淡定，安坐在城樓上，喝茶看報紙。可是，今天不一樣，他娘的，唐軍不僅罵，而且罵得越來越過分，從宋老生本人罵到了N代之前的祖宗，又從N代之前的祖宗罵回到宋老生本人。

起初，老宋還很淡定。時間一久，宋老生的臉色越來越難看，終於再也坐不下去了，有這樣罵人的嗎？繞來繞去就那些話，太沒創意了！於是老宋帶著兩萬精兵一股腦衝出霍邑，要把這股唐軍碎屍萬段。

李建成一看宋老生怒了，趕緊帶兵後撤。宋老生怒上加怒，你們罵爽了，居然還想跑，看我不把你們剁成肉醬做包子。隋軍對唐軍緊追不捨，不一會兒，兩軍便戰在了一處。隋軍來勢洶洶，李淵和李建成父子漸漸有些抵擋不住了。

李淵急壞了，扭頭問李建成，「世民怎麼還不來？」

焦急的李建成抬頭向南望去，喜悅的顏色驟然浮上面龐，「爹，二郎來了！」

宋老生殺得正歡，突然間，發現南面的山坡上突然出現一個唐軍。緊接著，又出現一個，然後又出現一個……就這樣，唐軍一個接一個出現在南山上，瞬間就聚集成好大好大的一灘。老宋終於從狂怒中清醒過來，歐買尬，中計了。他趕緊撥轉馬頭往回撤，現在，誰會被砍成人肉叉燒包，已經說不準了！

李世民帶著義軍主力從山坡上俯衝而下，隋軍頓時被衝得七零八落。宋老生好不容易殺出一條血路，回到霍邑城下，卻吃了一個閉門羹。原來城中的隋軍守將見情形不妙，早早就將城門關了起來。

一失足成千古恨，只因為沒忍住一時之氣，造成了現下城閉兵敗的慘果。宋老生後悔得腸子都要青了，可惜歷史已經不再給他悔改的機會了。他連一句「媽呀」都沒來得及喊出口，就被唐將劉弘基砍掉了腦袋。

宋老生一死，霍邑隨即陷落，唐軍通往關中的道路自此打開……

第 6 章

屈突通的無奈

隋軍吃得正爽，哪想到有人這麼不講規矩從背後偷襲。這場敗仗對屈突通的影響是致命的，實力遭到了最為嚴重的削弱，從此再也無力向西增援了。

突破霍邑之後，唐軍勢如破竹，初八陷臨汾，十三日克絳郡，十五日便推進至黃河岸邊的龍門（今山西河津縣）。

同日，劉文靜帶著蒙古高原的風回來了。當然，像他這樣牛的人物是不可能空手而歸的，一同前來的還有始畢可汗的小弟康鞘利以及五百突厥戰士和兩千匹突厥戰馬。

劉文靜認認眞眞地落實了領導的指示。領導讓他少要人，人多了養不起，所以只要了五百突厥戰士；領導讓他多要馬，馬再多也不用花錢，所以就要了兩千匹戰馬。

二十日，唐軍抵達壺口。望著水流湍急的黃河，李淵傻了眼，沒船怎麼過河啊？正當老李急得快要抓狂的時候，有人送船上門了。

正是居住在黃河岸邊的百姓們。老百姓們聽說德高望重的唐公李淵爲救黎民於水火而興起義軍，高興得不得了，主動將自己的船隻送到義軍的大營。老李感動得眼淚嘩嘩的，多好的老百姓，多可愛的人啊！

事實證明，得道確實多助。二十四日，關中地區勢力最爲龐大的義軍領袖孫華前來歸降。李淵十分高興，當即封他爲左光祿大夫、武鄉縣公，任馮翊太守。老李派孫華率本部人馬先行渡河，策應王長諧、劉弘基、陳演壽、史大奈部六千人渡河。

名將屈突通這次糗大了。屈突通認爲，李淵的軍隊缺少舟船，短期內必定難以過河。於是，老屈便率衆固守河東（今山西永濟西南）。其實，他本可以派偵騎去黃河邊溜達溜達的，但他並沒有這樣做。這種不作爲的惡果是，當王長諧的人馬如神兵天降般出現在河東城下的時候，老屈驚得嘴巴都快要脫臼了。

不過，名將的稱呼也不是白叫的，吃驚歸吃驚，老屈並沒有手足無措，還是蠻自信的。當天夜裡，老屈便派部將桑顯和率軍去「問候」王長諧。王長諧遠道而來，哪料到屈突通會來這一手，猝不及防之下，吃了個大虧。要不是孫華和史大奈率輕騎從後襲擊桑顯和，王長諧和他的一班小弟就只有到黃河裡當水鬼的份兒了。

王長諧的失利牽動著老李的心。九月初十，李淵親率大軍包圍河東。屈突通和李淵同朝爲官多年，當然知道老李不好惹，索性避戰不出。表面上看來，李淵占盡上風，實際上有苦說不出。此時的河東城已然變成一塊雞肋，李淵想吃卻吃不下，不吃也不行，前腳一走，屈突通肯定後腳跟過來。那叫一個鬧心啊！

開會！開會！

裴寂主張先攻河東，後打大興，理由是：大興方面除了屈突通這一支人馬外，再無援軍。屈突通就是他們的希望，就是他們的救世主。屈突通兵精糧足，如果我軍棄河東轉攻長安，屈突通必定會隨後追擊。屆時，我軍很有可能處於腹背受敵的危險境地，連退都沒地方退。所以，只能是先打河東，再攻大興。

但李世民不同意裴寂的看法，覺得應該先攻大興，後打河東，理由是：兵貴神速，大興猝不及防，拿下它簡直就是小菜一碟。如果停留在河東城下，情形就不妙了。因爲，河東城池堅固，屈突通的人馬又多是百戰之士，短期內肯定拿不下來，大興方面就可以趁此機會加強城防。所以，細細衡量，還是先攻大興爲好。

二人所說均有道理，李淵左思右想，最終決定採取折衷的辦法：在河東城下兵分兩路，一路由大將呂紹宗等人率領，繼續圍困河東；另一路由他親自率領，渡河西進。

十二日，唐軍主力渡過了黃河。

十八日，李淵再次決定分兵三路：由李建成、劉文靜、王長諧等率第一方面軍屯駐永豐倉，扼制潼關隋軍，一防屈突通回援大興，一防東都方面可能的援軍；由李世民、劉弘基、殷開山等率第二方面軍沿渭河北岸西進，迂回包圍大興；老李自提第三方面軍，隨後跟進。

情勢頓時逆轉。這下，換屈突通坐不住了，親率五萬精兵向大興進發。

老李早就預料到他會有這一手，才讓李建成、劉文靜扼守住由河東通往大興的必經之地——永豐倉。李建成帶著劉文靜、王長諧死磕，老屈想盡一切辦法，用盡一切手段，就是過不了永豐倉；不僅過不了永豐倉，連潼關都尉南城也丟了。萬般無奈之下，只得率軍退守都尉北城。

這一拖，就從九月份拖到了十月份，把個屈突通急得抓耳撓腮。在潼關多耗一天，大興就多一分危險，最後，老屈實在坐不住了，強令桑顯和率軍夜襲李建成部，要求就四個字：不勝不歸。

桑顯和見領導下了死命令，只得硬著頭皮上陣。這一仗，隋軍把吃奶的力氣都使上了，接連突破唐軍兩道防線，只剩下劉文靜負責防守的第三道防線尚未被突破。桑顯和多次率軍突入，就連劉文靜自己也被流矢射中。

眼看著第三道防線就要被拿下了，關鍵時刻，桑顯和犯了一個極其幼稚的錯誤。正是這個錯誤挽救了唐軍。

大家可能不曉得，桑顯和是一個愛兵如子的人。愛兵是沒有錯的，不愛人家，人家憑什麼出死力？但是，愛兵也要看時候，看場合。桑顯和的錯誤就在於：在一個錯誤的時間、錯誤的地點，錯誤地愛心氾濫了。

桑顯和認爲，攻破第三道防線已經不在話下，見部下一個個累得跟駱駝似的，便下令部隊就地開伙，吃飽了再打。其實，這個時候，唐軍的第三道防線已經被衝得七零八落了，短期內根本無法組織起有效的防禦。桑顯和只要再發動一次衝鋒，劉文靜就得徹底歇菜，但桑顯和偏偏就在這個節骨眼停了下來。

世間的成敗往往就在一瞬間。正是趁著隋軍祭五臟廟的工夫，劉文靜調整了部署，並重新構築起第三道防線。就在這時，一支遊離的爲數僅百人的唐軍騎兵從南山歸來，看到桑顯和的部隊正在吃飯，便吆喝著從背後蹭飯來了。打死你們這些沒心肝的，吃飯也不招呼一聲！

隋軍吃得正爽，哪想到有人這麼不講規矩從背後偷襲，頓時大亂。劉文靜連呼天助我也，帶著防線內的唐軍傾巢而出。

在唐軍的內外夾攻之下，戰場的情勢頓時扭轉。隋軍大敗，小部被殲，只桑顯和一人逃脫，其餘全部投降。這場敗仗對屈突通的影響是致命的，實力遭到了最爲嚴重的削弱，從此再也無力向西增援了。

第 7 章

大興！大興！

經過無數次慘烈的殊死戰鬥，據守大興的隋軍死傷慘重，箭盡糧絕。大興，這座隋王朝的國都，終於不可避免地陷落了。入城之後，老李居然在天牢裡面看到了一個熟人……

李氏父子興兵起義的消息很快就傳遍了天下，居住在關中地區的李氏親族紛紛起兵回應。當此緊要關頭，最先響應李淵的便是他那寓居大興的三閨女，也就是後來的平陽公主。

要說這個平陽公主，真可謂是隋末唐初第一奇女子。

當初李世民來信，讓柴紹夫婦到晉陽避禍。柴紹接到信後，大費躊躇，覺得老婆一介女流，帶她一起去，途中恐怕多有不便；把她留在家中，又實在放心不下。柴紹很爲難，就把自己的想法如實和老婆說了。

豈料平陽公主聽了，從容一笑，「我還以爲多大的事呢！你就趕快走吧！我一個婦道人家，很容易避禍。而且，我心中已經有一個大計劃了。」

平陽公主素來剛強，柴紹見她如此自信，也不好再說些什麼，便獨自前往晉陽。他一直在想，我老婆到底有啥大計劃呢？義軍進入三秦大地後，柴紹終於知道了答案。

柴紹前腳剛走，平陽公主後腳就回到了鄠縣（今陝西戶縣）的家中。她將家產全部變賣，用所得的錢財招募一支爲數近萬人的軍隊，在司竹起兵，回應李淵。平陽公主很驕傲地打起了「娘子軍」的旗號。在中國歷史上，像她這樣「不愛紅妝愛武裝」的女將軍僅有四人。毫不誇張地說，大唐女性是中國歷史上最爲傑出的女性群體，領銜人物正是李淵的三女兒平陽公主。

除了平陽公主，還有一個李姓親族也舉起了義旗，此人名叫李神通，是李淵的堂弟。聽名字似乎是一個很牛的人物，但事實上，他的膽略比不上自己的堂侄女。李神通可沒有老李那種吞食天地的野心，只想做一個逍遙自在的富家翁。但誰讓他攤上了李淵這個堂哥呢？

晉陽起兵後不久，代王楊侑就派人搜捕關中的李氏親族，李神通當然榜上有名。李神通無奈，只得逃入鄠縣山中，與大興本地豪俠史萬寶等人聯合，起兵回應李淵。

不久之後，李神通、平陽公主便合兵一處，攻克了鄠縣。緊接著，他們又招降了關中地區的義軍領袖何潘仁、李仲文（李密的堂伯父）、向善志、丘師利等人，接連攻克盩厔、武功、始平諸縣，部衆也發展到七萬多人，對隋都大興構成嚴重威脅。

稍後，李淵的四女婿段綸（高密公主之夫）也聚衆萬人，在藍田起兵，與李神通、平陽公主結爲聲援。李淵渡過黃河後，他們各自派遣使者迎接義軍。李淵命他們全部聽李世民調遣。李世民得了這麼一支生力軍，更是如虎添翼，一路高歌猛進，所向披靡。

前方不遠處就是帝都大興了！

九月，李淵出手了，派劉弘基、殷開山二人率六萬人馬南渡渭水，屯駐於大興舊城。陰世師趕緊調派人馬出戰，結果卻被劉弘基打了回來。

與此同時，李世民也率第二方面軍十三萬人進駐阿城。二十八日，他派人向李淵請示，要求確定對大興發動總攻的日期。李淵一面調李建成的第一方面軍（劉文靜部除外）從新豐直抵長樂宮，一面命李世民率第二方面軍進駐大興舊城，與劉弘基、殷開山部會合。第二天，李淵率第三方面軍逼近大興。

十月初四，李唐三大方面軍二十萬人馬會師大興城下。大興城被團團圍住，儼然成了唐軍人海中的一座孤島了。

老李擺出了很高的姿態，嚴禁各軍擾民，同時多次派使者到城下對陰世師等人宣稱自己尊奉大隋皇室的意思。但陰世師已經鐵了心要與大隋朝、與大興城共存亡，始終沒有鳥老李。如此幾次之後，李淵明白，人家陰世師根本懶得跟他廢話。

二十七日，李淵正式下達了總攻的命令，二十萬唐軍如潮水般衝向了大興城……經過無數次慘烈的殊死戰鬥，據守大興的隋軍死傷慘重，箭盡糧絕。大興這座隋王朝的國都，終於不可避免地陷落了。十一月初九，李建成的部下雷永吉第一個攻上大興的城牆，帝都隨即陷落。

城破之前，衛文升已經病死，李淵便將陰世師、滑儀等十多人處死了，但其餘人等一概不予追究。

入城之後，老李抽空去天牢裡面轉了一圈。不去不知道，一去嚇一跳，居然在天牢裡面看到了一個熟人。誰？

馬邑郡丞李靖是也。

李靖，本名李藥師，出生於官宦人家，祖父李崇義曾任後魏的殷州刺史，父親李詮官至大隋趙郡太守，舅舅則是大隋一代名將韓擒虎。受家庭的薰陶，李靖從小就對兵法感冒，時人稱他有「文武才略」。這小子經常掛在嘴邊的一句話就是：「大丈夫若遇主逢時，必當立功立事，以取富貴。」

憑藉著先人的功勞，李靖順利進入仕途，先後幹過長安縣功曹、殿內直長、駕部員外郎等職務，後調任馬邑擔任郡丞，在王仁恭手下做事。別看他官職低微，才幹早就聞名於隋朝公卿之中。吏部尚書牛弘稱讚他有「王佐之才」，左僕射楊素甚至還摸著自己的座椅對他說：「卿終當坐此。」

現在，這個牛人就站在李淵的面前，但身份卻是囚犯。老李先是一驚，繼而又樂了，問李靖：「你怎麼在這裡呢？」

李靖說了一番話，差點沒把老李給氣死。

原來，李靖這個人眼睛特刁。在馬邑的日子裡，就發現晉陽的李淵不是池中之物，貌似老實怯懦，其實暗藏包天野心。李靖覺得，這樣的人一定得除掉，否則大隋的江山恐怕就要易主了。但說到底，這畢竟只是猜測，毫無眞憑實據，沒人會相信。只有一個人例外，那就是皇帝陛下。

李靖暗自做了一個決定：去江都，向皇帝告狀。

但是，此去江都路途遙遠，這麼長的假，領導肯定不會批，總不能對領導說「我要去上訪」吧？於是，他想出一個曲線救國的法子。這個法子絕對是前無古人，後無來者，獨步中國歷史。

啥法子呢？犯罪！

李靖犯了什麼罪呢？這個史書上沒說，總之不是調戲婦女、偷窺偷拍之類的小罪，這從過問人員的資格就可以看得出來。根據大隋律的規定，李靖這種級別的朝廷命官犯了這種罪，須經皇帝親自過問。

皇帝在哪裡？在江都！這就需要將犯人李靖解送江都。

李靖想得好，以爲這樣就可以掩人耳目了，豈料人算終究是不如天算。解送的路途本來很順利，但到了大興這一站時，出問題了。關中大亂，道塞不通，去不了江都了。李靖很無奈地被關在大興。這一關，就直接關到了大興城破之日。

聽完了李靖的話，李淵的臉都青了，「好小子，原來你是想告發我。沒什麼好說的，來人啊！推出去砍了！」

李靖一聽，壞了，這年頭說實話都有罪，趕緊大呼，「老李，你興起義兵是爲了平息天下的暴亂，怎麼能因爲私人恩怨而殺害壯士呢？」

李淵假裝沒聽見，你丫的，你不知道說實話要付出代價嗎？左右上前，擁著李靖就往外走。正要行刑時，在無數影視劇中無數次出現過的那一幕又重現了，「刀下留人！」喊出這一嗓子的，正是李家二公子李世民。李世民之所以要救李靖，並非因為他和李靖是熟人，而是他知道這個李靖身懷文韜武略，是個帥才，能當大任。

李世民問李淵：「老爹，你可知韓擒虎曾經說過什麼話？」

李淵問，「什麼話？」

李世民一板一眼地說：「韓擒虎曾經說過，可以和他討論孫子、吳起兵法的，只有李靖一人。這樣的人才如果能為我所用，肯定能建下蓋世奇功。希望老爹你不念舊惡，赦免他的過錯，並授予官職。」

雖然兒子說得句句在理，老李還是老大不情願：「這樣的人恐怕不好駕馭吧？」

李世民拍了拍胸脯，「你就放心吧！我自有法子。」

老李這才不情願地免除李靖的死罪，將他安排在李世民的幕府裡。李世民對李靖奉若上賓，李靖深感李世民的救命之恩，從此便對他死心塌地。

大興一破，關中、巴蜀、隴西各郡縣望風而降，李淵的勢力像經過發酵一般迅速膨脹起來。

入城第六天，也就是十一月十五日，李淵便將楊侑扶上皇帝寶座，改大業十三年為義寧元年（這點要特別注意），同時把遠在江都的隋煬帝楊廣升了一級——太上皇。

兩天後，隋帝楊侑封李淵為唐王，委以大都督內外諸軍事、尚書令、大丞相等要職。楊侑還說了，「以後，我朝各項軍政事務及官員遴選任用，全部由唐王李淵全權處理，不必上奏。」

老李一點都不客氣，立即封賞功臣，裴寂升為長史，劉文靜升為司馬，其他功臣各有擢用。二十三日，老李封長子李建成為唐王世子，次子李世民為京兆尹、秦國公，四子李元吉為齊國公。

直到月底，遠在江都的隋煬帝才收到確切消息：大興陷落了。「噹啷」一聲，斟滿美酒的金樽重重地摔在地上，奏樂聲戛然而止，目光迷離的他喃喃自語：「原來是他！原來是他……」

第 8 章

西秦大帝來踢館

李世民和薛仁杲在扶風城下幹了一仗，萬人敵薛哥被李世民打得抱頭鼠竄。消息傳來，薛舉嚇得魂飛魄散，天下竟然還有比他兒子更牛的人？

潼關，屈突通狠狠地搧了自己幾個耳光。

有人勸他儘早投降，屈突通聽了，淚如泉湧，「兩代隋帝對我恩寵非常。我做著老楊家的官，拿著老楊家的俸祿，怎麼能在老楊家遇到困難的時候背叛呢？」

他不去找李淵，李淵倒派人上門來找他了。原來，大興陷落以後，屈突通的家人全都落入李淵的手中。李淵愛惜屈突通的才華，便派他的家童來勸降。屈突通根本就不給家童開口的機會，一刀將他砍了，老子堅決不投降。

但這麼拖著畢竟不是辦法，屈突通思來想去，只能去東都投奔越王楊侗了。主意已定，便留桑顯和鎮守潼關，自己親率大軍望洛陽而去。沒想到，他前腳剛走，桑顯和後腳就向劉文靜打開潼關的大門。

劉文靜這個人忒壞，馬上讓桑顯和跟著竇琮等人率輕騎追擊屈突通。屈突通哪想到愛將會獻關投降，一路上行進速度不是很快，剛剛走到稠桑（今河南靈寶），竇琮、桑顯和便追了上來。

那一刻，屈突通分明聽到自己心碎的聲音。

更讓他心碎的還在後頭，義軍陣營中突然傳出了一個熟悉的聲音，「爹！」

屈突通凝眸一瞧，竟然是自己的兒子屈突壽（屈突是複姓）。

屈突壽躍馬而出，「爹，隋朝氣數已盡，唐王撥亂反正，您還是快快棄暗投明吧！」

屈突通強忍著眼淚，破口大罵，「Shut up！我不是你爹。咱們曾經是父子，但現在你我是不共戴天的仇敵。」

不待屈突壽回話，老屈便命左右向兒子射擊。屈突壽嚇得躲入陣中。

這個時候，桑顯和站了出來，又給屈突通破碎的心捅了一刀。他在陣前對自己原先的部下大呼，「我說哥們啊，你們都是關中人，幹嘛跑到東都去呀？」

這招比較狠，釜底抽薪，桑顯和的老部下紛紛放下了武器，向唐軍走來。

屈突通自知再也無力回天了，但要投降之前好歹得跟楊廣說一聲。於是，他翻身下馬，面向東南方（江都的方向）跪下，淚流滿面地說：「臣力屈兵敗，不負陛下，天地神祇，實所鑑察。」話音剛落，唐軍一擁而上，將他捆了個結實。

不過，戰俘屈突通依然受到了李淵的優待，李淵任命他為兵部尚書，封蔣國公。

從晉陽起兵到入主大興，這半年李淵父子忙得腳打後腦勺。好容易捱到十一月，李淵受封唐王，革命總算是初步成功，以為終於可以暫時喘口氣了。豈料，十二月初又來事了，有人來踢館！

誰？

西秦大帝薛舉的太子薛仁杲。

和李氏父子一樣，薛氏父子也是在這一年豎起反旗的。四月初三，當時還是金城府（今甘肅省蘭州市）校尉的薛舉，帶著包括兒子薛仁杲在內的十二個小弟發動政變，囚禁了以金城令郝瑗爲首的各級官吏。

隨後，薛舉打開糧倉，賑濟百姓，正式宣佈起兵反隋。

從一開始，薛舉就十分高調，自稱西秦霸王，迅速建立起反隋的割據政權。緊接著，他又擊敗了前來征討的隋軍，並陸續招降隴西最厲害的強盜頭子宗羅睺以及部分羌族武裝力量，兵勢大振。不到三個月，薛舉就將整個隴西收入囊中，部衆發展到十三萬之衆，稱雄西北。

七月，當李淵還在賈胡堡「洗桑拿」的時候，人家薛舉已經稱帝建國了，國號西秦，定都天水，以正妻鞠氏爲皇后，長子薛仁杲爲皇太子。十一月，當李淵大軍圍攻大興城的時候，老薛的勢力已經滲透到離大興不遠的扶風地區（今陝西鳳翔），手下的小弟也飆升至三十萬。

老薛的臥榻之側當然不容老李酣睡。進入十二月後，薛舉仗著自己人多勢衆，便派薛仁杲進圍扶風，窺視大興。李淵接到警報，立刻派李世民率軍救援扶風。

薛仁杲這老兄力大如牛，精於騎射，有萬夫不當之勇，人送外號「萬人敵」。隨他老爹起兵至今，薛仁杲百戰百勝，從不知失敗爲何物。

十七日，李世民和薛仁杲在扶風城下幹了一仗。此戰之後，薛仁杲終於明白失敗究竟是什麼滋味了。在這次對決當中，萬人敵薛哥被李世民打得抱頭鼠竄。

消息傳來，薛舉嚇得魂飛魄散，天下竟然還有比他兒子更牛的人？這一次，他嚇破膽了，居然問大臣們，「歷史上有天子投降的舊例嗎？」

他的黃門侍郎褚亮（褚遂良他爹）對李淵一直抱有好感，此時便趁機說道：「有啊，簡直太多了！這種轉禍為福的事自古就有，不勝枚舉。」

薛舉被褚亮忽悠得心動了。正在這時，有個人站出來，厲聲說道：「萬萬不可！」

薛舉定睛一瞧，原來是衛尉卿郝瑗。

按理說，薛舉和郝瑗應該是不共戴天的仇人，但政變成功後，薛舉並沒有為難郝瑗，很快就將他釋放了。或許是覺得薛舉是個人物，又或許是出於感恩戴德的心態，反正郝瑗是把自己的一顆真心完完全全交給薛舉。薛舉對他也不錯，稱帝後封他為衛尉卿。

郝瑗歸到薛舉帳下後，很久都沒發表過什麼意見。但現在，這個沉默已久的人終於開口了，「陛下不應該問這種事。褚亮完全是一派胡言。西漢高祖劉邦與蜀漢先主劉備歷經無數艱難困苦，才最終成就帝業。陛下怎麼能因為碰到一點小小的困難，就做起了投降的打算呢？」

這番話義正詞嚴，擲地有聲，說得薛舉暗暗後悔，尷尬地掩飾道：「我不過是用話來試試你們罷了。我是西秦大帝，怎麼會投降呢？」

從這以後，薛舉就斷了投降的念頭，決意與李淵父子死磕到底。他重賞了郝瑗，並提拔他當自己的高參。

雖然取得了扶風會戰的勝利，但李淵覺得進軍隴西、徹底殲滅薛舉的條件尚未成熟，便命李世民班師回朝了。雙方的第一次交鋒就此戛然而止。

第9章

江都叛變

司馬德戡召集全軍，向將士們攤牌，說他要推翻楊廣這個壞蛋，帶著眾人回到關中。形勢已經危急到這種地步了，我們的主人公隋煬帝卻仍然被蒙在鼓裡。

時光荏苒，轉眼便到了義寧二年（西元六一八年）。

此時的大隋帝國，入眼滿是破敗的景象，烽火遍地，民不聊生。反賊越剿人數越多，越剿規模越大。這些遍佈全國各地的反賊，在每處戰場上都給了隋政府無情的打擊。大隋朝衰運連連，對全國的控制日漸萎縮，只能勉強維持對東都洛陽附近地區和江都附近地區的控制。

眼看著江河日下，國將不國，醉生夢死的隋煬帝不僅不想重整旗鼓，收拾山河，反而消極沉淪，更加荒淫無恥。在江都的日子裡，隋煬帝日日歡宴，夜夜春宵，整日裡酒杯不離口，美女不離手。其實，他比誰都清楚，大隋朝已經無藥可救了，除了用犬馬聲色來麻醉自己，你說他還能幹嘛？

然而，表面的放蕩畢竟難以掩蓋內心的恐慌。除去吃喝玩樂，隋煬帝做得最多的一件事就是拄著手杖，戀戀不捨地巡視著宮中的樓台館舍，不厭其煩地觀賞著四周的美景，不到晚上絕不止步。

他就像個瘋子一樣，時而自我安慰，時而顧影自憐。楊廣曾經不無樂觀地對蕭皇后說：「外面有不少人想算計朕。但朕最終還能做個陳叔寶（南陳的最後一位君主）第二。而你也能做個沈皇后（陳後主的皇后）。所以，咱們還是照舊飲酒享樂吧！」

但喝醉之後，他又滿懷悲愴地照著鏡子對蕭皇后說：「妳看我長得多帥啊！多好的一顆頭顱啊！不知道將來誰會把它砍下來呢？」

蕭皇后聞言大驚，一個勁嗔怪他亂講。

豈料，隋煬帝卻淡然一笑，說了一句超有哲理的話：「貴賤苦樂都是循環更替的。即便將來眞有這麼一天，又有什麼好傷感的呢？」

這一天說來就來，導火線則是隋煬帝的一個決定：遷都丹陽（今江蘇南京）。

事情原委是這樣的，楊廣見中原大亂，便不想再回北方了，打算把國都遷到丹陽，據守江南半壁河山。朝中群臣立刻分成對立的兩派，一派以大奸臣、內史侍郎虞世基爲首，極力擁護楊廣；一派以右候衛大將軍李才、門下錄事李桐客爲首，持堅決反對態度。反對派立場非常堅定，搞得楊廣心情超不爽。

御史看領導的眼色辦事，就將李桐客等人彈劾下獄。其餘公卿大臣見狀，便再也不敢有所非議了，集體扯謊，「江東百姓渴望陛下駕臨已經很久了。陛下過江撫慰統治百姓，此舉堪比大禹。」

隋煬帝很高興，正式下令修建丹陽宮，準備擇日遷都丹陽。

此令一出，惹怒了一群人。

這群人就是隨楊廣南下江都的大隋御林軍——驍果軍。

驍果軍其實是一支相當年輕的軍隊，始建於大業九年（西元六一三年）。作爲皇家近衛軍，驍果軍的裝備相當精良，個個配汗血寶馬，裝備騎槍和馬刀，身穿血色明光鎧甲，頭戴赤金豹頭盔，左臂上刺有血鷹，戰鬥力非常強悍。驍果軍還有一個特點，那就是成員全部是關中人。

然而，驍果軍將士對楊廣不滿已經不是一天兩天了。南下這麼久了，皇帝卻沒有回長安的意思，大家都是有血有肉有家室的人，上有老父老母需要贍養，下有嗷嗷的孩童需要撫養，中有嬌滴滴的艷妻需要撫慰，孤身在外，天長日久，這誰受得了啊？

起初，將士們還覺得皇帝遲早是要回去的。等啊等，等啊等，豈料卻等來遷都的消息。於是，無比悲催的將士們震驚了，憤怒了。

這個說楊廣快玩完了，我們快失業了，就要領不到工資了。那個說大隋公司在關中的地產也被李淵給無償收購了，我們無家可歸了。還有的說領不了工資事小，再跟著楊廣這個癟三混，我們可能連命都沒了。衆人議論紛紛，都爲自己的慘澹前景感到悲傷，都覺得自己被楊廣這個壞蛋害了。

第一個勇士很快就出現了。郎將竇賢一個想不開，便帶著自己的小弟開溜了，打算逃回大興。隋煬帝聞訊大怒，派騎兵追擊。結果，逃跑行動流產，竇賢被殺。

但一個竇賢倒下了，千千萬萬個竇賢很快就站了起來。驍果軍將士逃亡的現象日益增多，連去追捕的也跑了，隋煬帝一籌莫展。

終於，驍果軍的大哥大——虎賁郎將司馬德戡坐不住了，也想西逃入關。

說起來，司馬德戡也是老同志了。他的父親司馬元謙曾出任北周的都督，但死得太早，以至於少時的司馬德戡只能以殺豬維持生計。

開皇年間，司馬德戡出任侍官，後來漸漸升遷至大都督一職。他「進止便僻，俊辯多奸計」，很受楊玄感他老子楊素的器重。後來，司馬德戡因為在征遼之戰中有功，而被擢升為虎賁郎將。

現在，這位虎賁郎將滿腦子就只兩個字：落跑。落跑隨時都可以，但要想不重蹈竇賢的覆轍，就必須得有幫手。但找誰來幫忙呢？這是個問題。司馬德戡一邊派親信校尉元武達查探輿情，一邊在暗地裡踅摸合作夥伴。

說來也巧，這天他在軍營中溜達的時候，無意中聽到了兩個人對話。對話的一方是武賁郎將元禮，另一方則是直閣裴虔通。

就聽元禮對裴虔通訴苦，「陛下下敕修建丹陽宮，看來他是沒有返京的意思了。將士們思念家鄉，已經有人暗中商量逃跑的事情了。我本想將此事告訴陛下，但陛下的為人你也知道，就怕他知道這件事後，將士們性命難保。但我如果知情不報，將來陛下知道了，我的一家老小恐怕難逃族滅之災。我現在是進退兩難，你說我該怎麼辦？」

裴虔通長歎一口氣，「是啊！確實挺難的。其實，我也想回家啊！」

司馬德戡聽了，心中暗喜，咳嗽了一聲，便走了出來。元禮、裴虔通驚恐地望著他。

司馬德戡也不遮掩，開門見山就說：「你們兩人說的話我都聽到了。你們知道嗎？關中陷落的時候，據守華陰的李孝常發動叛亂，結果他的兩個弟弟全部被殺。咱們這些人的家屬可都在西邊，如果咱們落跑，他們可就慘了！」

這句話算是說到裴虔通的心坎裡了，「是啊！所以我們不能只考慮自己。這幾天我晚上都會做噩夢，真不知道該如何是好啊！」

司馬德戡笑了，「你只有晚上才會做噩夢，靠！我連白天都會做噩夢。你們看這樣行不行？如果將士們逃跑，咱們就跟著他們一起逃跑。」

裴虔通、元禮思慮再三，覺得沒有更好的辦法了，便說：「只能這麼辦了。」事就這麼定下來了。

談話結束後，三人積極串聯，很快就把虎牙郎將趙行樞、鷹揚郎將孟秉、直長許弘仁、薛世良、城門郎唐奉義、醫正張愷、勳侍楊士覽、內史舍人元敏、符璽郎牛方裕等人拉下了水。或許是仗著人多勢眾，這些人最後竟然發展到在大庭廣眾之下公開談論逃跑的事情，毫無顧忌。

這麼囂張不出事才怪。一個宮女無意中聽到了他們的談話內容，趕忙跑去向蕭皇后告密，「外面人人都想落跑。」

蕭皇后聽了，也不知該如何處置，便讓宮女去向隋煬帝報告。豈料，隋煬帝不僅沒有追究這件事，反而還殺了這個可憐的宮女，理由是宮女不該過問政事。

司馬德戡笑到都快抽筋了。

打這以後，蕭皇后也死了心，如果再有人說起類似事情，她總是會長歎一口氣，「不用說了，局勢已經艱難到這種程度，說什麼都沒用了，徒然讓陛下擔心。」從此，再也沒有人向他們夫婦說起外面的事了。

本來，司馬德戡只想帶領驍果軍於三月十五日西行入關，但一個人的參與，讓計劃中的逃跑事件最終升級爲反叛。

這個人便是已故左翊衛大將軍宇文述（死於大業十二年十月）的第二子——將作少監宇文智及。

宇文智及本來不知道這件事，但是有兩個人將司馬德戡的計劃告訴他。這兩個人，一個是他的好友趙行樞，一個是他的外甥楊士覽。野心家宇文智及聞訊大喜，居然萌生了一個膽大包天的念頭，對司馬德戡說：「皇上雖然無道，但是他的威令還在。你們若是逃跑，下場必定和竇賢一樣。」

司馬德戡聞言無語。其實，他也知道落跑委實算不上什麼上上之策。只不過，以他的智商和氣魄，實在是想不到什麼更好的法子。

他沒有，但是宇文智及有，「現在，天下群雄並起。乘此良機興起大事，這才是帝王之業啊！」

司馬德戡聽了，無比震驚，思考良久，終於艱難地點點頭。但是，他並不想出這個頭，同時覺得宇文智及也沒有領袖群雄的資格，便提出由宇文智及他老哥右屯衛將軍宇文化及當老大。

宇文智及心中雖然不爽，但也只好接受。

眾人商定之後，才來找宇文化及。宇文化及一聽說要造反，當時嚇得尿褲子，臉色都變了，渾身直冒冷汗，說什麼都不幹。眾人好說歹說，軟硬兼施，他才聽從。

大事已定，司馬德戡立即付諸行動。他擔心驍果軍未必會跟隨他造反，便想了一記損招。他命許弘仁、張愷暗中放出風聲，說隋煬帝已經知道驍果軍策劃逃跑的事了，命人釀了很多毒酒，打算利用宴會的機會，把所有的驍果軍都毒死，只和南方人留在江都。

這是一個相當拙劣的謊言，但對於煽動軍中的不滿情緒來說，已經足夠了。果然，謊言一傳十十傳百，驍果軍上下人心惶惶。

三月初十這天，江都刮起了罕見的大風，直刮得天昏地暗，似乎在預示著什麼不祥的事情。司馬德戡召集全軍，向將士們攤牌，說他要推翻楊廣這個壞蛋，帶著眾人回到關中。驍果軍將士聽了，歡聲雷動，一致擁護司馬德戡的決定。

形勢已經危急到這種地步了，隋煬帝卻仍然被蒙在鼓裡。

世上沒有不透風的牆，隋煬帝糊塗，卻不代表張惠紹也糊塗。這位江陽縣縣長的心跟明鏡似的，早就洞悉司馬德戡等人的陰謀。但他只是一個小小的縣長，根本不具有與皇帝陛下對話的資格。

眼看著動亂就要發生了，張惠紹立刻飛馳江都，將事情告訴御史大夫裴蘊。

裴蘊的政治敏銳性很強，對於張惠紹的報告深信不疑，並立即決定假傳聖旨，調動江都城外的軍隊逮捕宇文化及等人。但茲事體大，必須經過內史侍郎虞世基的同意。

於是，裴蘊立刻派人去向虞世基請示。

豈料，虞世基根本就不相信宇文化及、司馬德戡會造反，竟然將這份請示壓了下來。

裴蘊望眼欲穿，等啊等，等啊等，卻在三更時分等來了一聲炮響。剎那間，裴蘊明白了，虞世基這個王八蛋誤了大事。

第10章

隋煬帝之死

楊杲當場慘死，鮮血濺了隋煬帝一身。令狐行達操刀上前就要砍劈，隋煬帝喝道：「你阿達了？天子自有天子的死法，你們怎麼能對天子動刀呢？取鴆酒來！」

江都城內外火光沖天，人聲鼎沸，喧鬧聲甚至都傳到了隋煬帝的耳裡。隋煬帝忙問是怎麼回事。負責在宮內策應叛亂的裴虔通忽悠他說：「陛下，沒什麼，是草坊失火了。外面的人現在正在救火呢！」

要是一般人，楊廣還會有所懷疑，但是對於裴虔通的話，他絕對深信不疑。因爲裴虔通是他的老部下，早年還是晉王的時候，裴虔通就跟著他了。

最先發現險情的是居住在宮城之外的楊廣長孫燕王楊倓。當宇文智及指揮人馬封鎖各處街道的時候，楊倓就覺得事情有些不對勁了。他估摸著宮城之內的皇爺爺還不知道此事，便打算連夜進宮面聖。

但是，看來老天爺是鐵了心要拋棄大隋了，楊倓在宮門之外剛好碰到了內鬼裴虔通。他還想和裴虔通耍心眼，說什麼「我突然中風，就要死了，請讓我當面向皇上告別」之類的鬼話。

豈料，裴虔通沒那麼弱智，根本不聽這些瞎話，直接命人將他關了起來。沒常識也要常看電視啊，你看過中風的人一副健步如飛的樣子嗎？

五更時分，司馬德戡已經將皇城各門的守衛都換成自己人了。

在裴虔通策應之下，司馬德戡麾軍進入皇城。叛軍一路長驅直入，如入無人之境。一直到成象殿，才終於有人站出來。

負責守衛成象殿的右屯衛將軍獨孤盛感覺情況不對，便質問裴虔通：「什麼人的隊伍？行動太奇怪了！」

事到如今，裴虔通乾脆也不遮遮掩掩了，「形勢已經這樣了，不關將軍你的事！你最好不要輕舉妄動！」

獨孤盛全明白了，破口大罵裴虔通：「老賊，你說的什麼混帳話？」顧不上穿戴鎧甲，就與身邊的十幾個人一起向前拒戰。

但雙拳畢竟難敵四手，獨孤盛等人很快就被亂軍殺光。

國難當頭，大隋的忠臣可不止獨孤盛一個。得知司馬德戡等人造反的消息後，千牛獨孤開遠立即帶領數百人馬直奔宮城的北大門——玄武門。他一邊叩擊宮門，一邊大聲呼喊：「陛下，咱們的武器非常完備，足以破敵。如果您能帶領我們禦敵，人心自然會安定下來。否則，大禍就要臨頭了。」

但是，喊了半天，愣是沒有人回話。獨孤開遠就納悶了，守衛玄武門的「給使」哪裡去了？

「給使」是什麼呢？

這麼說吧！給使是御林軍中的御林軍，特種部隊中的特種部隊。給使軍雖然人數不到千人，但是裝備比驍果軍還要精良，戰鬥力比驍果軍還要強悍。最關鍵的是，給使軍的每一個戰士都是由隋煬帝楊廣親自挑選的，政治立場堅定得不得了。司馬德戡和裴虔通若是想率軍強攻玄武門，恐怕很難討到半點便宜。

但當此危難關頭，這些驍勇的戰士居然沒一個人在崗。他們都哪裡去了？

答案令人哭笑不得：他們今天放假了。

是誰給他們放的假？皇帝知道這件事嗎？

楊廣壓根不知道！

司馬德戡和裴虔通當然知道給使軍是他們進軍宮城的巨大障礙，但他們只用一個女人就擺平了這個問題。

這個女人便是司宮魏氏，是宮女中的小官吏。根據裴虔通的指示，她假傳聖旨將給使全體放了假，讓他們出宮遊玩去了。

獨孤開遠還執著地叫門，但手下的將士已經寒了心，絡繹散去。這個時候，司馬德戡、裴虔通已經引著叛軍望玄武門而來。獨孤開遠孤掌難鳴，旋即被擒。

一時間，宮城之內喊殺聲四起。到了這個時候，傻蛋都該知道有人鬧事了。但隋煬帝做夢都沒想到司馬德戡和裴虔通會作亂，還以為是自己的二兒子齊王楊暕造反了！傻哩叭嘰的楊廣居然問蕭皇后，「造反的不會是暕兒吧？」

緊接著，隋煬帝就想到了毒酒。他料定遲早會有這麼一天，經常用罌裝著毒酒帶在身邊，並且時時叮囑寵幸的美女們，「如果賊人到了，you drink, I drink。」然而，當這一天眞的來臨時，內侍、宮女、美人們早就四散逃命去了，誰還有心思給他拿毒酒啊！

隋煬帝自已也找不著毒酒，只得和蕭皇后換了便裝，向西逃入左閣。司馬德戡和裴虔通隨後跟來，亂軍猛烈衝撞左閣的大門。

關鍵時刻，又是司宮魏氏站了出來，爲亂軍打開閣門。亂軍衝入永巷，一群嬌滴滴的美女瑟瑟發抖地擠在一起。

裴虔通厲聲喝問，「陛下哪裡去了？」一名嚇得面如死灰的美女哆哆嗦嗦地指著窗戶後面，校尉令狐行達拔刀便衝上去。

隋煬帝見行蹤被捅破，乾脆也不躲了，大大方方地走了出來，質問令狐行達，「嗨，阿達，你想殺我嗎？」

他這麼一整，倒把令狐行達給唬住了。令狐行達趕忙辯解，「臣不敢，只不過是想侍奉陛下西還長安罷了。」語畢，將隋煬帝扶了下來。

走過裴虔通身邊的時候，隋煬帝無限哀婉地看了他一眼，「阿通，你是我的老部下了。咱們之間有什麼深仇大恨？你爲什麼要謀反？」

裴虔通老臉一紅，但旋即正色說道：「臣不敢謀反，但是將士想回家，我不過是想侍奉陛下回京師罷了。」

事已至此，隋煬帝只得說：「朕也一直想著回去呢！只是因爲長江上游的運米船遲遲未到，所以才遷延至今。現在，我就和你們回去吧！」

楊廣這麼一說，裴虔通不知該說些什麼，只好命人守住他。

天明以後，衆人派兵去迎接宇文化及。宇文化及還不知道政變已經成功，見了大兵，嚇得渾身顫抖，說不出話來，猶豫了好久，方才硬著頭皮上路。一路上，凡有人拜謁行禮，這老兒只會低著頭，雙手按著馬鞍，連聲說：「罪過罪過。」

司馬德戡見老大終於趕到，喜出望外，立刻將宇文化及迎入朝堂，尊稱爲丞相。

裴虔通得知宇文化及趕到的消息後，便對隋煬帝說：「百官現在都在朝堂，陛下需要親自出去慰勞。」一語畢，將自己隨從的坐騎奉上。

隋煬帝瞅了瞅馬兒，皺皺眉頭，「不行啊，阿通，馬鞍籠頭太破舊了，有失朕天子的身份，換副新的再說。」

裴虔通心裡直罵娘，都什麼時候了，你還在這裡擺皇帝的譜。但他還是命人更換了籠頭。隋煬帝這才躍上馬背，裴虔通一手提刀，一手牽著轡繩走出宮門。

亂兵望見，歡聲雷動。

隋煬帝剛到朝堂，就聽見宇文化及說了一句話：「留這個混蛋傢伙有什麼用？趕快弄回去砍了！」

於是，裴虔通又帶著隋煬帝返回寢殿。司馬德戡等人拔出明晃晃的兵刃，將大殿團團圍住。隋煬帝無奈地歎了一口氣，「我到底犯了什麼罪？」

馬文舉一聽，氣壞了。你丫的，居然還說自己沒罪，你當我們二百五呢！氣呼呼地答道：「陛下，你拋下宗廟不顧，不停地巡遊享樂，對外頻頻作戰，對內奢侈荒淫，致使強壯的男人都死於刀兵之下，婦女弱者死於溝壑之中，民不聊生，盜賊蜂起。而你卻一味地任用奸佞，文過飾非，拒不納諫，還說自己沒罪！」

事已至此，回想前塵往事，隋煬帝也覺得自己確實有負祖宗社稷和天下百姓。而他還是不甘心，說道：「我確實對不起天下的百姓。但是，你們這些人享受著我給你們的榮華富貴，拿著我給你們發的工資，爲什麼現在卻這樣對我？你們今天鬧事，到底是誰帶的頭？」

這番話說得確實很有道理。但司馬德戡回了一句聽起來更有道理的話：「溥天同怨，何止一人！」

這句話聽起來義正辭嚴，實際上有點裝。楊廣說得對，他即便對不住天下人，可是對身邊人相當說得過去。這些傢伙爲了自己的利益，算計了自己的主子不說，還想博個好名聲，眞是「既想當婊子，又想立貞潔牌坊」。

這個時候，宇文化及又派部下封德彝來損楊廣。封德彝巧舌如簧，一件件、一樁樁地數落隋煬帝的罪行。楊廣只回了一句「卿乃士人，何至於此」，便將封德彝噎得「赧然而退」。

隋煬帝的小兒子趙王楊杲今年才十二歲，哪曾見過這種陣勢，嚇得嚎啕大哭。裴虔通煩了，上前就是一刀。楊杲當場慘死，鮮血濺了隋煬帝一身。

令狐行達操刀上前就要砍劈，隋煬帝喝道：「你阿達了？天子自有天子的死法，你們怎麼能對天子動刀呢？取鴆酒來！」

但馬文舉等人不答應，讓令狐行達按著隋煬帝坐下。隋煬帝只好解下身上的練巾，交給令狐行達。令狐行達將練巾套在隋煬帝的脖子上，雙手發力……

一代才子兼暴君楊廣就在早春三月這個生機盎然的季節，結束了五十年的人生。有人說隋煬帝是中國版的尼祿，這話小玉我不敢苟同。尼祿是一個沒有任何才華的變態狂，隋煬帝則是一個性格有缺陷的才子。兩者相較，隋煬帝至少要比尼祿高好幾個檔次。

隋煬帝的死敲響了隋朝皇室的喪鐘。隋煬帝的四個兄弟當中，只有四弟蜀王楊秀健在。但楊廣對這個弟弟很不放心，三下江都的時候，硬是將楊秀拉上。宇文化及幹掉隋煬帝以後，本打算尊奉楊秀為帝，但是司馬德戡、裴虔通等人不同意。於是，宇文化及就命人殺了楊秀和他的七個兒子。

齊王楊暕死得最悲情，直到生命的終了，都未能消除與父親之間的隔閡。宇文化及派人到府邸上殺人，楊暕還以爲是他老爹下令逮捕他，拼命地叫喊，「父皇，兒沒有對不起國家啊！」

亂兵將這位齊王爺從府中一直拖到街上，一頓亂砍。可憐楊暕到死還以爲是父親要殺他，一同被殺的還有他的兩個兒子。許是老天爺覺得楊暕可憐，給他留下一點血脈，他老婆肚子裡還懷著一個兒子，僥倖存活。

不久，被裴虔通關起來的煬帝長孫燕王楊倓也死於非命。凡在江都的隋朝皇室宗親、外戚，除去楊廣三弟秦王楊俊的兩個兒子楊浩和楊湛外，不分老幼，全部被殺。楊廣的嫡系子孫只剩下大興的傀儡皇帝楊侑和洛陽的越王楊侗了。

本來依著宇文化及的意思，是想將隋朝皇室全部殺光。但宇文智及和楊浩是好朋友，便想方設法保全楊浩兄弟。

內使侍郎虞世基、給事郎許善心、御史大夫裴蘊、左翊衛大將軍來護兒、秘書監袁充、右翊衛將軍宇文協等人及其家族也全部被殺。宇文化及隨即擁立楊浩爲皇帝。

四月底，隋煬帝被殺的消息傳到長安。李淵心裡甭提有多高興了，但表面上還是裝得挺悲戚挺哀慟的，連連說道：「我北面稱臣侍奉君王，君主失道不能挽救，豈敢忘記哀痛悲傷呢？」

但半個月之後，他就強迫小皇帝楊侑禪位給他。

五月二十日，唐王李淵在太極殿即皇帝位，改國號為唐，改義寧二年為武德元年，改大興為長安，定為國都。在中國歷史上具有承前啓後偉大作用的唐帝國就此建立，中華歷史又揭開了嶄新的一頁。

四天後，東都留守官員元文都等也擁戴越王楊侗即皇帝位，改年號為皇泰。

三個月後的八月初一，年僅十五歲的楊侑突然暴斃，死因不詳。

第11章

看誰笑到最後

仗還沒打，大將就先跑了，這仗怎麼打啊？守城士兵就紛紛縋城而下，投降唐軍，城裡就剩下一個光桿司令。薛仁杲無奈，只得出城投降，西秦帝國至此煙消雲散。

李淵稱帝的消息傳到隴西，薛舉坐不住了。薛舉很清楚，西秦和李唐的關係非常簡單，就是八個字：有你無我，有我無你。

六月初十，薛舉集結優勢兵力，進攻李唐西北軍事重鎮——涇州（今甘肅涇川縣）。李淵接報，再次以李世民爲統帥，率領劉弘基、殷開山、慕容羅睺、李安遠……等八路總管救援涇州。

七月初，薛舉率軍逼近高摭城（今陝西長武北），先頭部隊已經出現在豳州（今陝西彬縣）和岐州（今陝西鳳翔）一帶地區，兵鋒極爲銳利。

李世民認爲，西秦軍士氣正盛，此時不宜與之決戰，便下令大軍深挖壕溝，加高壁壘，避而不戰。孰料，在這關鍵時刻，李世民居然意外地因瘧疾而病倒了。臥床不起的李世民只得將軍事指揮權交給資歷最老的劉文靜和殷開山。

交權之前，李世民對二人千叮嚀萬囑咐，「薛舉孤軍深入，糧草輜重都很成問題。據我估計，他們的糧草支撐不了多久。你們萬萬不可出戰，一切等我病好以後再說。」

劉文靜、殷開山哥倆滿口應承。

但應承下來以後，殷開山卻坐不住了。

殷開山，表字以行，漢族京兆鄠（今陝西鄠縣）人。他的祖父殷不害曾官居南陳司農卿、光祿大夫。父親殷僧官至大隋秘書丞。殷開山年輕的時候就以學問和才俊知名天下，尤其擅長寫作和書法，後來出任隋朝的太谷長。李淵晉陽起兵後，他被招為大將軍府掾，成為李淵的心腹幹將。

殷開山覺得避而不戰太消極了，便來找劉文靜商量，「秦王是因為擔心你我二人不能退敵，才說那番話的。我想，薛舉聽說秦王病倒，必定會越發地輕視我們。我們可以不出戰，但也應該展示一下武力震懾敵人。」

劉文靜一尋思，覺得殷開山說的很有道理，就這麼貓著，似乎有損士氣，可以不眞打，但是恫嚇一下敵人也是可以的嘛！哥倆說辦就辦，七月初九，唐軍開出大營，在高摭城西南的淺水原列陣，炫耀武力。

西秦軍已經憋了好久，見唐軍終於出城討打，個個欣喜若狂。最高興的是薛舉，他當即率精兵悄悄迂迴至唐軍的背後。劉文靜和殷開山做夢都沒想到老薛還有點智商，竟來這麼一手，「恃眾而不設備」，這下慘了。

薛舉親率大軍從唐軍背後發動突襲。猝不及防之下，唐軍遭到慘敗，死傷過半，慕容羅睺、李安遠當場陣亡，劉弘基被俘。唐軍兵敗如山倒，薛舉輕而易舉就攻克了高摭城，「收唐兵死者為京觀」。

什麼是京觀呢？京觀又叫武軍，就是將敵軍的屍體堆在道路兩旁，蓋土夯實，築成金字塔形的土堆。

形勢到了這個地步，李世民也沒有辦法，只得率殘部奔回長安。李唐建國之後的第一仗，竟以慘敗落幕。劉文靜和殷開山闖了這麼大的禍，李淵的憤怒可想而知，將二人一頓臭罵，繼而又傳下敕書，削職爲民。

唐廷上下雞飛狗跳，西秦這邊則是衆志成城，誓要攻拔長安，覆滅大唐。薛舉摩拳擦掌，雄心勃勃，派太子薛仁杲進圍寧州。好在大唐寧州刺史胡演守禦有方，成功擊退薛仁杲，否則長安危矣。

薛舉正準備親自奔襲長安，豈料關鍵時刻，居然病倒了，還說死就死，於八月初九突然去世。皇太子薛仁杲隨後即皇帝位，改折摭城（今甘肅涇川東北）爲都。薛舉死後沒幾天，郝瑗也死了，原因竟然是「哭舉得疾」。這個人，眞是沒法說了！

薛仁杲有著比乃父更強的武功和能力，但他有一個致命的缺點，那就是：嗜殺成性。其實，殘忍是老薛家的傳統。就拿薛舉來說，每次戰後，都要將俘虜的敵兵全部坑殺，而且手段十分殘忍，多採用斷舌、割鼻甚至捶搗等毫無人道的手法。他的老婆鞠氏也不是什麼好鳥，喜歡用鞭子抽打下人。挨打的下人吃不住痛，在地上翻滾躲避，她竟然將人活埋至肚腹，然後再加以鞭打。

但他們兩口子的所作所爲和薛仁杲比起來，簡直就是小巫見大巫。在兇殘變態這一塊，薛仁杲絕對青出於藍而勝於藍。他曾在作戰當中抓到隋朝大臣庾立，庾立是個剛直之人，堅決不肯投降。薛仁杲暴怒，將庾立架在火堆上活活烤死。這還不解恨，竟將庾立的肉一塊一塊割下來，賞給士兵們吃。

他的狠毒與殘忍，連薛舉都無法忍受。老薛曾經大罵小薛，「沒錯，你小子是挺有能力的。但是，你生性太過殘酷，對人刻薄寡恩。我眞擔心將來有一天老薛家和西秦國會亡在你的手上。」

可想而知，這樣的領導當然不能贏得下屬的衷心擁護。薛舉的一幫老哥們就不買薛仁杲的帳。因而，當最高權力交接之際，西秦國內部一片混亂，人心離散，士氣低迷。

這種情況被大唐秦州總管、李世民的舅舅竇軌看在眼裡。竇軌覺得這是個立功的好機會，便於九月十二日發兵進攻折摭城。他的小算盤打得不錯，本想渾水摸魚，豈料竟摸到鱷魚，被狠狠地啃了一口。被薛仁杲一頓暴扁之後，竇軌倉皇逃歸秦州。薛仁杲順勢反彈，再一次兵臨涇州城下。

薛仁杲的這記防守反擊玩得漂亮啊！倉促之間，李唐援軍根本無法及時援救，涇州成了西秦軍汪洋大海中一葉扁舟。守衛涇州的驃騎將軍劉感是一個寧折不屈的人，雖然敵軍圍困萬千重，但巋然不動。

城池固然不曾陷落，但糧食卻日趨見底。終於，全城上下都找不到一粒糧食了。劉感二話不說，就把自己的坐騎給殺了，分給將士們吃。爲了能讓將士們多吃點肉，他堅決不肯吃馬肉，只是用煮肉的水湯拌木屑充饑。

將士們都被劉感愛兵勝過愛己的精神深深感動，越發賣力地守城。靠著上下一心，涇州城雖然幾次瀕於淪陷，但劉感和他的戰士們最終還是挺了過來。

終於，李唐第一路援軍趕到了，統兵的是宗室長平王李叔良，李淵的堂弟。李叔良本人不太有名，但他有個曾孫是中國歷史上的知名人物，一代奸臣李林甫。

李叔良嚴重低估了薛仁杲的智商。其實，薛仁杲不僅四肢發達，頭腦也不簡單。他放出風聲說：哎呀！我們西秦軍的糧食也吃光了，這仗是不能再打了，我們回吧！李叔良聞訊大喜。

十三日，又收到了一個好消息：高摭城的西秦守將決心歸降大唐。李叔良樂暈了，便派劉感去接管高摭城。

經過四天的行軍，劉感抵達高摭城，在城下叫了半天門，可人家就是不給開，還說：「你們翻牆進來吧！」

劉感覺得有點不對勁，就命人放火燒城門。果然，一試便知，城上的人立刻澆水下來。劉感心知不妙，趕緊命人後撤，但為時已晚。當城頭的烽火燃起後，劉感看到南原之上西秦軍如潮水般湧來……

薛仁杲又一次出現在涇州城下，和上次略有不同的是，這回他身邊多了一個五花大綁的劉感。薛仁杲對劉感說：「你要是想活命的話，就按我的意思向城中喊話，就說援軍已經被我消滅了，讓他們快快投降！」

劉感說：「行，沒問題。」於是，劉感來到城下，張嘴喊道：「兄弟們，敵人的糧食快吃光了，秦王殿下已經帶著二十萬大軍（純屬虛構）來增援我們了。你們一定要頂住啊！勝利終將屬於我們！」

薛仁杲大怒，有這樣不講信用兼瞎扯的嗎？「來人啊！把這個傢伙給我埋了！」他催動坐騎，親自拈弓搭箭，射擊被埋了半截子的劉感。起初，劉感還能大聲叫罵，但漸漸地，聲音便越來越低……

李叔良感動得熱淚盈眶，但他根本無力救援，只能眼睜睜地看著劉感被射成了刺蝟。

李叔良堅持到九月底，終於等來了李世民。

薛仁杲也不含糊，派麾下第一猛將宗羅睺率軍出擊。宗羅睺早就聽說李世民很能打，此次有心和他好好PK一番。豈料，李世民根本就不甩他，高掛免戰牌，老子說不打不打就不打。宗羅睺憋壞了，天天到唐軍營前挑戰，但李世民就是窩著不出來。

李世民坐得住，但不代表他手下的那幫小弟也能坐得住。宗羅睺這傢伙口德不好，挑戰不成，就出言謾罵，惹得唐兵唐將怒氣衝天，個個摩拳擦掌，恨不得活吃了他。大伙實在受不了了，就一起來找李世民，強烈要求出擊，好好教訓教訓宗羅睺。

李世民笑了，「大家的心情我可以理解。但是我軍不久前剛打了敗仗，士氣低迷。而西秦軍剛剛打了勝仗，士氣正高。此時我們就應該緊閉營門，堅守不出，養足銳氣。他們驕橫，我們奮勇。我們只需要一戰就可以搞定他們了。」

但衆將還是不聽，惹得李世民怒起，下了一道死命令，「再有請戰者，斬立決。」衆將無奈，只得噤口不言。大伙以爲再等幾天就可以了，豈料這一等就是兩個月。衆將士的憤懣與日俱增。

這天，正當唐營諸將發牢騷時，對面來了一個人。誰啊？

宗羅睺的部將梁胡郎。

李世民問梁胡郎，「爲什麼要投降我軍啊？」

梁胡郎長歎一聲，「唉，沒辦法啊！我軍的糧食都已經吃光了，遲早得被貴軍打敗。與其日後做俘虜，不如現在就主動投誠！」

李世民聽了，哈哈大笑，對衆將說：「各位，攻滅薛仁杲就在近日。傳我將令，著行軍總管梁實率軍進駐淺水原。」

宗羅睺白天想，夜裡盼，就等著李世民出擊呢！但是一連等了兩個月，唐軍完全沒有出擊的意思，宗羅睺等得都快麻木了。這天，當親兵告訴他唐軍在淺水原出現的情況時，他簡直不敢相信自己的耳朵，激動得眼淚當場就掉下來了，「唉呀媽呀！可算等到這一天了。」

宗羅睺興奮得跟打了雞血似的，帶領全部精銳猛攻梁實。西秦軍慫了好久，此時見有唐家軍可打，個個如下山猛虎。梁實所部很快就被宗羅睺的大軍包圍了。別看這個地方叫淺水原，實際上連一滴水都沒有，一連幾天，唐軍上下滴水未進。宗羅睺圍得太緊，梁實連個通信兵都派不出來。

唐軍大本營中，諸將都很擔心梁實所部的安危，天天跑去嚼李世民的耳朵根子。可是看李世民的意思，似乎完全沒有救援的打算。直到十一月初八這天夜裡，李世民突然升帳開會，對眾將說道：「今天可以出戰了。」

眾人一聽，都樂壞了。尤其是右武候大將軍龐玉，上竄下跳，雙手舉得老高，硬要第一個出擊。李世民很滿意，「好！龐將軍，就由你先出戰，在淺水南原列陣。敵人如果來攻，你一定要頂住，絕不能後退。」

龐玉見有仗打，也沒細想，興高采烈地領命而去。到了淺水南原，他才明白李世民話裡的意思，剛剛列陣完畢，宗羅睺就率軍撲了過來。西秦軍嗷嗷怪叫，立馬將龐玉所部團團圍住，一頓群毆。

龐玉雖猛，但架不住對方人多，打退了一波，緊接著又撲上來一波。龐玉心中暗暗叫苦，秦王怎麼不明說呢？把這麼硬的骨頭丟給我們啃。您還是趕快來吧！再晚了，我們就要被骨頭給噎死了。

唐軍拼死力鬥，但雙拳畢竟難敵四手，眼見著就要被宗羅睺給吃了。正在這時，戰陣之外的宗羅睺發現，有一支軍隊突然出現在他的後方。離得太遠，他也看不清楚對方到底是什麼旗幟。近了，近了，越來越近了……哎呀媽呀！唐軍，當先的那員唐將不正是秦王李世民嗎？

宗羅睺還沒把人馬召集起來，李世民就已經帶著幾十名驍騎率先衝入陣中。龐玉與梁實部見李世民終於來了，士氣大振，歡聲雷動。宗羅睺再厲害，也架不住兩路唐軍內外夾攻。西秦軍被殺得人仰馬翻，哭爹喊娘。宗羅睺見情形不妙，帶著輕騎開溜了。

李世民見宗羅睺跑了，便要率領兩千騎兵追擊，他奶奶的，這兩個月的罵能白挨嗎？竇軌不同意，拉住李世民的馬頭不讓走，「殿下，我軍雖然打敗了宗羅睺，但西秦軍主力尚存，薛仁杲還固守著堅固的折墌城，咱們不能輕易冒進。我建議暫且按兵不動，看看薛仁杲有什麼動靜再說。」

李世民不同意，「舅舅，這個問題我早已考慮過了。咱們剛剛取勝，將士們士氣正盛。機不可失，你就不要再說了。」說罷，不待竇軌回話，李世民便縱馬而去，直奔薛舉的大本營折墌城。

薛仁杲與李世民的輕騎兵隔涇水對陣。兩軍還未開打，薛仁杲的部將渾幹等數人就率眾渡水，投降李世民來了。仗還沒打，大將就先跑了，這仗怎麼打啊？薛仁杲只得帶兵進城據守。

天快黑時，唐軍主力相繼到達，將折摭城圍得水洩不通。薛仁杲估摸著怎麼也能堅守上一段時間，豈料當天夜裡，守城士兵就紛紛縋城而下，投降唐軍，城裡就剩下他自己一個光桿司令。薛仁杲無奈，只得出城投降（二十二日於長安被殺），西秦帝國至此煙消雲散。

眾將前來祝賀時好奇地問李世民，「您棄步兵不用，且不帶任何攻城器具，輕騎直逼城下。我們當時都覺得您一定拿不下折摭城，可您卻偏偏打了個大勝仗。我們不太明白，您給我們講講吧！」

李世民笑了，娓娓道來，「宗羅睺的部下都是隴西本地的勁卒，驍勇剽悍。我們只是設計出其不意地打敗了他，並沒有消滅敵人的力量。如果我們不迅速追擊，這些人就會跑回折摭城，到時再攻城恐怕就很難了。反之，如果我們迅速追擊，這些人就會四散奔逃，折摭城的防守力量必定大爲削弱，薛仁杲沒時間謀劃，自然就會嚇破了膽。這就是我得勝的原因所在。」

眾人恍然大悟，對李世民佩服得五體投地。

一切都處理妥當之後，李世民便押解著薛仁杲，踏上了返回長安的路程。快到豳州的時候，他收到了一個消息，老李派出特使專門到豳州迎接他。李世民隨口問了一句，「來使何人？」

左右回答，「李密！」

李世民大感意外，「靠！李密怎麼突然成了父王的部下呢？」

是啊！李密怎麼成了李淵的人呢？

種子出局

李密起於大業十二年，
並迅速締造起輝煌的偉業，
成為隋末群雄當中的種子選手，
豈料不到兩年的時間便提前出局了！
直到生命的盡頭，他才知道，
那個預言之子真的不是他。

第1章

當總指揮遭遇傳奇英雄

竇建德擁兵十萬，橫行河北，別人把他吹得神乎其神，居然打都不打，直接開溜，沒道理啊！薛世雄怎麼都不會想到，敵軍大營中，竇建德正策劃著偷襲他呢！

自大業十三年（即義寧元年）二月稱魏公以後，李密便開始對東都方面大舉用兵。

這李密也真夠壞的，四月十三日，親率兩萬精兵，一舉端掉洛陽的大糧倉——回洛倉。回洛倉的丟失，意味著洛陽城中的幾十萬軍民很快就要喝新鮮的西北風了。面對這樣的威脅，根本就無須越王楊侗動員，東都軍民同仇敵愾，使出吃奶的勁與瓦崗軍死磕，回洛倉幾度易手。

但瓦崗軍畢竟糧草充足，而且人數眾多，六月十七日，再次攻佔了回洛倉。此時，東都方面基本上已成強弩之末。

楊侗無奈，只得派人到江都，向爺爺隋煬帝求救。隋煬帝聞訊大驚，於七月初一頒下敕書，調五路大軍馳援洛陽。

這五路大軍是：第一路，將軍王隆率領的邛都夷部黃蠻軍；第二路，河南討捕大使、虎牙郎將王辯所部；第三路，河北討捕大使、太常少卿韋霽所部；第四路，左御衛大將軍、涿郡留守薛世雄率領的燕地精兵三萬；最後一路，赫然便是我們的熟人——江都通守王世充率領的江淮精兵兩萬人。

以上五路人馬的總指揮是薛世雄。

薛世雄，表字世英，大隋一代名將。隋文帝開皇年間，薛世雄「數有戰功」，「累遷儀同三司、右親衛車騎將軍」。征吐谷渾、討高句麗、平楊玄感，隋煬帝時期的這些大仗、硬仗，他一個也沒漏掉，而且每次都有上佳表現。隋煬帝對他也格外器重，曾公開對群臣說：「世雄廉正節概，有古人之風。」

由上述種種就可以看出，這是一員深受隋煬帝信任且功勳累累的名將。眼見李密對東都的威脅日趨嚴重，隋煬帝就把薛世雄搬了出來，而且還任命他為總指揮，王世充等人都要受他的節制。

薛世雄接敕後，即刻率領燕地精兵三萬南下，馳援東都。

薛世雄充滿自信的，相信自己可以再造輝煌，譜寫人生新的篇章。殊不知，他的時代即將過去，他的傳奇也即將終結。

終結者竇建德閃亮出場了。

在隋末那片耀眼燦爛的星河當中，竇建德也許不是最閃耀的，但他絕對是最特別的。如果非要用一個簡單的名詞來概括此人，那就是兩個字：英雄。是的，竇建德是一個不折不扣的大英雄。此人義薄雲天，信守承諾，終其一生，始終不渝。

竇建德少年時，鄰家的一位老大爺因病去世，但家中經濟條件實在太差，連個葬禮都辦不起。不能入土為安，這對於中國人來說，無疑是莫大的悲哀。這件悲慘的事情迅速在鄉裡流傳開來，正在田間耕作的竇建德聽說此事後，二話不說，就把耕牛賣了，並將所得錢財全都交給鄰家辦喪事。

小竇這個舉動馬上在鄉裡引起了轟動。要知道，在那個時代，耕牛可是至關重要的生產工具。竇建德能夠爲一個毫不相干的人賣掉自己的耕牛，可見這老兄的胸襟氣度！很快地，竇建德這個名字就傳遍了四鄉八鎮。

幾年後，當竇建德的父親去世時，數千鄉人自發地聚集起來，爲一個不相干的老人送葬。據史書記載，送葬的隊伍綿綿長長，延續數里。面對鄉人的饋贈，竇建德卻分文未取。

英雄的人生註定是不平凡的。大業七年，隋煬帝全國總動員的敕令徹底改變了竇建德的人生。如果沒有這道東征敕令，竇建德這輩子可能都只是一個面朝黃土背朝天的農民，平凡地度過一生。儘管他有著良好的性格，極有可能成爲一個優秀的農民，但說到底，再優秀還是農民。

且說敕令傳到竇建德的家鄉漳南縣後，縣令不敢怠慢，趕緊遵照執行，特意挑選一些勇敢善戰且素有威望的人擔任二百人長，竇建德及他的好友孫安祖榜上有名。二百人長擱在今天，幾乎相當於營長了，算是個美差。但在大業七年的隋朝，這絕對是一份要命的差事，當上二百人長，就意味著要到遼東送死了。

孫安祖不願意去，而且他的理由很充分：老家發大水，房子被沖毀，孩媳被沖走，迄今仍未歸！

但像孫安祖這樣的小屁民，縣令大老爺又怎麼會容許他有藉口？很乾脆地將孫安祖抽了一頓：你老婆孩子死了，關我屁事！老子不完成上級的任務，是要掉腦袋的！

滿腔悲憤的孫安祖一怒之下，當了激情犯罪人，把縣令給做了。但幹掉縣令之後，他就傻了，完全不知道接下來該怎麼辦。好在他還記得自己有個叫竇建德的哥們，便跑來找竇建德，希望竇建德幫他想想辦法。

竇建德給他指了一條明路：到高雞泊（在今河北固城縣西南）落草為寇。孫安祖仔細想想，確實也沒有別的出路，就上了高雞泊。

老竇有家有業，當然不會跟著孫安祖去落草。不過，在暗中他卻始終和老孫保持著聯繫。當時，漳南地區的造反勢力比較多，除了孫安祖，還有張金稱、高士達等人。這幾家人馬四出搶劫，把漳南都搶遍了，唯獨就是不去竇建德他們村子。

這本來是件好事，可是這個怪異的現象很快就被官府發現了。奇怪，這些盜賊到處薅羊毛，怎麼就偏偏不薅這一隻羊呢？查！

這一查就查出事了。

哦，原來有個叫竇建德的傢伙暗中和這些賊人眉來眼去，勾勾搭搭。

在毫無真憑實據的情況下，官老爺武斷地認定，竇建德是賊人安插在良民中的內線，和賊人一夥兒的。於是，官府馬上派兵逮捕竇建德。老竇提早收到風聲，一個人跑了。可是他這一跑，官府更加認定他是內鬼，結果全家老小都被殺了。

一日之間，竇建德的生活發生了翻天覆地的變化，原本其樂融融的幸福小屋現在一片狼藉；原本相親相愛的一家人現在只剩下他孤零零一個人。望著破敗的房屋，在一片烏鴉的慘叫聲中，老竇的人生終於脫軌了。

竇建德成了高士達起義軍的一份子。他的人品和能力聞名於漳南，投入義軍不久，就受到高士達的重用。

大業十二年十月，也就是李密消滅張須陀的那個月，竇建德也在長河界擊殺前來討伐的大隋涿郡通守郭絢。一下子幹掉一個軍分區司令員，這動靜整得有點大，結果引來一個厲害角色——大隋太僕卿楊義臣。

但是，高士達已經被長河界的小勝沖昏了頭腦，決定留下老竇看家，自己率兵前去修理楊義臣。竇建德苦諫，但高士達腦袋燒壞了，就是不聽，非要親力親為。

五天後，楊義臣在平原大破高士達的消息傳來了。這一仗，高士達徹底輸了，幾年經營一朝化為烏有，數萬士卒有去無回。最關鍵的是，他把自己的腦袋也給輸掉了，徹底喪失東山再起的資本。

經過楊義臣強力掃蕩，漳南地區的「黑惡」勢力基本上被打掉了。當然，只是基本上。楊義臣掃蕩高士達之後，根本就沒把竇建德這個小毛賊放在心上，已經是秋後的螞蚱了，就讓他再蹦躂幾天吧！

那時白居易還沒出生，楊義臣自然無緣拜讀「野火燒不盡，春風吹又生」的名句。楊義臣班師回朝之後，竇建德便攻取了饒陽，東山再起。

當時，各路盜賊只要抓住隋朝的官吏和讀書人，一律殺無赦，只有竇建德例外。老竇本人是個純度百分百的泥腿子，斗大的字不識幾個，可是他偏偏十分喜歡讀書人，每次抓到隋朝的官吏和讀書人，都會給予他們十分隆重的禮遇。這一點正是竇建德和其他蟊賊本質上的區別。

不管什麼時代，人才都是最重要的。老竇愛才如命的名聲日漸響亮，越來越多的隋朝士人加入竇建德的隊伍。在這些讀書人輔弼之下，老竇的部下很快就發展到十萬之眾，稱霸河北。

大業十三年正月初五，竇建德在河間樂壽縣稱長樂王，正式建立起反隋割據政權。

當初，隋煬帝調薛世雄南下的時候，曾經囑咐八個字，「所過盜賊，隨便誅翦。」意思就是一路上碰到的強盜，一律格殺勿論。現在，薛世雄正朝著河間而來。正如竇建德擔心的，薛世雄確實想順手消滅他。走到河間後，薛世雄便駐軍於七里井，準備擇日進攻竇建德。

老薛氣勢洶洶而來，只想著一舉蕩平竇建德，收復河間。但他很快就發現，這個目標輕而易舉就實現了。因爲，此時的河間已經變成一座不設防的城市，竇建德早就帶著自己的小弟們閃了。

這太出乎老薛的意料了，竇建德擁兵十萬，橫行河北，別人把他吹得神乎其神，滿以爲對付這種硬骨頭，不打幾場硬仗是分不出勝負的。可是，竇建德居然打都不打，直接開溜，沒道理啊！

唯一合理的解釋就是：竇建德怕我薛世雄。

想到此處，薛世雄笑了，笑得無比放肆和狂妄。但他怎麼都不會想到，就在距他一百四十里處的敵軍大營中，竇建德正策劃著偷襲他呢！當然，老竇也沒有十足的把握能夠取得勝利，但他天生就是個不肯輕易服輸的人，就算薛世雄是關二爺再世，老竇也要和他鬥上一鬥。

竇建德從軍中精選出二百八十名敢死之士，作爲先鋒突擊隊，其餘人馬隨即陸續出發。臨行之前，竇建德和他的小弟們做了一個約定，「到達薛營時，如果是夜裡，就拼死進攻；如果天亮了，就立即投降。」

走到距薛營不到二里的地方，天色眼看著就要亮了。

竇建德是個迷信的人，覺得這次老天爺可能不站在他這邊，便同部下商量起投降之事。但他估計錯了，老天爺一如既往地站在他這邊。雖然天色漸亮，可是卻生起了大霧，人相隔咫尺都無法辨認。

竇建德狠狠地拍了一下大腿，「天助我也！」一馬當先，率衆突入薛營。

薛世雄沒想到竇建德會去而復返，壓根兒就沒做任何準備。隋軍措手不及，像沒頭的蒼蠅一樣到處亂鑽，薛世雄根本無法制止。是役，隋軍遭到慘敗，減員過半，主帥薛世雄只和左右幾十名騎兵逃回涿郡。不久之後，老薛「慚恚發病」，乾脆就翹辮子了，死時六十三歲。

消息傳到京都，隋煬帝又驚又痛，但一切都已無法挽回了。

薛世雄一死，五路援軍變成了四路，還少了個總指揮。隋煬帝權衡再三，決定由王世充接替薛世雄，全權指揮援洛大軍。

第 2 章

梟雄戰梟雄

有隋一代兩大王牌終於會面了。王世充與李密相會於石子河，結果，隋軍被瓦崗軍包了餃子，王世充僥倖突圍。兩大梟雄之間的王牌初對決以李密的完勝宣告結束。

截至九月十日，王世充等四路援軍全部抵達東都。一時間，東都朝廷重振聲威，全城軍民信心大增。

不過，在過去的兩個月內，李密也沒有著，不僅奪取了黎陽倉，而且還被竇建德、李淵等人公推為反隋大盟主。

但重拾自信的越王楊侗並不怕李密，援軍到了之後的第二天，就命令王世充率十餘萬大軍進攻李密的大本營——洛口（今河南省鞏縣東）。非常時期，誰都別想歇著了，趕緊幹活吧！

此時的王世充充滿自信和驕傲，因為先前他剛打了一個大大的勝仗。今年正月，隋煬帝派他討伐反賊無上王盧明月。這個盧明月擁衆四十萬，橫行河南、淮北一帶，實力非常強悍，氣焰非常囂張。結果南陽一戰，無上王變成了無頭王，四十萬人馬被王世充打得落花流水。

所以，能打垮四十萬人馬的王世充根本就沒有把李密和瓦崗軍放在眼裡。在王世充看來，東都之所以連遭敗仗，並非因為李密太厲害，而是因為越王楊侗年少沒經驗，東都文臣武將太草包。

王世充沒把李密放在心上，李密也沒把王世充放在心上。王世充是哪根蔥啊？不認識！接到王世充率十萬大軍來襲的情報後，李密點起大軍，逼近洛水。東都的小朋友又在耍脾氣了，該打屁股嘍！

隔著滔滔的洛水，有隋一代兩大王牌終於會面了。隋軍駐紮於北岸，瓦崗軍屯駐於南岸，隔河對峙。李密還是老一套打法，按兵不動。

王世充坐不住了，決定搶先動手。十月二十五日當天夜裡，他率軍偷偷渡過洛水，迅速在南岸的黑石建起一座大營，並撥出部分兵馬守營。等到李密發覺的時候，王世充已經於天明時分帶著主力撤回北岸。一去一返之間，王世充硬是在李密的眼皮子底下下了一顆鐵蛋──黑石。

李密大怒，好小子，敢跟我玩花樣，你等著。他當機立斷，不管黑石了，主力迅速渡過洛水，暴打王世充。李密的這個決斷大大出乎王世充的意料。王世充以為，李密受黑石牽制，必定不敢率軍渡河。但李密畢竟是李密，算定王世充一定會這麼想，所以反其道而行之。

王世充是沒料到李密會走這一步，但你要說他毫無防備那可就錯了。老王用兵向來謹慎，渡過洛水以後，立即命令全軍轉入防守狀態。正是這個良好的用兵習慣在緊要關頭挽救了他。李密率軍來攻，的確讓他很意外，但他並不慌張，更不害怕，立即率領全軍出擊。

李密本想打王世充一個措手不及，豈料人家早有準備。結果，常勝將軍李密吃了敗仗，瓦崗軍被打散，主力跟著李密渡水南撤，另一部分人則向東跑到月城。等到戰鬥結束後，王世充和李密才發現，月城竟然變成了黑石第二，成了李密擱在王世充眼皮子底下的一顆鐵蛋。

這場仗越來越有意思了！

月城的出現，讓王世充有些意外。擊走李密之後，他立即率軍猛攻月城，誓要拔掉這顆釘子。王世充的處置基本上是正確的，但嚴重低估了自己的對手。

李密回到南岸後，做的第一件事就是打探王世充的動靜。當他得知王世充圍攻月城的消息後，樂了，當即拍板：立即攻打黑石隋軍大營。你打我月城，我就打你黑石。

黑石隋軍哪會想到剛剛打了敗仗的李密這麼快就發動反攻，倉促之下，根本無法進行有效的回擊。一時間，黑石隋軍大營岌岌可危，守軍燃起烽火向王世充求救。

王世充正在猛攻月城，瞧見烽火，頓知形勢不妙，但覺得以黑石的隋軍力量，足可擋上李密一段時間，在這段時間內他可以把月城攻下，月城一攻下，他就會率得勝之師去抄李密的後路，裡應外合，一舉殲滅之。

老王沒有理會黑石方面的求救烽火，埋頭繼續攻打月城。豈料，困守月城的瓦崗軍相當難纏，時間一分一秒流逝著，隋軍卻始終難以前進一步。這時，黑石方面又接連燃起第二次、第三次、第四次、第五次烽火。王世充沉不住氣了，終於，第六次烽火燃起的時候，只得戀戀不捨撤圍回援。

哪知李密圍攻黑石是假，守株待兔才是真。隋軍一頭鑽入瓦崗軍的埋伏，被李密一頓暴扁，丟下三千具屍體，狼狽退回了北岸。李密洋洋自得，你小子是有兩把刷子，但跟我比起來，還差得遠呢！

短短一日之間，先勝後敗的現實終於讓王世充認識到一點：李密確非易與之輩。王世充有點犯怵了，堅守營壘，不敢再戰。

沒過幾天，越王楊侗就派使者來了，這個舉動可把王世充嚇得夠嗆。

王世充之前從未和越王共事過，對這哥們究竟是什麼樣的人，完全沒有概念。他只知道一點：越王交代給他的頭一件事，他就辦砸了。面對越王的使者，老王很忐忑，擔心會受到責罰。

事實上，越王楊侗是個脾氣相當溫和的人，王世充打了敗仗，他首先想到的不是責罰，而是安慰和勉勵。正是出於這樣的考慮，才派來了使者。

雖是虛驚一場，但是越王楊侗這麼一搞，王世充也不好再坐著。使者走後不久，他就向李密提出決戰的要求。

現在，李密和王世充的關係就好比是獅子和刺蝟。雖然獅子李密佔據著明顯的優勢，但是刺蝟王世充縮成了一團，獅子李密乾著急，卻無法下手。現在好了，刺蝟主動要求決戰，獅子求之不得。

十二月初九，王世充與李密相會於石子河，瓦崗軍方面打頭陣的依然是翟讓。翟讓一如既往地不勝而退，王世充大喜，立即率軍追擊。結果，李密又給他生動地上了一課，課名就叫「如何誘敵深入」。

隋軍被瓦崗軍包了餃子，王世充僥倖突圍。兩大梟雄之間的王牌初對決以李密的完勝宣告結束。

第 3 章

瓦崗寨自相殘殺

翟讓的死亡敲響了瓦崗寨政權的喪鐘。李密除掉通往最高權力之路上的絆腳石，覺得翟讓等人已死，徐世勣和單雄信已被他籠絡，翟讓集團就此煙消雲散。但事實證明他錯了。

瓦崗寨當下的狀態可以用一句話來概括：縱觀天下群雄，風景這邊獨好。以目前這種勢頭發展下去，奪取東都那是遲早的事，他們最終將席捲天下，一統江山。然而，誰都沒想到，就在瓦崗寨如日中天的時候，一場人禍卻突然起於蕭牆之內。

我們知道，瓦崗寨特殊的發展歷程造就了親翟派和親李派兩個派系。

親翟派主要由瓦崗寨舊部組成，都是一些跟著翟讓上瓦崗的老人，主要代表是翟讓的哥哥翟弘、侄子翟摩侯以及部將王儒信、單雄信、徐世勣、邴元眞等人。這些人是跟著瓦崗寨一起成長的，都經歷過「車匪路霸」這個初級階段，沾染江湖不良習氣比較嚴重，啥事都敢幹。

親李派主要由蒲山公營將士組成，都是一些衝著李密來到瓦崗寨的新人，主要代表是王伯當、房彥藻、祖君彥、鄭頲（音挺）等人。蒲山公營自建立之初就受到李密正規化管理，「密部分嚴整，凡號令士卒，雖盛夏，皆如背負霜雪」，軍紀嚴明。

翟讓和李密的不同性格催生了兩個生活旨趣、政治觀念乃至人生信仰截然不同的團體。時間一久，彼此之間難免發生矛盾。瓦崗寨舊部仗著老大翟讓是山寨的頭把交椅，經常欺負蒲山公營將士。蒲山公營將士恨得要死，多次想進行報復，卻礙於李密治軍極嚴，始終不敢有所舉動。

大的矛盾雖然沒有，但是打架、鬥毆等小摩擦卻是家常便飯。可惜，無論是翟讓還是李密，都沒有把這類小摩擦放在心上，更沒有想方設法化解矛盾，致使兩派間的分歧日趨激烈，最終引發一場令人扼腕的悲劇。

自從翟讓把最高權力主動移交給李密的那天起，瓦崗寨舊部不滿的聲音就從來沒停過。比如王儒信就力勸翟讓自任大塚宰（相當於宰相），總管政務，不斷蠶食李密的權力。翟弘更直接，常常埋怨翟讓，「你真呆瓜，皇帝應該自己當，幹嘛要讓給別人呢？你不想做天子，那就讓我來做嘛！」言下之意是幹嘛要便宜李密這個外人。

面對親友、部屬的埋怨，翟讓總是一笑置之。對他來說，有富貴可享、有美女可泡就足夠了，改朝換代這種耗費腦力和體力的事就交給李密，況且以他的能力也辦不了。

翟讓能這麼想，已經非常難能可貴了，但光這麼想是遠遠不夠的。翟讓覺得，他和李密是親密無間的兄弟，李密是老大，他是老二，李密的部屬就是他的部屬。所以，對於李密的部屬從來都不客氣，一言不合，張嘴就罵，兩言不合，抬腳就踹，三言不合，刀劍伺候。

總管崔世樞從起事之初就跟著李密，連李密都要給人家三分薄面，但翟讓偏偏不買帳，竟將崔世樞囚禁在府第裡，目的十分單純：索要錢財。

崔世樞哪裡有錢，只得苦苦哀求翟讓。豈料，求錢不得的翟讓竟對崔世樞大刑伺候。受了委屈的崔世樞告到李密那裡。

打人的是翟讓，李密也沒有辦法，只能不了了之。

李密不僅沒有為崔世樞出頭，甚至連提都沒提一句，其實已經傳遞出某種信號了。可惜，大老粗翟讓根本不明白，不久又召蒲山公營的邢義期和他賭博（實為變相勒索）。邢義期很害怕，沒去赴約。這下可捅了馬蜂窩嘍！怒氣衝天的翟讓將他抓了起來，足足打了八十大杖。

邢義期又告到李密那裡。李密大怒，但細細斟酌了一番，還是把怒氣壓了下來。

最後，翟讓欺負到了李密跟前大紅人房彥藻的頭上。房彥藻可不是一般戰士，他本是大隋宋城縣的縣尉，才華橫著都能溢出來。因為氣憤自己不為當政者賞識任用，房彥藻便參加楊玄感的叛亂。從這個角度上來說，他可謂是親李派中資格最老的人，很早就和李密認識了。

像這樣的人物，李密都要客客氣氣地和他說話，可翟讓竟然厲聲質問他，「你小子攻打汝南的時候，得了那麼多的寶貝，為什麼只給魏公，卻不給我？」

房彥藻被逼得臉色通紅，渾身冒汗。

翟讓腦子一熱，說了一句不該說的話：「魏公不也是我翟讓擁立的嗎？世事多變，未來會怎樣，誰都不知道啊！」

翟讓走後，房彥藻便將這件事告訴鄭頲。哥倆頭頂著頭商量了半天，最終決定勸說李密對翟讓下手。兩人將翟讓的話原原本本地告訴了李密，並且慫恿說：「翟讓爲人貪婪而剛愎自用，現在已經生了目無君長之心，主公您應該先下手爲強。」

其實，李密早就對翟讓不滿了，軍中有一部分人支持他復位，且他本人現在又說出這樣的話，這都是極其危險的信號。不過，李密仍然有所顧慮，「現在，我們大業未成，就開始自相殘殺，這讓別人怎麼看呢？」

但鄭頲果決地回答說：「蛇蝮螫手，壯士斷腕，但根本還保全著。如果讓他們先得了手，您就只有後悔的份了。」

李密聞言一震，琢磨了半天，最終點了點頭。

自古以來，兄弟之間共患難易，同富貴難，手足同胞尚且刀戈相向，更何況是毫無血緣關係的結義兄弟呢？現在蒲草已經成了氣候，不再需要澤了。

十一月十一日，翟讓收到了李密的邀請：夜宴。

自打小密當了魏公以後，日理萬機，兄弟們在一起大口吃肉、大碗喝酒的機會就少了很多。現在，這個好弟弟又想起我這個哥哥了，好啊！翟讓興高采烈地前來赴宴。

宴會還未開始，但氣氛非常融洽。李密與翟讓、翟弘、翟摩侯、郝孝德以及新近投降的隋朝大將裴仁基、裴行儼父子等人坐在一起。衆人大話革命史，聊得非常開心。

翟讓身後全是他帶來的小弟。房彥藻給李密遞了個眼色，目視翟讓身後。

李密何等聰明，頓時心領神會，便朗聲說道：「今天和大家喝酒，不需要很多人，除服侍者外，其餘的人都退下吧！」

魏公都發話了，各人的侍從都陸陸續續退下去。等到這些人快走光的時候，李密才發現一個問題：有兩個人紋絲不動，依舊站立在翟讓的身後。

誰？

單雄信和徐世勣。

看過《隋唐演義》的朋友，對單雄信這個人肯定不陌生。在演義當中，單雄信姓單名通字雄信，是「九省五路綠林英雄都頭領」，也就是俗稱的總瓢把子，人送外號赤髮靈官。後來，他加入瓦崗軍，是瓦崗寨五虎上將當中的第一名，手使金頂棗陽槊，胯下騎閃電烏龍駒，有萬夫不當之勇。

演義和歷史總是有差距的。歷史上，瓦崗寨從未有過什麼五虎上將之類的組合，單雄信也不是什麼總瓢把子。不過，有一點倒是眞的，他的武功的確蠻高的。

在隋唐英雄當中，徐世勣是被民間演義歪曲得最厲害的一個人。

在演義當中，徐世勣變成了「牛鼻子老道」徐茂公，是一個諸葛亮式的半仙級人物，羽扇綸巾，能掐會算，屬於智囊型文臣；而歷史上的徐世勣卻出身於土財主家庭，「家多僮僕，積粟數千鐘」，酷愛武功，驍勇善戰，擅長用兵，屬智慧型武將，大海寺戰役中陣亡的大隋名將張須陀就是被他砍死的。

其次，在演義當中，賈家樓四十六友結義是在大業二年（也就是西元六〇六年），在四十六兄弟當中，徐茂公排行第三，算來年齡至少不應該低於三十。歷史上的徐世勣生於西元五九四年，大業二年的時候，年僅十三歲（還是虛歲），依此類推，最小的羅成（此人純屬虛構）估計還在穿開襠褲，所謂的四十六友不過是一個少年黑幫，這顯然是不可能的。僅此一條，就足見演義對世人誤導之深。

大業七年十二月，徐世勣與好友單雄信結伴上了瓦崗寨，這一年，單雄信三十一歲，徐世勣十八歲。二人是同鄉，都是曹州人氏。

一看徐世勣、單雄信二人沒有要走的意思，李密傻眼了。還是房彥藻腦子轉得快，及時站了出來，「主公，今天天氣十分寒冷，司徒（即翟讓）身邊的人都很辛苦，請您賜給他們酒食。」

李密暗叫一聲好險，趕緊借坡下驢，「這得看司徒的意思。」

翟讓當然不會反對。於是，房彥藻就把單雄信和徐世勣領了出去。除去李密這個東道主和翟讓、翟弘、郝孝德、裴仁基等賓客，整個殿中就剩下李密的貼身侍衛蔡建德。

李密見時機已到，便拿出了一把弓，讓翟讓看。

翟讓接過弓來，仔細一看，果然是一把絕世好弓，讚不絕口。

李密假惺惺地笑道：「是不是好弓，還得司徒親自試過才知道。」

翟讓點點頭，開心地拉開了弓。就在這時，侍立一旁的蔡建德突然抽出刀來，快步向前，照著翟讓的後背就是一刀。

翟讓滿身鮮血，栽倒在地，「聲若牛吼」。說時遲，那時快，蔡建德又是一刀，翟讓的頭顱便骨碌碌地滾落下來。

可憐翟讓根本不知道發生什麼事，就做了刀下冤魂。

翟弘、翟摩侯、王儒信已經被電光石火之間發生的這一切嚇呆了，蔡建德操刀上前，如砍瓜切菜般將三人剁翻。

與此同時，帳外也動起手來，李密的衛兵對單雄信和徐世勣發動襲擊。單、徐二人寡不敵眾，險象環生。

混戰中，徐世勣被砍傷了脖子，鮮血直流。要不是王伯當及時喝止衛兵，中國歷史上就要少一員名將了。

與徐世勣相比，此時的單雄信簡直就是軟蛋一枚，跪下來不停求饒，頭磕得跟搗蒜瓣似的。好在李密向來十分欣賞二人，也不願意將事情鬧大，並沒有爲難他們。

事發突然，郝孝德和裴仁基等人還以爲李密要將他們也一起殺掉，十分恐慌。李密大聲說道：「我和大家一同起兵，就是爲了剷除暴政。但司徒翟讓專行暴虐，凌辱僚屬，尊卑無序，所作所爲已經背離咱們的初衷。我今天只誅殺翟讓一家，與各位無關。」衆人聽了這話，方才安定下來。

此時，翟讓被殺的消息已經在瓦崗軍中傳開了，他的舊部聽說這件事後，惶恐不安，都鬧著要離開瓦崗寨。

李密早有準備，先是派單雄信前去向翟讓舊部傳達慰問之意。等衆軍的情緒穩定之後，他又獨自一人來到翟讓的軍營，看望慰問將士。隨後，他又下令由單雄信、徐世勣、王伯當三人分別統領翟讓的部衆。翟讓舊部的情緒這才穩定下來，瓦崗軍也避免了一次內部分裂。

普通的士兵好唬弄，但將校們可就沒那麼容易被忽悠了。大家都知道事情的眞相，只是既不敢怒，更不敢言。李密的行爲讓他們大失所望，衆將從此離心離德。

從翟讓被殺的那一刻起，從前那個崇尚和諧與義氣的瓦崗寨便不復存在了。在某種程度上，我們可以這麼說，是翟讓的死亡敲響了瓦崗寨政權的喪鐘。而始作俑者，正是把瓦崗寨引向強大的李密。眞是成也李密，敗也李密。

有人說，翟讓死於貪財。其實，眞正害死翟讓的不是他那顆貪婪的心，而是他那顆無知的大腦和那張無遮攔的嘴。

不管我們怎麼從道德上詰責李密，他畢竟除掉了通往最高權力之路上的絆腳石。李密覺得，翟讓、翟弘、翟摩侯、王儒信等人已死，徐世勣和單雄信已被他籠絡，翟讓集團就此煙消雲散。但後來的事實證明他錯了，因爲他忘了一個人。

這個人就是翟讓的同鄉好友邴元眞。

第 4 章

屢戰屢敗，屢敗屢戰

王世充的心頭在滴血，本來自己前景一片大好，現在卻落得這般田地。這都是拜李密那個王八蛋所賜，王世充恨得牙根都出血了。不過，恨歸恨，現在的他根本拿李密沒辦法。

十二月二十四日這一天，發生了一件非常非常小的事，一名隋軍士兵自王世充陣營前來投降瓦崗軍。

李密當時比較閒，在營地裡溜達，無意中看見這名隋軍士兵，一下子想起了「老朋友」王世充，便隨口問道：「王世充現在忙什麼呢？」

小兵很老實，回答說：「他最近一面招兵，一面犒賞將士，不知道想幹什麼！」

李密聽了，略一思索，勃然變色，扭過頭來對身後的裴仁基說：「王世充這個狗東西，我差點中了他的奸計！」

裴仁基一頭霧水，「此話怎講？」

李密憤憤地說道：「你知道嗎？隋軍的糧食已經快要耗光了。王世充坐不住了，他之所以招募士兵，犒賞將士，其實是想趁著天黑來偷襲我們。傳令下去，全軍立即進入戰備狀態。」

裴仁基並不覺得王世充今晚一定會來偷襲，但見李密一副胸有成竹的樣子，也不好再說些什麼，立即下去準備。

半夜三更時分，裴仁基終於明白，李密所言非虛。

王世充果然趁著夜色偷偷地摸了過來。

天知，地知，李密知，裴仁基知，瓦崗軍全軍上下都知，只有王世充不知。等到全軍都摸到城下以後，王世充立即指揮士兵登城。

突然間，只聽一聲炮響，郝孝德、王伯當等率伏兵一起殺出。王世充驚叫一聲：完了。以有備之師對無備之師，隋軍失敗那是板上釘釘的事。這一仗，王世充虧大了，麾下第一驍將費青奴被王伯當斬於馬下，老王只得率殘軍狼狽撤退。

和上次一樣，越王楊侗又派來了使者，王世充又被嚇個半死，結果照樣沒事，越王派來的仍舊是慰問的使者。有過兩次相同的經歷之後，王世充總算把楊侗這個人琢磨透了：這是一個溫柔的小男生。

面對越王的使者，王世充一個勁地吐苦水，說自己兵力如何如何薄弱，將士們連續作戰如何如何疲憊不堪。說了一大通，中心思想很簡單，就是四個字：速派援軍。

缺人？這好辦！越王楊侗立刻就給王世充派來七萬援軍。失敗不要緊，下次贏了不就好了？只要肯幹活，就是好同志，這就是楊侗的用人觀。

有了人，王世充的腰桿又硬了起來。義寧二年（即武德元年）正月，王世充拍拍身上的灰塵，再次投入抗擊李密的戰鬥當中。十五日，隋軍再次渡過洛水，向瓦崗軍發動猛烈進攻。

很多人對冷兵器時代戰爭的看法比較簡單，以爲那個年代拼的就是人，就是靠人海戰術，哪一方人多，哪一方就會打勝仗。事實上，在冷兵器時代，以少勝多的戰役比比皆是，鉅鹿之戰、昆陽之戰、淝水之戰、官渡之戰、赤壁之戰……等等，哪一次不是弱者戰勝強者？

勝利的原因各有不同，失敗的原因則大致相同，最主要的就是一條：指揮不協調，不能合成戰力，人多反倒成了累贅。

這一次，王世充就犯了這樣的錯誤。戰役開始後，王辯一馬當先，率所部人馬第一個就渡過了洛水。這老哥過河之後，立即率軍向李密發動進攻。他進展得非常快，其他幾路人馬都被他遠遠地拋在後面。李密的防線接連被突破，瓦崗軍一片混亂，眼看著就要潰敗了。

正在這時，一陣華麗的號角聲響起。

怎麼回事？

原來，後方的王世充根本不知道前方的形勢，見王辯孤軍深入，擔心他被瓦崗軍圍殲，便下令吹號角收兵。王辯的隋軍將士殺得正歡，突然聽到收兵的號角，都懵了。

李密正慨歎敗局已定，見此情況，大叫一聲天助我也，親率敢死隊發動反攻。一時間，瓦崗軍重振士氣。此時，隋軍士兵已經開始後撤。瓦崗軍如下山猛虎，一頓風捲殘雲。可憐王辯不僅沒有攔住退卻的將士，反而將自己的小命搭了進去。

這還不算完，李密驚喜地發現，王辯部敗退的人馬竟將後面隋軍的陣型衝散了，果斷地抓住戰機，命令全軍全線出擊。隋軍亂成一團，根本無法進行有效的抵抗，登時全線潰敗。任他王世充有天大的本事，也無法挽回敗局。敗軍爭搶著過浮橋，其中因擠落而淹死者就高達一萬多人。

自和李密交鋒以來，這是王世充敗得最慘的一次。就因為在一個錯誤的時間，下了一個錯誤的命令，硬是將一場板上釘釘的勝利拱手送給敵人。

打了這麼大一個敗仗，王世充也不敢回東都了，只得收攏殘部，向河陽（今河南孟津縣）退去。

人要是倒楣起來，放個屁都能砸到腳後跟。王世充就是這麼倒楣。就在敗退的當晚，偏偏天公不作美，竟然下起了大雨，而且還伴有狂風。

大正月的北方，不下雪，竟然下雨，還是伴著強風的暴雨，王世充，你上輩子到底造了什麼孽啊！

士兵們頂著冰冷的雨水，在泥濘濕滑的道路上艱難地跋涉著，渾身上下沒有一塊乾的地方。這一宿，凍死者數以萬計。等第二天到了河陽之後，王世充一清點人數，他娘的，居然只剩下幾千人了。

剛剛拿到的本錢，轉眼之間就全賠光了。一瞬間，王世充的戎馬生涯發生了驚天大逆轉，從人們眼中的中興之將墮落成了一坨狗屎。有的朝臣上表彈劾他，有的表面雖沒說什麼，背後可沒少議論。

王世充的心頭在滴血，本來自己前景一片大好，現在卻落得這般田地。這都是拜李密那個王八蛋所賜，王世充恨得牙根都出血了。不過，恨歸恨，現在的他根本拿李密沒辦法。

打了這麼巨大的敗仗，死傷了這麼多的將士，總得有個說法吧！無奈至極的王世充只得上表，自請下獄。但越王楊侗表現出驚人的寬宏大量，不僅沒有責怪王世充，反而第三次派來了慰問的使者。如果楊侗有預見未來的本領，打死也絕對不會放過王世充。當然，這是後話了。

經此一役，王世充元氣大傷，短時間內根本無力再戰，只得收攏殘部，駐紮於洛陽的衛星城——含嘉城，休養士氣。李密則乘勝進據洛陽的另一個衛星城——金墉城。此次以後，東都的軍民每天都可以聽到免費的戰鼓聲。

不久之後，李密親率三十萬大軍逼近東都上春門。

東都危在旦夕了。

楊侗無奈，只得派光祿大夫段達和民部尚書韋津領兵出戰。段達壯著膽子出了城，只看了一眼，轉身就跑。他娘的，這瓦崗軍旌旗蔽天遮日，槍如林，劍如叢，連綿的隊伍一眼望不到頭。主帥都跑了，這仗還打個屁啊？隋軍再次潰敗，韋津戰死。楊侗只得令全軍堅守不出。

發展到這一步，李密的聲望已經達到頂峰，竇建德、孟海公、徐圓朗等勢力先後派人奉表，力勸他儘快稱帝。瓦崗軍中的房彥藻、祖君彥、王伯當等人也多次上表，請李密正位號。李密的回答還算眞誠，「東都還沒有攻克，現在不提此事。」言下之意，以後再談也不遲。

瓦崗軍迅速對東都發動猛攻。這一次，李密鐵了心要拿下東都。但東都畢竟是東都，遠非一般城市所可比擬，瓦崗軍的攻堅戰一直持續到四月，停了。

爲什麼停了？

因爲來人了！

什麼人啊？

援軍！

打哪兒來的？

大興！

大興？

對，就是大興！

原來，眼見著東都遲早要被李密攻下，唐王李淵急了，正月二十二日，派李建成、李世民統率十餘萬大軍「救援」東都，名爲救援，實爲趁火打劫。四月初一，李氏兄弟率軍抵達東都。

畢竟是貨眞價實的皇室貴冑，楊侗表現得十分慷慨，請遠道而來的遠房叔伯們吃飯。

吃魚翅羹？

不，是閉門羹。緊張肅殺的氣氛籠罩著整個東都城，全城各處城門緊閉，守軍枕戈待旦，戒備森嚴。雖然李氏兄弟多次招諭，但楊侗的回應就只有四個字：置之不理。

相比之下，李密的反應就積極多了，李淵這個時候派人來救援，擺明了是想從他嘴裡奪食嘛！這種虧本的買賣，李密可不幹。

初二，他率軍逼近李氏兄弟。唐軍勢大，瓦崗軍也不差，雙方都不想在此時此刻鬧翻。兩軍稍一接觸，便各自鳴金收兵了。不過，李密還是很頭疼，不知道李建成、李世民究竟打什麼如意算盤。

雖然未能達到預期目標，但成果還是有的。東都城中的朝議郎段世弘等人動了反叛的心思，主動與李氏兄弟聯繫，希望做內應，裡應外合，攻陷東都。

李建成很高興，準備答應下來，理由是民心可用，機不可失。

但李世民卻有不同的看法，「我們剛剛平定關中，根基還不牢固，就算是拿下了東都，也肯定守不住。」

是啊！別忘了，旁邊還有個虎視眈眈的李密呢！

李建成斟酌了一番，覺得弟弟所說很有道理，便委婉地拒絕段世弘等人的請求。

初四，李氏兄弟開拔，撤回關中。

消息傳來，楊侗高興萬分，命段達率一萬精兵追擊。段達自恃年齡長、經驗足，根本不把李氏兄弟這對後生晚輩放在心上，沿路急追。他不把李建成放在心上還說得過去，但不把李世民當回事，就錯得太離譜了。

血淋淋的事實教育了他。在三王陵，段達中了李世民預先設下的埋伏，隋軍大敗，李世民一路追擊，直到東都城下，殺了四千多人，才率軍東撤。

李氏兄弟這一走，可把段世弘等人急壞了，本想獻城投靠唐王，豈料竟遭到拒絕。我本將心向明月，奈何明月照溝渠！段世弘轉而又去聯絡李密。這回算是找對人了。李密天天都在琢磨著如何拿下東都，喜出望外，一口答應。雙方約定：二十五日的夜裡，瓦崗軍偷偷靠近東都，由段世弘打開城門，迎接瓦崗軍進城。

李密欣喜若狂，正愁無人策應，孰料老天爺就賜給他一個段世弘。

二十五日的夜裡，李密趁著茫茫夜色，親率大軍摸到東都城下。只見城頭一如往日，除了哨兵在巡邏外，並無異狀。突然之間，殺聲四起，城頭烽火齊舉，將黑夜照得如同白晝一般。

李密大驚失色。

原來，老段的保密工作做得不好，事情洩漏，東都城中的「第五縱隊」被一網打盡。

李密的鬱悶就別提有多深了。

先機已失，李密望城興歎之餘，也只得悻悻然地撤軍了。

第5章

暴扁宇文化及

宇文化及勃然大怒，帶著全軍渡過永濟渠，要和李密拼命。兩軍大戰於童山腳下。一方是裝備精良、訓練有素的驍果軍，一方是橫行天下、百戰揚名的瓦崗軍，這就註定童山之戰必定是一場惡仗。

五月，隋煬帝的死訊才終於傳到了中原大地。那年代既沒有網路，也沒有手機，資訊傳遞慢得很。

越王楊侗悲痛萬分，猶記得大業十二年七月，皇爺爺南下江都的時候，曾拉著他的手千叮嚀萬囑咐，想不到一別竟成永恆，如今爺孫兩人鬼殊途。想起一同遇害的哥哥楊倓和兩位叔叔以及寄人籬下的皇奶奶，楊侗的心更是痛上加痛。

傷心歸傷心，憤怒歸憤怒，但家不可一日無主，國不可一日無君。五月二十四日，越王楊侗在群臣的擁戴下即皇帝位，年號皇泰，史稱皇泰主。皇泰主封賞群臣，以段達爲納言、陳國公，王世充爲納言、鄭國公，元文都爲內史令、魯國公，皇甫無逸爲兵部尙書、杞國公，盧楚爲內史令，共同執掌朝政。

不管怎麼說，楊侗終於登上了皇帝寶座。不過，皇帝這一職位早已不是什麼緊俏貨了！在這個年頭，只要手底下有那麼幾個嘍囉，阿貓阿狗都敢稱王稱帝！草頭王、草頭皇如雨後的蘑菇一般，不斷地冒了出來，數量的大大增加間接導致皇帝迅速貶值。

姑且拋開別人不說，單單楊家就一共出現了三個皇帝：去年的十一月，李淵擁立楊侗的弟弟代王楊侑做了皇帝（此時楊侗還不知道，四天前的五月二十日，李淵已經稱帝建唐了）；今年三月，宇文化及又扶植楊侗的堂兄弟秦王楊浩做了皇帝；現在，楊侗又當了皇帝。

不過，皇泰主楊侗還是有理由讓自己高興的。

首先，自己是貨眞價實、童叟無欺的帝冑之後，身上流淌著尊貴無比的皇家血液，那些草莽出身的凡夫俗子豈可與自己這眞龍子孫爭一日之長短？

其次，與楊侑、楊浩相比，自己絕非傀儡，掌握著實實在在的權力，手下文有元文都、盧楚，武有王世充、段達、皇甫無逸，個個都是忠心不二的能臣幹將，有他們的輔弼，何愁山河不復？

最後，洛陽乃大隋東都，地勢險要，城池堅固，糧草充足，將卒良多，只要自己登高一呼，應者必定無數。天時、地利、人和三者合一，我楊侗必定可以掃蕩賊寇，重整河山，以大隋中興英主之光輝業績留名青史。

坐在皇帝寶座上的楊侗望著階下山呼萬歲的群臣，心中勾畫著未來的美好藍圖……前途雖然是光明的，但道路無疑是曲折的。楊侗前腳剛登基，後腳就收到一個驚心動魄的消息：宇文化及率軍奔東都而來了。

話說宇文化及誅殺隋煬帝以後，便擁立秦王楊浩做了傀儡皇帝。緊接著，三月二十七日，宇文化及下令全軍開拔，返回大興。

大軍剛開拔，就出事了，虎賁郎將麥孟才、虎牙郎將錢傑和折衝郎將沈光策劃發動兵變。這三個人都是隋煬帝一手提拔起來的，如今要低眉順眼地爲仇人做事，心有不甘，便聯合反宇文化及勢力，約合數千人馬，準備發動兵變，攻殺宇文化及。豈料，消息走漏，宇文化及通知司馬德戡搶先動手，沈光、麥孟才、錢傑等人全部被殺。

與此同時，司馬德戡對宇文化及的不滿之情也越來越深，原因有二：

首先，司馬德戡受到宇文化及的猜忌。

江都兵變成功後，宇文化及封司馬德戡爲光祿大夫，賜爵溫國公。沒幾天，又擢升他爲禮部尚書。這項任命引起司馬德戡強烈不滿。因爲，禮部尚書雖然比光祿大夫職位高，但手中毫無兵權，宇文化及擺明了不信任司馬德戡，明升暗降奪了他的兵權。

司馬德戡當然不甘心，便將所得賞賜全都用來賄賂宇文智及。宇文智及出面爲司馬德戡說情，宇文化及這才破格讓司馬德戡統領一萬多後軍。

其次，司馬德戡終於發現宇文化及是扶不上牆的阿斗。

幹掉隋煬帝後，宇文化及雖無帝王之名，卻已有帝王之實，他的待遇完全與隋煬帝相同，並且還佔了隋煬帝的六宮嬪妃。但這些都不足以掩飾他能力上的不足。

有人來奏事時，宇文化及默然無語，只是彈弄衣服。等來人下朝後，他才取出上報的啓、狀，和衆人商量著處理。

司馬德戡一個勁地埋怨趙行樞，「老趙，你眞是害我不淺啊！戡平亂世，需要有才幹的人。宇文化及是個毫無才能的蠢蛋，身邊又盡是小人，跟著他肯定要完蛋。」

趙行樞急了，「有我們這些人在，廢掉他又有何難？」

這句話點醒了司馬德戡，宇文化及幹不了，那就我來幹！隨即，司馬德戡、趙行樞聯繫大將宇文導師等人，策劃以後軍誅殺宇文化及。

宇文化及似乎是個搞情報戰的高手，司馬德戡的計劃很快就被他掌握了。宇文化及表面不動聲色，暗地裡卻派三弟宇文士及裝作遊獵，突然闖到後軍。此時，司馬德戡根本不知道事情已經敗露，出營迎接宇文士及，結果被當場拿下。

宇文化及厲聲質問司馬德戡，「我和你冒著天大的風險，才做成了大事。正想著一起享受榮華富貴，你為什麼要謀反？」

事已至此，司馬德戡也豁出去了，實話實說：「當初之所以要殺皇帝，是因為受不了他的荒淫暴虐。哪想到你竟然比他還糟糕！」

聽了這話，宇文化及的憤怒可想而知，當場命人殺死了司馬德戡，趙行樞、宇文導師等十九人一起殉難，反宇文化及勢力至此被一網打盡。

司馬德戡啊司馬德戡！早知今日，何必當初？

幹掉司馬德戡以後，宇文化及本打算西進，但此時西進必經之所——鞏洛已經落入了李密的手中。宇文化及知道瓦崗軍的厲害，不敢和李密硬磕，便調頭向東，占了東郡

（今河南滑縣東南）。東郡就在東都的眼皮子底下，宇文化及此舉無疑對皇泰主構成了嚴重的威脅。

東都群臣圍繞如何對付宇文化及的問題展開熱烈的討論，各種點子、主意滿天飛。其中只有名叫蓋琮的人的上疏，引起元文都和盧楚的重視。蓋琮的上疏內容可以簡單概括為兩點：第一，以我方現在的實力，根本打不過宇文化及；第二，我們可以與狼共舞，聯合李密，消滅宇文化及。蓋琮的上疏點醒元文都和盧楚，二人立即建議皇泰主招降李密。皇泰主聽了也很高興，能招降李密這樣的人物，那再好不過了，當即任命蓋琮為通直散騎常侍，攜帶敕書出使瓦崗軍。

有一點是皇泰主等人未能預料到的，蓋琮還沒到，李密和宇文化及已經掐起來了。東郡雖好，但無險可守，宇文化及在地圖上踅摸了半天，最後選中一個地方——黎陽，但此時黎陽正在李密部將徐世勣的控制之下。

宇文化及可不管那麼多，立即率軍攻打黎陽。徐世勣深知驍果軍戰力之強悍，便主動退出黎陽。豈料，宇文化及做事很絕，對徐世勣窮追猛打，最後將徐世勣包圍在黎陽倉城（就是衛星城）。

李密接到徐世勣的求援報告，一邊大罵宇文化及，一邊點起兩萬精兵前去救援。李密軍駐紮於清淇（今河南滑縣西南），以烽火爲工具，與倉城的徐世勣遙相呼應。

但出乎宇文化及意料的是，李密似乎沒有交戰的意思，只見他指揮軍隊挖深溝渠，築高城牆，卻按兵不動。宇文化及有點搞不懂了，要是那時候有電話，他鐵定一通電話就打過去：喂！老李，你不是來救徐世勣的嗎？怎麼不動手啊？來啊，快來打我啊！

其實，李密不是不想動手，是不敢。

是害怕宇文化及的驍果軍嗎？當然不是！事實上，李密害怕的是東都的隋軍。爲了救援徐世勣，他率軍趕到清淇，要命的是，清淇剛好位於東都和黎陽的中間。換言之，李密的後背完全暴露在東都隋軍面前。如果東都人馬從後邀擊……

正因爲如此，李密才不與宇文化及交戰。宇文化及見李密沒有出手的意思，便揮軍進攻黎陽倉城。但此時徐世勣早就準備妥當了，在城牆周圍挖了一道深深的壕溝，驍果軍根本衝不過來。宇文化及多次攻打，均無功而返，非常鬱悶。

但更鬱悶的還在後頭，這天，徐世勣指揮部下從溝裡挖地道，如神兵天降般突然出現在宇文化及的後方。驍果軍猝不及防，遭到失敗。

此戰之後，蓋琮來到清淇。李密聽了蓋琮的意圖之後，心中暗喜，皇泰主的誘降正好能解他的燃眉之急。李密立即答應蓋琮的勸降，並迅速上表，要求歸順朝廷；同時，他請求皇泰主讓他討伐宇文化及來贖罪。爲了表示自己的誠意，他還派部下李儉、徐師譽將俘獲的宇文化及同黨于洪建押送至東都。

皇泰主十分高興，親自接見李密的使團，並當場任命李儉爲司農卿，徐師譽爲尚書右丞。會晤結束後，他派導從排列鼓吹樂，將李儉一干人等迎送至特意裝修一新的豪華賓館內，送美玉綢緞、佳餚佳釀的宦官一撥接著一撥，不絕於途。

對普通的小嘍囉尚且如此，對李密更是慷慨。皇泰主下敕，冊拜李密爲太尉、尚書令兼東南道大行台行軍元帥，封魏國公，命他先行平定宇文化及，再入朝輔政。

爲了招撫李密，皇泰主眞是下了血本。你不是自號魏公嗎？我給你個眞的——魏國公，比你那個含金量高多了。兵不血刃，天下第一反賊轉眼之間就被招降了，皇泰主包括滿朝文武都樂壞了，有了李密這種牛人做打手，消滅亂黨，恢復江山，指日可待。

只有一個人例外，那就是王世充。李密的眞實意圖，只有王世充一個人看懂。李密這廝無力兩線同時作戰，這才順勢接受東都的招降。其實，這不過是緩兵之計。等他收拾完宇文化及，就會再次向東都撲過來。可笑皇泰主和元文都等人還想讓他入朝輔政，這簡直就是引狼入室，自掘墳墓。

在元文都舉辦的慶功宴上，王世充發飆了，怒氣沖沖地對起居侍郎崔長文說：「朝廷的官爵竟然給了強盜，這是想幹什麼？」

此言一出，元文都的臉當時就黑了。元文都和王世充的矛盾不是一天兩天了，從王世充到洛陽的第一天起，元文都就將他視爲眼中釘、肉中刺。

元文都，老人一枚，最早曾經幹過北周的右侍上士。隋文帝開皇年間，元文都授內史舍人，歷任庫部曹郎、考功曹郎、尚書左丞、太府少卿，政務嫻熟，頗有能名。隋煬帝即位後，轉爲司農少卿、司隸大夫，不久又榮升御史大夫。在平定楊玄感的叛亂中，元文都有上佳表現，得到隋煬帝的肯定。

大業十二年七月，隋煬帝下江都前夕，頒佈敕令，命元文都與光祿大夫段達、檢校（代理的意思）民部尚書韋津、右武衛將軍皇甫無逸、右司郎盧楚等人協助越王楊侗，守衛東都。衆人當中，元文都資歷最老，成爲當然的大哥大。

自打和越王楊侗搭檔後，元文都就把自己的前程完完全全地寄託在楊侗身上。元文都一直覺得自己是楊侗最最寵信的臣子，是帝國的干城，等將來楊侗登上帝位以後，他絕對會封王拜相，大權在握。

但元文都所有美好的憧憬都因爲一個人的到來而變得虛幻，這個可惡的傢伙就是王世充。自王世充到洛陽的第一天起，楊侗就對他表現出超乎尋常的器重與信任，甚至連打三次敗仗，楊侗都不予追究。王世充的出現對元文都的地位和權力構成嚴重威脅，所以，元文都對他的排擠從來都沒有停止過。

這次也不例外，元文都聽了王世充的話之後非常生氣。因爲，誘降李密實際上是他提出來的，現在王世充否定李密，擺明了就是在否定他的政策。但作爲一個老江湖，元文都懂得克制個人情緒，便假意安撫王世充。王世充也不是笨蛋，早就知道元文都對他不懷好意，但表面上也不好撕破臉，便假意擺出友好的姿態。

七月初，皇泰主派人送信給李密，表態說：「過去那些事一概不論。今後，咱們要彼此眞誠相待。天下大事，還需要閣下匡救輔助。征伐大權，就全部交給閣下了。」

李密接信大喜，從此之後，就把全部精力和兵力都投入到對付宇文化及上。

不久之後，宇文化及就收到李密的親筆信。閱過之後，不禁喜上眉梢。原來，魏公李密竟主動提出講和。這在宇文化及看來，本是不可能發生的事，但現在，白紙黑字證明不可能發生的事確實發生了。

宇文化及多日來壓在胸口的大石瞬間消失。其實，宇文化及就怕和李密開戰，因爲他沒有自信，不是擔心自己的軍隊打不過李密的瓦崗軍，而是他的糧草所剩無多了。

宇文化及和他爹宇文述差多了，宇文述人品雖然不怎樣，但好歹也是一代名將，而宇文化及繼承了乃父人品，能力卻差得離譜。十多萬大軍北歸，不多帶糧食，專靠搶劫老百姓，明明是官軍，卻要走流寇作戰模式。問題來了，傻眼了吧？

好在李密要和他講和，宇文化及忙不迭地答應下來，生怕李密反悔。本來宇文化及爲了節約糧食，採取限制士兵吃糧的政策，現在不打仗了，也就不再限制大家吃糧了。

他還向李密提出一個請求，希望李密能送他一些糧食。李密一口答應了。

要不是有個瓦崗軍士兵叛逃到他這邊，宇文化及恐怕至死都不會識破李密的陰謀。原來，李密早就探知宇文化及的軍糧不多了，為了打消宇文化及的顧慮，讓驍果軍放心吃糧，才假惺惺地提出議和，並十分爽快地答應送糧食給他。傻乎乎的宇文化及果然上當，所剩無幾的糧食很快就被饑餓的士兵一掃而光。

直娘賊！明知道我智商不高，還故意坑我！宇文化及勃然大怒，帶著全軍渡過永濟渠，要和李密拚命。

兩軍大戰於童山（今河南浚縣西南）腳下。一方是裝備精良、訓練有素的驍果軍，一方是橫行天下、百戰揚名的瓦崗軍，這就註定童山之戰必定是一場惡仗。據史書記載，兩軍從早晨七八點一直打到了傍晚六七點。結果相當驚人，驍果軍用一場勝利證明他們的名聲不是吹出來的。瓦崗軍被打散，李密本人也被流箭射中，落馬昏死過去。關鍵時刻，有一個人及時地站了出來，挽救了李密及瓦崗軍。這個人就是秦瓊，秦叔寶。

《隋唐演義》中秦瓊胯下一匹黃驃馬，掌中一對虎頭鎏稜金蒼鐧，擅使一把虎頭造金槍，人送外號「馬踏黃河兩岸，鐧打三州六府，威震山東半邊天，神拳太保小孟嘗」。秦瓊是該書的書膽，人生經歷十分坎坷。

歷史上的秦瓊，人生比演義中還要坎坷，先後追隨過六位主人。秦瓊最先追隨名將來護兒。第三次征討高句麗戰爭結束以後，改投到了張須陀的帳下。張須陀被李密消滅以後，他又追隨了裴仁基。裴仁基投降李密，他也跟著過來了。

千鈞一髮之際，秦叔寶及時殺出，將不省人事的李密從亂軍當中救出。隨後，他收攏人馬，猛攻驍果軍。幸虧有他指揮，瓦崗軍才沒有被徹底擊敗。

鏖戰良久，宇文化及見勝利無望，只得主動撤軍。

童山大戰至此終於結束。

在童山大戰當中，瓦崗軍和驍果軍均遭到嚴重削弱，精銳損失殆盡，但吃虧最多的還是宇文化及。戰後不久，東郡便投降了李密，宇文化及的部將陳智略、樊文超、張童兒先後歸降瓦崗軍，他手上只剩下不到兩萬人馬了。宇文化及無奈，只得北上魏縣（今河北大名縣）。

常言說得好，窮寇莫追，李密知道宇文化及已經成不了氣候，索性也不去理他，率軍西歸，皇泰主楊侗還在洛陽等著他入朝輔政呢！李密得意地笑了。

第6章

這個夜晚屬於王世充

王世充簡直就是表演的蓋世奇才，皇泰主對他這番聲情並茂的表演信以為真，任命他為尚書左僕射，內掌朝政，外掌軍事。至此，王世充獨攬大權，終於登上了大隋權力的巔峰。

李密的捷報一封接一封地飛到東都，皇泰主和大臣們高興得合不攏嘴。只有王世充不高興，憤憤地對自己的部下說：「元文都等人都只是些光會動嘴皮子、耍筆桿子的刀筆吏。咱們怎麼能和李密講和呢？我們與他們打了這麼多年，殺了他們那麼多人，他們也殺了我們很多人。這樣的仇恨比大海還深，怎麼能夠化解得開呢？」

眾將都有同感，無數的血債，豈是一朝就能化解的？

「兄弟們，現在的情況有些不對勁啊！李密屢戰屢勝，已經逐漸贏得了陛下的好感。如果一直這樣下去，遲早有一天，李密會得到天下。到那個時候，我們這些人恐怕就死無葬身之地了。」

也就是王世充心眼多，尋常人誰能想這麼遠啊？眾人聽了他的話，都驚出了一身冷汗。大家紛紛表示，就聽主帥你的，你說怎麼辦，兄弟們就怎麼辦。

王世充暗自竊喜，但他畢竟還是低估了元文都。元文都確實是個刀筆吏，但是刀筆吏不光會玩筆，也會玩刀，人家能混到今天這地位，絕不是偶然。

王世充在軍中蠱惑人心的消息很快就傳到元文都等人的耳中。元文都、盧楚、皇甫無逸三人非常不滿。尤其是元文都，當機立斷，決定做掉王世充。

找誰來辦這件事呢？元文都看中了一個人，光祿大夫段達。

論資歷，段達其實比元文都還要老。楊堅還沒當皇帝的時候，段達就追隨他了。隋朝建立以後，段達被封爲車騎將軍，後因平定江南高智慧的叛亂有功，被擢升爲儀同三司。到了楊廣當政的時候，段達又因征討吐谷渾有功，封光祿大夫。王世充到來之前，東都方面操持軍務的主要就是老將段達。

元文都之所以會看上段達，原因有二：首先，也是最重要的一條，段達也是越王的老班底，元文都認爲他絕不會和王世充這樣的外來戶穿一條褲子。其次，段達手中握有部分兵權。所以，元文都就把誅殺王世充的計劃原原本本地告訴了段達。

在某種意義上，我們可以這樣理解：元文都親手把一根槓桿交到了段達的手上。憑藉著這槓桿，段達既可以撬動王世充，也可以撬動元文都。

當然，元文都也曾想過，段達有可能會反過來撬自己。不過，他覺得這種可能性實在是太微小了，完全可以忽略不計。正是這點忽略，元文都爲自己找了一條死路。

他覺得段達和他是一夥的，人家段達可不這麼想。一幫沒有半點兵權的文臣，居然想對手握東都兵馬大權的王世充下手，這不是純屬扯淡嘛！

其實，段達早就發現王世充和元文都之間有矛盾，原本不想捲入派系之間的爭鬥，但形勢如此，由不得他不做選擇。

選誰呢？傻瓜也知道要選掌握兵權的王世充。段達再無猶豫，叫來自己的女婿張志。

是夜，段達府門前燈火輝煌依舊。在朦朧的夜色中，一條人影卻自昏暗的後門悄然而出，跨上駿馬，向著含嘉倉城疾馳而去……

王世充手捂著心臟，才勉強聽完了張志的彙報。智者千慮，必有一失，他千算萬算，始終漏了一環。他沒有想到自己在軍隊當中煽陰風、點鬼火的消息這麼快就傳到元文都的耳中；更沒有想到元文都居然這麼直接、這麼狠辣，連招呼都不打一聲就打算了結自己。你大爺的！既然你們不仁，也休要怪我不義。

含嘉倉城，一身戎裝的王世充忙著調兵遣將……

洛陽城中，一身睡衣的元文都忙著尋歡作樂……

王世充率軍連夜從含嘉倉城奔襲洛陽。段達早已命人打開城門，王世充軍直奔元、盧、皇甫三人府邸。三府頓時陷入一片火海，王軍見人即殺，血流成河。盧楚成了王世充刀下的第一個亡魂。皇甫無逸比較機靈，獨人獨馬逃離洛陽，投奔李淵去了。

元文都得到消息的時候已經晚了，看情形不對，知道逃跑是來不及了，索性躲入了宮中，到皇泰主那裡尋求庇護去了。我就不信你王世充有膽量進攻皇宮！

王世充現在（請注意這個時間狀語）確實沒那個膽量，聽說元文都躲入宮中，心裡把老元十八代祖宗都罵了個遍。

此時，皇宮宮門緊閉，如臨大敵。這也是沒辦法的事，換了你是楊侗，你敢開門嗎？誰知道王世充這小子想幹啥？

王世充只得調派人手將皇宮團團圍住，讓人狂砸宮門的吊環，對著裡面喊話：「陛下，您可得小心啊！元文都想要挾持您投降李密，您可不能著了他的道！老王我並不是造反，只是為了誅殺元文都這些亂臣賊子！」

裡面的元文都自然是對著皇帝一頓解釋。這時，就出現了一幕類似《西遊記》中齊天大聖和六耳獼猴互辯眞僞的場景。

六耳獼猴王世充說：我是忠臣，他是奸臣。

齊天大聖元文都說：我是忠臣，他是奸臣。

外邊的王世充又說：陛下他是騙人的，我才是忠臣。

裡面的元文都也接著說：陛下他是騙人的，我才是忠臣……

楊侗的腦袋都被吵大了。

這時，段達站了出來，插了一句十分經典的眞情告白，「對不起，我是臥底。」就在皇泰主和元文都目瞪口呆之際，段達帶領著自己的小弟直撲元文都。

事情就發生在電光石火之間，等皇泰主反應過來的時候，元文都早就被捆成了一團。

皇泰主生平頭一次遇到這種事，駭得目瞪口呆。元文都一邊掙扎，一邊衝著皇泰主大喊：「臣如果早上死，晚上就輪到陛下了！」

皇泰主無能無力，只得掩面痛哭。段達可顧不上欣賞皇泰主的眼淚，謊稱聖上有旨，下令禁軍打開宮門，迎接前來救駕的王世充。宮門剛一打開，王軍蜂擁而入，王世充以迅雷不及掩耳之勢將皇宮的禁軍全部換成自己的部下。

段達獻上元文都，老元兀自叫罵不休。王世充揮了揮手，衆軍一起上前，頓時將元文都砍爲一灘肉泥。幹掉元文都之後，王世充立刻前去謁見皇泰主。皇泰主厲聲質問他，「擅自舉兵殺人，這是臣子該做的事嗎？你是不是想連我也一起殺了？」

王世充伏身下拜，眼淚嘩嘩的，「臣蒙受先皇的提拔，就算粉身碎骨也難報答。元文都等人包藏禍心，想召李密危害社稷，怕臣不同意，便懷疑猜忌臣。臣無奈之下，只得反抗求生，倉促之間，來不及向陛下請示。如果臣懷有什麼惡意，幹了對不起陛下的事，天地日月在上明鑑，讓臣滿門滅絕，一個不留。」

這言語，這表情，這動作，簡直就是表演的蓋世奇才。王世充如果托生到今天，就算拿不上奧斯卡，拿個金雞或者百花什麼的，肯定綽綽有餘。

果然，皇泰主對他這番聲情並茂的表演信以爲眞。事到如今，不信又能怎麼辦？一干重臣只剩下王世充，不用他用誰？皇泰主下敕，任命他爲尙書左僕射，內掌朝政，外掌軍事。至此，王世充獨攬大權，終於登上了大隋權力的巓峰。

這一天是唐武德元年（隋皇泰元年）七月十五日。這個夜晚屬於王世充。

第 7 章

李密垮台

瓦崗軍潰敗，李密收拾殘部兩萬人，西行入關去了。至此，他永遠地退出了中原這塊大舞台。此時的李密還不知道，三個月後，他將永遠退出人生這個更大的舞台。

當王世充在洛陽城中揮舞著血腥屠刀的時候，李密正在前去洛陽的路上琢磨著如何輔政呢！然而，走到溫縣的時候，他的美好憧憬在頃刻之間就化爲了泡影。王世充政變的消息傳來了，李密的鬱悶就別提有多深了，忙了大半天，到頭來竹籃打水一場空。

李密無奈，只得悻悻然地退到金墉城。然而，剛剛接管最高權力的王世充已經把目光投向他了。

王世充恨不得現在就去攻打李密，但不行，因爲眼下他面臨著一個巨大的困難，那就是糧食短缺問題。誰有糧食？放眼四周，只有李密才有！看來只能向李密要糧食了。但糧食這麼重要的東西，李密會給嗎？

王世充思慮良久，終於想出了一個辦法，向李密提了一個建議：以洛陽城中的布匹交換瓦崗軍的糧食。

這是一個極具誘惑性的提議，因爲瓦崗軍雖然糧食充足，但偏偏布料奇缺。很難想像，戰鬥力如此強悍的一支部隊從外表看來竟然像一群叫花子！李密動心了，王世充這個互通有無的建議確實很對他的胃口。但是李密也不傻，擔心隋軍得到糧食後，戰鬥力會大大增強。該如何取捨？李密搖擺不定。

這個時候，長史邴元真站了出來。

邴元真，瓦崗寨元老，翟讓的同鄉兼死黨，能力一般，人品更一般。李密非常瞧不起這個人。當年，李密開設魏公幕府的時候，挑選高級官吏，寨中元老都被選中，唯獨沒考慮邴元真。虧得翟讓極力保薦，李密才勉強任命邴元真為長史。但邴元真這個長史當得憋屈，雖然位高權重，但李密從未讓他參與重大決策。

李密不待見邴元真，邴元真對李密也是虛與委蛇。

邴元真的官方身份是長史，他還有個非官方的身份——洛口守將。洛口這個地方有洛口倉，換言之，邴元真實際上控制著天下第一大糧倉。一聽說王世充提出以布換糧，邴元真樂壞了，發財的機會來了，極力勸說李密接受王世充的提議。

李密搖擺不定之際，受了邴元真的忽悠，便答應王世充的要求。

王世充接到回覆，高興壞了。

糧食和布料哪個才是生活必需品？這個問題的答案小學生都知道，可笑李密竟然犯了如此低級的一個錯誤。交換之前，東都方面每天都有數以百計的人歸順瓦崗軍；但交換之後，前來投降的人便越來越少了。李密十分後悔，對邴元真責怪不已，停止了交換，但為時已晚。

靠著交換來的糧食，王世充硬是堅持了一個多月。九月初，換來的糧食快要吃光了，王世充便把征討李密一事提上了議程。他本以為會得到將士們的支持，豈料根本沒幾個人回應他，原因有二：

首先，名義上，李密與東都仍然是盟友關係，李密迄今尚未出手，如果東都方面主動開啓戰端，在道義上恐怕說不過去。

其次，也是最主要的一點，廣大士兵反戰情緒嚴重，經過兩年多曠日持久的戰鬥，將士們從精神到肉體均疲憊不堪，都不願意再起刀兵。

該怎麼辦？王世充眉頭一皺，計上心來。

話說這日，衆軍士在營中休息，突然傳來一道軍令：馬上到周公廟集合。衆人一邊集合一邊議論，不知道王世充究竟唱的是哪一齣。集結完畢之後，大家都好奇地盯著周公廟的高台，主帥怎麼還不現身？

人是來了，但不是王世充，而是一個打扮怪異的巫婆。原來，老王是請大家來看舞蹈的，舞蹈的名字就叫做「跳大神」，表演者：巫婆，導演：王世充。

這位巫婆的舞姿具有濃厚的後現代氣息，融合秧歌、高蹺、歇斯底里症等多種行爲藝術的精華，具有極強的可觀賞性。衆軍士這種獨特大膽的藝術吸引，看得目不轉睛。

正在高潮之際，巫婆突然全身抽搐，口吐白沫，倒地不起。

巫婆一動也不動，彷彿死了一般。漸漸地，底下有人沉不住氣了。這個說：怎麼了？是不是抽筋了？那個說：八成是心臟病發作了。正在這當口，巫婆「噌」地一下又跳了起來。

這時巫婆就好像換了一個人似的，表情十分肅穆，語氣莊重地對台下的衆人說：「小子們聽好了，我是周公！」

王世充的士兵大多來自江淮地區。這個地方的人們思想普遍不開化，封建迷信在當地很有市場。這些人一看周公下凡，倒頭便拜。

「周公」說了，「李密無道，我命令王世充替天行道，帶領你們去消滅他。如果你們不聽我老周的話，我就把你們全部帶走。」

周公發飆了，誰得罪得起？衆軍士紛紛振臂高呼：「我們願意出戰！」這聲音漸漸匯成一股洪流：消滅李密！消滅李密！消滅李密！

站在台後的王世充從簾子的縫隙看著台下發生的一切，得意地笑了。

事不宜遲，王世充馬上著手，篩選出精兵兩萬，戰馬兩千，於九月初十出動，星夜兼程直奔李密而去。十一日，隋軍到達偃師。

李密已經接到警報，留王伯當守金墉城，邴元眞守洛口，親率大軍趕赴偃師，駐紮於北邙山。隨後，李密立即召開軍事會議，商議破敵之計。

陳智略、樊文超、單雄信等絕大多數將領都主張堅守。只有一個人例外，他就是隋朝降將裴仁基。

裴仁基本爲隋朝虎賁郎將，張須陀在大海寺被李密打死後，隋煬帝就讓裴仁基就任河南討捕大使，收攏羅士信、秦叔寶等張須陀殘部，繼續與李密作戰。但裴仁基因爲治軍問題與監軍御史蕭懷靜發生分歧，小心眼的蕭懷靜整理了他的黑資料，準備向隋煬帝告狀。裴仁基無奈，便帶著兒子裴行儼、部將賈閏甫以及羅士信、秦叔寶等人，轉身投降了李密。

裴仁基很會打仗，給李密的建議是：兵分兩路，一路扼制王世充部，使其無法東進；一路沿黃河西進，直搗東都。王世充如果回軍，我們就按兵不動；如果繼續進軍，我們就再逼近東都。如此一來，王世充疲於奔命，不久必敗。

這一招在兵法裡叫做圍魏救趙之計。

李密充分肯定了裴仁基的方案，但仍然決定採納堅守政策，「當前，東都人馬有三個不可抵擋：武器裝備精良，這是一；決心深入我方，這是二；糧食吃光了來尋求決戰，這是三。所以，我們只要堅守不出就好了。對方想打打不成，想走走不了，用不了十天，就會有人把王世充的頭送過來了。」

裴仁基極力爭辯，但始終無法說服衆人，更無法說服李密，無奈地長歎，「主公，您將來肯定會爲今天這個決定而後悔。」

王世充很快便向瓦崗軍先鋒——單雄信部發動猛烈攻擊。隋軍來勢洶洶，單雄信抵擋不住，只得派人向李密求援，李密立刻派裴行儼和程知節率軍增援。

裴行儼，裴仁基之子，《隋唐演義》中裴元慶的歷史原型。在演義當中，裴元慶是隋唐第三條好漢，也是八大錘中的銀錘將，手使兩把八卦梅花亮銀錘，勇猛異常。他追隨父親山馬關總兵裴仁基三打瓦崗寨，後來被秦瓊用計收服，其姐姐裴翠雲也嫁與程咬金為妻。四明山一戰，十八路反王無數兵將，只有他能接李元霸三錘。後來，他在伐五關之役中，中了虹霓關總兵新文禮的計策，被活活燒死在慶墜山中。

以上內容純屬虛構。首先，隋唐之際的武將基本上不使用錘子等武器，大多用槊；其次，裴仁基從未幹過什麼山馬關總兵，有隋一代壓根兒就沒有山馬關這個隘口。再次，裴行儼根本沒有叫裴翠雲的姐姐；最後，隋唐之際就沒有新文禮這個人，裴行儼也不是被燒死的。不過，有一點倒是眞的，他確實是一員猛將，人送外號「萬人敵」（和薛仁杲一樣）。

提起程知節，相信知道的人並不多。不過，說起「半路殺出個程咬金」這個俗諺，國人耳熟能詳。程知節就是程咬金，咬金是他的字。

在《說唐》、《隋唐演義》、《興唐傳》等系列話本歷史演義中，程咬金出身於貧苦人家，因出生之時口含金塊，所以名為程咬金。他使一柄六十四斤重的宣花板斧，來來去去就是「切西瓜」、「掏耳朵」、「剔牙齒」這幾招，人送外號「混世魔王」。而且，他還是演義當中的第一福將，活了一百多歲，歷經高祖、太宗、高宗、武則天、中宗、睿宗六朝。

這當然與歷史上的程知節嚴重不符。事實上，程咬金出身於官宦人家，乃世家大族之後，他的曾祖父程興是北齊兗州司馬，祖父程哲是北齊晉州司馬，老爹程婁官至北齊濟州大中正。程咬金也沒活一百多歲，生於隋文帝開皇九年（西元五八九年），卒於唐高宗麟德二年二月七日（西元六六五年二月二十六日），享年七十六歲。

史書說程咬金「少驍勇，善用馬槊」。大業晚期，聚集數百名鄉黨，「共保鄉里，以備他盜」。由此看來，程咬金還是有幾分俠義心腸的，努力保一方平安。聽說李密興起義軍，要消滅腐敗的隋王朝，他便帶著自己的人馬來了。

在諸將當中，李密對程咬金和秦叔寶尤爲器重。李密有一支爲數八千人的侍衛隊，號稱「內軍」。內軍與今日的特種部隊或者海軍陸戰隊頗爲類似，兩千人劃爲一隊，共分四隊，每隊設一驃騎。李密曾經志得意滿地說：「此八千人可當百萬。」程咬金和秦叔寶正是四名驃騎的其中之二。

裴行儼率先抵達，但很快就被一枝華麗麗的小箭射於馬下，還好性命並無大礙。眼看著他就要被隋軍生擒活捉了，正在這個當口，程知節及時趕到，救起裴行儼。隋軍士氣如虹，所向披靡，瓦崗軍漸漸不敵，程知節與裴行儼只得後撤。要不是因爲天色暗了，隋軍絕不會善罷干休。

首戰失利，但李密仍然沒有把王世充這個手下敗將放在心上，根本就沒有在營寨周圍設置防護壁壘。二十日清晨，當東方剛剛現出魚肚白的時候，李密的斥候（相當現在的偵察兵）突然發現，有大批隋軍向己方營寨快速移動，馬上就將這個消息報告李密。睡眼惺忪的李密聽說這個消息後，驚得從床上跳了起來，倉皇調派人馬應戰。他一生破敵無數，從未有過一絲的慌亂，可是，現在卻是手亂，腳亂，心更亂。

瓦崗軍遇見王世充的江淮軍，眞是仇人相見，分外眼紅。雙方紅著眼睛，瞪著對方，渾似兩群掐架的公牛。終於，兩群牛撞在了一起，展開慘烈的廝殺。雙方你來我往，刀光劍影，殺聲震天。

士兵的喊殺聲、戰馬的嘶鳴聲、刀劍相擊的錚錚聲以及瀕死之人的慘叫聲混成一首悲壯的交響曲，在洛水岸邊的天地之間久久迴響著。不時有人中槍著箭，帶著悲鳴和留戀倒下，鮮血四處噴濺，漸漸地在地上匯聚成小溪。這血色的溪水裹著泥塊注入洛水，將洛水染成鮮紅的一片。

王世充默默地欣賞著這一切，心中沒有一絲的憐憫與同情。在他看來，這些普通的士兵爲他這個強者賣命是理所應當的事情。一將功成萬骨枯，士兵永遠都是將軍成功路上的炮灰。

王世充抬頭看了看太陽，嘴角微微一笑：該來了！

來了！來了！終於來了！

就在戰局膠著之時，瓦崗軍後面的山頂上突然出現了一支騎兵。此時的瓦崗軍只顧著奮力向前，絲毫沒感覺到背後有一股直沖雲霄的殺氣。這支人馬憑藉有利地形，直衝李密大營，一邊瘋狂砍殺，一邊大肆縱火，瓦崗軍營寨霎時火光沖天。江淮軍則趁此機會奮力拼殺，形勢漸漸轉向有利於王世充的一面。

李密慌了，王世充笑了！

原來，王世充仔細觀察瓦崗軍的佈防情況之後，發現李密居然沒有設置任何防護設施。他充分把握這個絕佳的機會，連夜派出一支兩百多人（人數太多有被發現之虞）的精銳騎兵，秘密迂迴到李密的背後，埋伏在北邙山的山谷之中。待雙方廝殺正酣之際，由這支奇兵突然從背後襲擊瓦崗軍，瓦崗軍必定大亂，王軍則可趁此機會一舉擊潰之。

然而，戰場的形勢瞬息萬變。瓦崗軍不愧是經過多年殘酷戰鬥鍛造出的天下雄師，雖然出現短暫的混亂，但馬上就恢復秩序，兀自與隋軍纏鬥不休。隋軍雖然佔據優勢，但是再這麼拼下去，這點老家底非得拼光了不可。

不過，沒關係，因爲王世充還有損招。

就在雙方竭力廝殺之際，一名隋軍將領押著一個華服之人登上高處，大喝一聲，「都給我住手，你們看這是誰？」

有些離得近的人，順著話音望去，不禁大驚失色。離得遠的還在那裡死磕，忽然感覺到身邊的人都不再動手了，也漸漸地停了下來，順著眾人的視線望去。只見高處的那個華服之人赫然就是李密。此時的李密垂頭喪氣，好像是鬥敗的公雞。

李密的被擒對瓦崗軍的影響是致命的。瓦崗軍將士面面相覷，驚慌失措，陣腳頓時大亂。隋軍大呼萬歲，趁機發動猛攻。瓦崗軍四散奔逃，終於潰敗。

王世充簡直要笑抽筋了。原來，這個李密是個水貨，是王世充從軍中找一個相貌酷似李密的士兵假扮的。

王世充乘勝進軍，於當天夜裡包圍了偃師。偃師守將是李密的鐵桿心腹鄭頲。鄭頲的忠誠沒得說，發誓要與偃師城共存亡，但部下的反叛無情地擊碎了這個誓言。由於叛徒的策應，王世充不費吹灰之力就進入偃師城，裴仁基、裴行儼、鄭頲、陳智略、樊文超、程咬金、秦叔寶、羅士信等大部分瓦崗軍將領投降，祖君彥被殺。

瓦崗軍諸將迫於無奈才投降隋軍，滿以為迎接自己的將是王世充暴風驟雨般的敲打。誰曾想，剛一見面，笑瞇瞇的王世充就噓寒問暖，家裡有幾口人，孩子幾歲了，工資夠花嗎？大家哪想到傳說中的王剃頭居然這麼和藹可親，一個勁地感歎人言不可信，繼而紛紛表態，歸降大隋絕對是棄暗投明的義舉。

王世充一邊微笑，一邊安撫眾將，沒事，過來就好，以後好好跟著我幹。這些人都感激地稱呼王世充為主公。誰知王世充揮一揮手，笑瞇瞇地說，別這樣，我的年齡也比你們大不了多少，你們就稱呼我伯伯或者大哥吧！這幫人更是感動，都後悔自己當初瞎了眼，左挑右挑，挑了李密這麼個心狠手辣、背信棄義的傢伙做領導。

被俘的瓦崗軍將士中，只有一個十五歲的小孩遭到了殺害。這個少年名叫徐感，是徐世勣的小弟弟。王世充讓他寫信招撫他老哥，徐感死活不幹，王世充大怒，下命拖出去砍了。

稍作停留後，王世充立即整頓兵馬，向洛口進發。情報顯示，李密率領一萬殘軍，已經望洛口而去了。

對李密這個人，邴元眞一直很不爽。如果僅僅是這樣，邴元眞還勉強可以忍受。但前不久，宇文溫向李密告他的狀，說他性情貪婪淺薄，不殺必成禍患。儘管李密沒有答應，邴元眞得知此事後，便開始策劃反水了。

李密探知王世充率兵追擊後，和眾人商定，等王世充的軍隊半渡洛水時，出其不意地襲擊之。如果這個計謀能夠成功，那麼李密就鐵定會再次反敗為勝。但很可惜，老天爺已經拋棄他了。

王世充軍到了洛水邊上，負責偵查隋軍動向的騎哨竟然沒有發現。等到哨兵發現通知李密後，王世充的軍隊已經全部過了河，李密懊悔不迭。

此時，洛口城門大開，邴元眞已然恭候王世充多時了。李密一直器重有加的「飛將」單雄信隨即率衆投降。

機會稍縱即逝，李密痛惜得要死，知道一切都晚了，便打算率領部下去黎陽找徐世勣。但有人反對，理由是：「當初誅殺翟讓的時候，徐世勣也差點被殺。現在主公您去投奔他，恐怕不太安全。」

李密仔細想想，單雄信和徐世勣是同鄉，難保徐世勣不會步單雄信的後塵，便放棄去黎陽的念頭。

又聽說王伯當已經棄金墉城而退守河陽了，李密便率軍趕往河陽。河陽城中，李密和諸將圍繞著大魏政權的前途問題做了一番討論。李密還想做垂死的掙扎，提出南面憑仗黃河，北面守住太行，東面連結黎陽，以此設法進取。但衆將都說：「我軍剛剛失利，大家心中膽怯。如果再做停留，恐怕要不了幾天，人就全跑光了。」

這番話打消了李密的最後幻想，哭著說：「我現在能依靠的就是大家了。大家既然不願意，我只有自刎以謝衆人了。」言罷，就想揮刀自刎。

王伯當緊緊抱住李密，哭得死去活來，其餘衆人也是淚眼婆娑。

還好，人心還沒散，留下來的都是忠義之士。李密思慮良久，無比真誠地對衆人說道：「謝謝大家沒有拋棄我。我考慮過了，你們和我一起入關降唐吧！我雖然沒有功勞，但你們一定能保有富貴。」

府掾柳燮說：「老李，你和唐公李淵是同一宗族，並且以前曾有過聯合的友誼。雖然沒有追隨唐公一同起兵，但若是沒有你圍攻東都，切斷隋軍的歸路，唐公怎麼可能輕而易舉地取得長安？這就是你的功勞啊！」

眾人也紛紛附和，「是啊！的確如此！」

李密長歎一聲，「事到如今，也只有如此了。」

武德元年九月，在這個落寞的秋季，李密收拾殘部兩萬人，西行入關去了。至此，他永遠地退出了中原這塊大舞台。此時的李密還不知道，三個月後，他將永遠退出人生這個更大的舞台。

第 8 章

世間再無瓦崗軍

李密起於大業十二年，並迅速締造起輝煌的偉業，成為隋末群雄當中的種子選手，豈料不到兩年的時間便提前出局了！直到生命的盡頭，他才知道，那個預言之子真的不是他。

瓦崗軍大勢已去，李密的部下大多歸順王世充，堅守拒降的只有四個人，分別是：黎陽的徐世勣、魏州的元寶藏、伊州的張善相和濮州的杜才幹。

李密離長安越來越近了。與此同時，唐皇李淵一撥接一撥地派出使者，前來迎接慰問李密等人。

這種高規格的待遇讓李密十分受用，掩飾不住內心的喜悅，興奮地對部下說：「我本擁有百萬雄兵，如今一朝脫去戰袍歸順李唐。崤山以東的幾百座城池，知道我在這裡的話，肯定都會來歸順。立下了這麼大的功勞，李淵還能不給我安排一個要職嗎？」他對前途的樂觀態度也感染了眾人，大家都很高興。

然而，當十月初八他們抵達長安後，才知道理想雖然很豐滿，但現實卻很骨感。有關部門根本就不重視他們，屯駐在長安城郊的瓦崗軍將士竟一連幾天都沒飯吃。上自李密，下至普通士兵，都是怨氣沖天。

過了幾天，唐皇李淵才頒下敕書，任命李密爲光祿卿，封邢國公。邢國公只是一個爵位，享受著相應的待遇，卻沒有實權。光祿卿倒是個實職，可惜不過是皇帝的管家而已，負責掌管宮殿門戶以及皇室膳食、帳幕器物。

讓一個縱橫天下的梟雄去管雞毛蒜皮的小事，大材而小用，這裡面的意思相信誰都能看得出來。可笑李密當初還幻想著撈個要職幹幹。面對慘澹的現實，不禁萬分失望，心情極爲鬱悶。

李密是個人才，這點李淵知道，但他更清楚，這是一個會吃人的人才。如果讓李密在大唐得志，自己保不準就會成爲翟讓第二。所以，儘管他親熱地稱呼李密爲弟弟，儘管他把舅舅的女兒嫁給了李密，但在內心深處，對李密的提防有增無減。

李密有句話說對了，「山東連城數百，知我在此，遣使招之，亦當盡至」。其實，根本就不用「遣使」，在中原打游擊的賈閏甫、李育德、高季輔、劉德威等人聽說李密投了大唐，相繼率衆來降。李密的小辮子又翹了起來，自得之情溢於言表。

可惜，在長安的日子裡，李密並沒有見到李唐第一牛人——秦王李世民。因爲，李世民此時正在隴西的戰場上與薛仁杲交鋒呢！

十一月初八，走投無路的薛仁杲出城投降。消息傳到朝中，李淵便任命李密爲特使，讓他到豳州迎接李世民回朝。

李密這個人恃才傲物，見到老李時都難掩傲慢之情，根本沒有把李世民這個小青年放在心上，但是，見過李世民之後，竟然悄悄地對殷開山說：「眞英主也，不如是，何以定禍亂乎！」

不久之後，駐守黎陽的徐世勣也來歸降李唐。徐世勣之所以能歸降，李淵應該感謝一個人——後來的貞觀名臣魏徵。

魏徵的人生際遇十分坎坷。他老爹名叫魏長賢，早年做過北齊的屯留令。魏徵幼時，父母雙亡，家道中落，只好出家當道士。史書上說他之所以要當道士，是因爲「落拓有大志，不事生業」。

大業十三年九月，隋武陽郡郡丞元寶藏舉郡投降李密。元寶藏聽說郡中有個名叫魏徵的道士筆桿子很好，就徵召老魏做自己的書記官，專門負責起草文書。李密冊封元寶藏爲上柱國、武陽公。爲了表示感謝，元寶藏就讓魏徵寫信向李密致謝。

李密看了元寶藏的來信後，不禁拍案叫絕，條理清晰，文采飛揚，一點都不次於祖君彥，便從元寶藏那裡把魏徵給要了過來。

北邙山戰役後，魏徵跟著李密西行入關，歸降了大唐。剛到長安，魏徵便對李淵放出豪言，說他能招撫徐世勣等瓦崗軍殘部。老李當然很感興趣，便任命魏徵爲秘書丞，派他去招降。魏徵到了黎陽之後，徐世勣二話不說，立即歸降。

不過，徐世勣歸降的方式十分特別。他認爲，黎陽的土地和百姓原本都是李密的，如果由他向李淵上表投降，那就是以主人的失敗來求取個人富貴，是無恥的小人行徑。所以，徐世勣就給李密寫一封信，信中詳細列出了黎陽等地的戶口、士兵及馬匹的數目，由李密出頭向大唐歸降。

徐世勣完全是出於一番好意，希望能把功勞算在李密的頭上。但他忽略了一個問題，他對舊日的主公如此敬重，李淵會怎麼想。

果然，李淵嘴上雖然說什麼「徐世勣不背德，不邀功，眞純臣也」，並賜徐世勣以國姓，但內心深處對李密是越來越不放心了。

李密乃是人傑，怎會看不出李淵態度的變化。但面對現實，他除了鬱悶，還是鬱悶；除了無奈，還是無奈。如果李密就此接受命運的安排，說不定還可以善終。可是，他已經和命運抗爭慣了，不甘心這樣的現狀。

適逢朝廷舉辦大朝會，按例，身爲光祿卿的李密，應該向皇帝李淵進奉食物。朝會那天，老李樂得合不攏嘴，李密的心頭卻一直在滴血。望著無限風光的李淵，李密是別有一番滋味在心頭，退朝後，便向曾經的小弟、現在的大唐左武衛大將軍王伯當訴說心中的憤懣。

王伯當也和李密一樣，受不了這種寄人籬下的生活，兩個人很快就聊到一塊兒去了。王伯當慫恿李密說：「天下大事不都在你的掌握之中嗎？現在，東海公徐世勣在黎陽，襄陽公張善相在伊州，河南的兵馬都在。你又何苦待在這裡，受別人鳥氣呢？」

這句話立刻在李密的心頭燃起熊熊大火，難道「昨天所有的榮譽」，眞的「已變成遙遠的回憶」了？「看成敗人生豪邁，只不過是從頭再來」，既然「勤勤苦苦已度過半生」，何妨「今夜重又走入風雨」呢？

李密當即決定，離開李唐，東山再起。

第二天，他就給李淵上了一道奏章說：「臣自從歸降以後，安坐京師，備受榮寵，不曾報效國家。山東之衆從前都是臣的部下，請讓臣去招撫他們。一旦他們歸附，憑藉著大唐的國威，取王世充就好比拾起地上的草芥一般容易。」

李淵聽得心兒癢癢的，但裴寂、劉文靜等重臣強烈反對，「李密不是池中之物，放他回山東，就好比放魚於泉，放虎歸山。他肯定不會再回來了。」

但此時的李淵已經被李密描繪的宏偉藍圖搞得五迷三道了，執意要讓他去山東。

十一月二十九日，李淵還在宮中置酒，慰勞即將前往山東的李密和賈閏甫，「你們兩個要好好幹，建功立業，不要辜負了朕的期望。」

李密、賈閏甫再三拜謝。李淵非常高興，又增添王伯當作爲李密的副手。李密暗喜，天助我也！

一切都很順利，李密懷著激動的心情，踏上了東歸的路途。然而，他的好運氣似乎已透支光了，走到華州的時候，李淵突然傳來聖旨，讓他分一半人馬在華州。這件事可把李密嚇著了，莫非李淵心生悔意了，那他爲什麼不果斷召我回去呢？

懷著忐忑不安的心情，李密帶其餘人馬快速東進。他的反常舉動引起同行長史張寶德的懷疑。張寶德偷偷給朝廷上了一道密奏，中心思想就是四個字：李密必叛。

這一次，李淵相信了。為了穩住李密，李淵頒下敕書，命令招撫使團繼續前進，但團長李密得回來一趟。至於原因，他只語焉不詳地說「更受節度」。

以李密的智商，怎會看不出隱藏在敕書中的心思？接到敕書後，他便對賈閏甫說：「原本是派我去山東，現在又無緣無故地召我回去。我如果回去了，肯定會被殺掉。我看，咱們不如就近攻陷桃林縣（屬熊州），取了縣裡的軍隊和糧食，而後北渡黃河。等消息傳到熊州（今河南宜陽縣西）的時候，咱們已經走遠了。你們意下如何？」

說實話，賈閏甫這一次本不想來，他已經心灰意冷了，只想安安穩穩地過日子，但李密非要將他拽上，只得隨行。他勸李密說：「主上對你還是不錯的。現在的局勢如此明朗，李唐最終會一統天下。你既然已經歸順了，何苦再生異志？況且，唐將史萬寶等人就在熊州附近。我們早晨攻打桃林，他們的軍隊晚上就會趕到。倉促之間，我們去哪裡召集士兵？依我之見，您不如暫且按朝廷的命令行事，以示確無異心。以後的事情，我們可以慢慢來嘛！」

這番話絕對是金玉良言，但此時的李密鬼迷心竅，根本聽不進去，大罵賈閏甫：「我和李淵都應了讖文。我今天能東歸，足以證明王者不死。李唐縱使平定了關中，山東地區最終還是屬於我的。老天爺白白送給我的東西，為什麼要拱手送人？你是我的心腹，怎麼會這麼想呢？如果你不和我一條心，我就殺了你！」

賈閏甫急得淚流滿面，「雖說你也應了讖文，但我觀察近來的天道與人事，你與讖文已經越來越不相適了。現在海內分崩離析，強者稱雄，你已經在走下坡路了，誰還會聽從你的調遣？再說，自從你殺了翟讓以後，人人都說你棄恩忘本，誰還會把自己的軍隊乖乖地交給你呢？我賈閏甫如果不是蒙受你的恩典，怎麼會和你說這麼深切坦率、毫無忌諱的話？希望你好好考慮一下！」

這是實話，但李密現在最聽不下的就是實話，勃然大怒，抽出刀來，就要砍向賈閏甫。好在王伯當眼疾手快，硬生生地拉住，但李密兀自罵罵咧咧。賈閏甫見李密不聽，嚎啕大哭，衝李密拜了幾拜，無限哀婉地看了眾人一眼，轉身離去。

王伯當替賈閏甫說了幾句好話，李密聽了，竟然懷疑起他的忠誠，「莫非你也想學賈閏甫？」

王伯當急忙跪下來，剖白心跡，「眞正的義士當爲友盡忠，不因生死而改變自己的志向。如果你一定要按自己的想法辦，我王伯當必定誓死追隨。」

李密望著王伯當眞誠的面容，眼淚一下子就流了出來，憶當年，瓦崗寨群英薈萃，天下英雄盡屬我李密，想不到如今身邊只剩下一個王伯當了。只要肯追隨我就夠了，至於成敗，就交給老天爺吧！

事到如今，李密也不再遮遮掩掩了，將傳敕的使者和張寶德等人一股腦全部殺掉，帶著王伯當等人望桃林縣（今河南三門峽市西南）來了。

十二月三十日清晨，李密一行抵達桃林縣。李密對縣官說，他要奉敕暫返京師，希望能夠把家人安置在縣衙。縣官聽了，當然一口答應。

不一會兒，李密就帶著幾十名婦女直入縣衙。縣令親自出迎，一看就傻了，怎麼這麼多女人啊？再一瞧，這李密的家眷也未免長得太醜了吧？怎麼一個個五大三粗跟男人似的。不對，這哪裡是女人？分明就是一幫彪形大漢！

他剛反應過來，眼前刀光一閃，就什麼都不知道了。原來，這夥婦女都是李密的部下喬裝改扮的。

李密指揮眾人焚燒倉庫，搶奪糧械，一面驅趕著縣中百姓直奔熊耳山山南小道，向東急進；一面派人通知伊州的張善相，命令他派兵接應。好個李密，關鍵時刻心思依舊縝密，命人放出風去，說他要前往洛州。

假消息騙住大唐熊州守將──右翊衛將軍史萬寶，卻沒有騙住行軍總管盛彥師。

李密佔據桃林的消息傳到熊州後，史萬寶憂心忡忡地對盛彥師說道：「李密本是一代梟雄，現在又得王伯當相助，起兵反叛，恐怕很難抵擋！」

豈料，盛彥師卻表現得相當淡定，呵呵一笑，「我看不足為懼，只需用幾千兵馬截擊，就必定能砍了李密的頭。」

史萬寶大喜，趕忙問道：「你說該怎麼辦？」

盛彥師故弄玄虛，「兵不厭詐，現在還不能對你說。等我殺敵歸來，再說給你聽也不遲。」

盛彥師立即行動，率兵五千人，搶先一步抵達熊耳山，於山南要道兩側埋下伏兵。有偏將不太明白，就問他，「聽說李密準備去洛州，你卻爲何要進熊耳山呢？」

盛彥師又笑了，「這是李密的疑兵之計。他口口聲聲說要去洛州，其實是想經熊耳山山南小道投奔張善相。如果讓他先進了山谷，我方就無能爲力了。但是，現在我先進了谷，他就只有被我消滅的份了。」

盛彥師所料不錯，不一會兒，李密與王伯當等人便進入山谷。望著兩側嶙峋的峭壁，李密暗想，等走出這片谷地，便是人生的新天地了，此番我重出江湖，東山再起，將來必定能席捲天下，成就霸業。

正在暢想之間，突聽四周殺聲大作，箭如飛蝗。李密大驚，回頭正要吩咐王伯當傳令衆軍躲避，卻見王伯當身中數箭，已經死於馬下。

李密仰天長歎：蒼天，你爲何如此不公？

又一片箭雨灑了過來……

李密啊李密，蒼天不公是因爲你一錯再錯：置道義於不顧，殺害翟讓，致使人心離散，是爲一錯；殺翟讓而不殺邴元眞，留下了禍患，是爲二錯；不採納裴仁基之言，致使洛水慘敗，是爲三錯；慘敗之後不去黎陽投徐世勣，非要去長安投李淵，是爲四錯；去了長安不安分，不聽賈閏甫，逆天道而行之，終於自取滅亡，是爲五錯。犯了這麼多的錯誤，還指望老天原諒你嗎？

李密起於大業十二年，並迅速締造起輝煌的偉業，成爲隋末群雄當中的種子選手，豈料不到兩年的時間便提前出局了！

直到生命的盡頭，他才知道，那個預言之子眞的不是他。

武德二年正月，瓦崗軍殘部元寶藏、張善相先後投降。武德三年九月，杜才幹假意與邴元眞會盟，埋伏甲兵，殺死了邴元眞，以其頭祭奠李密。隨後，杜才幹以濮州降唐。

從此，世間再無瓦崗軍。

先近後遠

像劉武周、宋金剛這樣失意又失敗的人，
當然不招突厥人的待見。
宋金剛南逃中原，
突厥人很乾脆地剁掉了他的腦袋。
劉武周運氣還不如宋金剛，
人家只當他是一條狗。

第1章

天獸皇帝的末日

竇建德將宇文化及和他的兩個兒子全部被殺。隋煬帝一生想盡辦法欺壓民眾，想不到最後還是民眾的代表——泥腿子大亨竇建德替他報了仇，這真是一個天大的黑色幽默。

就在李世民擊敗薛仁杲的當月，竇建德自稱夏王，建立大夏國，定都樂壽，年號五鳳。隨後，他開展了轟轟烈烈的圈地運動，勢力急劇膨脹，很快便佔有河北和山東大部分地區。

但有兩個人嚴重阻礙了老竇的圈地運動，一個叫魏刀兒，一個叫羅藝。

說起魏刀兒，就不得不說起另外一個人——王須拔。大業十一年的二月，魏刀兒追隨好哥們王須拔在上谷（今河北易縣）起兵反隋。他們的隊伍發展極為迅速，很快便擁有了二十多萬人馬。手中有了人，哥倆兒的腰桿也硬了，尋思著要起個響叮噹的諢名。於是，王須拔自稱漫天王，魏刀兒則自稱歷山飛。

後來，漫天王王須拔在攻打幽州的戰鬥中，被流矢給射死了（漫到天上去了）。於是，副帥魏刀兒扶正，當起了老大。魏刀兒東征西討，佔據深澤（今河北省深澤縣），活動於冀（今河北省冀縣）、定（今河北省定縣）二州之間，成為河北地區僅次於竇建德的第二大勢力。

竇建德想吞併冀、定二州，便打起魏刀兒的主意。但是，魏刀兒的實力也很強，竇建德不想和他硬碰硬，於是就想了這麼個辦法——結盟。當然，是假的那一種。

魏刀兒實力不如竇建德，本就不想和老竇交戰，一聽說老竇要和他結盟，當即應允。既然是兄弟，那就沒有必要再像從前那樣防著，魏刀兒鬆懈了。哪知好人竇建德這回竟當起了壞蛋，趁著魏刀兒鬆懈之機，發動突然襲擊。魏刀兒被殺，部下大多歸順竇建德。只有一個人例外，他的名字叫做宋金剛。

如果非要用一句話來概括宋金剛這個人，那就是：相當仗義，相當有才。宋金剛和魏刀兒是拜把子的好兄弟。竇建德突襲魏刀兒的時候，宋金剛接到警報後，立即率所部四千人趕往救援。但是，竇建德早有準備，宋金剛不僅沒能救出魏刀兒，反而吃了大虧。戰後，竇建德向宋金剛拋出橄欖枝。宋金剛不屑與殺害大哥的兇手為伍，帶領殘部四千人向西跑了。

幹掉魏刀兒之後，河北大地堪與竇建德爭雄的就只剩下一個羅藝了。

羅藝，表字子延，大隋襄州襄陽（今湖北襄陽）人氏。大業年間，出生行伍世家的羅藝屢立戰功，被升為虎賁郎將，駐守涿郡。

隋末農民戰爭爆發以後，天下大亂。涿郡這個地方物產豐饒，加之又曾是討伐高句麗的大本營，武器、糧草要多少有多少，而且郡中的臨朔宮裡滿是財寶。所以，各路人馬都想奪取涿郡，涿郡因此成為四戰之地。

大業十二年年底，羅藝發動兵變，大開糧倉，賑濟窮人，「柳城、懷遠並歸附之」。羅藝自稱幽州總管，從此成為一方諸侯，「威振邊朔」。

這個羅藝就是《隋唐演義》中羅藝的歷史原型。

演義中的羅藝，早在隋文帝時期便是一路軍閥了，坐鎮涿郡，號稱北平王。他有一個兒子，名叫羅成，而且還是秦瓊秦叔寶的表弟。這個羅成可是個相當厲害的人物，名列「十八傑」第七，又叫羅神槍，胯下一匹西方小白龍，掌中五鉤神飛亮銀槍，從沒打過敗仗，人稱「常勝將軍」。

演義和歷史當然是有出入的，首先，羅藝發跡是在隋煬帝大業末期，隋文帝時期幽州的守將另有其人；其次，羅藝根本就沒有羅成這個兒子，羅成的原型是與羅藝同時期的羅士信；最後，羅藝和秦瓊也沒有任何的親戚關係，八竿子打不著。

在民間傳說當中，羅藝手下有一支戰鬥力極其恐怖的王牌騎兵部隊——燕雲十八騎。這支部隊總共只有十八個人，個個身著寒鐵戰衣，腰佩圓月彎刀，臉戴面罩，頭蒙黑巾，只露雙眼，披一件黑色披風，踏一雙胡人馬靴，負一張黃楊大弓，配箭十八枝。他們只在大漠地區活動，很少進入中原，來無影，去無蹤，神出鬼沒。除了羅藝，只有一種人見過他們的眞面目，那就是死人。每次他們出現的時候，都會給敵人帶來一次慘絕人寰的大屠殺。

其實，什麼燕雲十八騎的都是浮雲，歷史上並不存在。羅藝眞正的得力助手是薛世雄和他的五個兒子。也正是因爲這層關係，竇建德派人來招降的時候，羅藝想都沒多想，直接拒絕了。

羅藝還說了，「吾聞唐公已定關中，人望歸之。此眞吾主也，吾將從之。」恰逢李淵派人招撫，羅藝便奉上降表，歸附李唐。十二月十三日，李淵頒下敕書，任命羅藝爲大唐幽州總管。

竇建德惱羞成怒，親率十萬大軍圍攻幽州，結果被羅藝和薛家兄弟打得大敗而歸。但心頭這口惡氣實在憋得難受，於是竇建德就琢磨著怎麼發洩一番。這一琢磨，就琢磨到宇文化及的頭上了。

因爲，宇文化及現在占了他的聊城（今山東聊城）。

童山大戰之後，宇文化及率殘部兩萬人北走魏縣。根據正常人的智商水準，到了這般田地，理應低調求生存，可是宇文化及不知道哪根筋抽住了，愣是要自尋死路，反倒生出了稱帝的念頭。

有隋一代，宇文化及創造了一項紀錄無人可及：先後弄死兩個皇帝。上次弄死隋煬帝，他送了一根繩子，現在弄死傀儡皇帝楊浩，他送了一杯毒酒。武德元年九月，宇文化及在魏縣自稱大許國皇帝，年號天壽（天生禽獸）。

當時，李密、竇建德、王世充等人都比較忙，沒時間搭理他，所以宇文化及過家家的遊戲一直玩到新的一年（武德二年）。這一點，他比李密要幸運。但新年一過，壞事就來了。

正月十八日，大唐山東道安撫大使——淮安王李神通率軍進攻魏縣。苟延殘喘的宇文化及哪是李神通的對手，被打得抱頭鼠竄，向東跑到了聊城。李神通又不依不饒地追了上來，將聊城圍了個水洩不通。

竇建德一直把聊城視作自己的地盤，李神通將宇文化及攆到了聊城，他可就坐不住了。二月初，老竇親率大軍開赴聊城。李神通欺負欺負宇文化及還行，對付竇建德這種猛人，他可幹不了，竇建德前腳剛到，他就很知趣地帶人閃了。可憐宇文化及又被竇建德圍上了。

不過，宇文化及也不是很慌，因爲他現在多了一個幫手——造反派鼻祖王薄。

當年，王薄一曲《無向遼東浪死歌》引爆了一個時代，推倒了一個王朝，但他的能力實在有限，被張須陀接連揍了幾次後便元氣大傷，再也沒發展起來，而且還窮得要死。宇文化及正是看中了這一點，用金銀財寶硬是把王薄給招過來了。鼻祖墮落至此，眞是讓人不勝唏噓。

王薄寫寫歌、吹吹牛還行，對付竇建德，想都不敢想，爲了點錢財就把小命搭上，這種蠢事他可不幹。在一個月黑風高的夜晚，他悄悄地打開聊城的大門，門外的夏軍一擁而入。宇文化及就這樣被當餃子一樣給包了。

竇建德進入聊城後做的第一件事情，大家絕對想不到。他竟然身著孝服去拜謁（注意我的用詞）大隋第一夫人——隋煬帝的遺孀蕭皇后。在謁見過程中，老竇對蕭皇后畢恭畢敬，張口閉口就是「臣」。

有人可能會問，隋朝害得老竇家破人亡，他應該像李密一樣，與隋朝不共戴天才對啊，怎麼會對蕭皇后如此恭敬，還自稱爲「臣」呢？

理解不了？你們參照這個人就會理解了——宋江。

竇建德是一個非常正統的人，有著非常強烈的君臣觀念，本來只想做一個良民，只因爲遭受了冤假錯案，才參加起義軍。但當上了反賊的竇建德無時無刻不想著「從良」，也正因爲如此，自始至終都沒有稱帝。

現在，這個「從良」的機會終於被他等到了。

竇建德將參與殺害隋煬帝的宇文智及、楊士覽、元武達、許弘仁、孟景等人，當著蕭皇后和隋朝文武大臣的面，全部斬首示衆。

隨後，他用檻車載著宇文化及和他的兩個兒子宇文承基、宇文承趾（演義中的大隋第一勇士宇文成都純屬虛構）來到襄國（今河北邢台）。臨刑之前，竇建德問宇文化及還有什麼遺言。宇文化及想了想，就說了四個字，「不負復王（不後悔稱帝）」！隨後，宇文化及和他的兩個兒子全部被殺。

隋煬帝一生想盡辦法欺壓民衆，想不到最後還是民衆的代表——泥腿子大亨竇建德替他報了仇，這眞是一個天大的黑色幽默。倘若他泉下有知，不知道會怎麼想？

宇文述的三個兒子當中，只有宇文士及活了下來。因爲，宇文士及有個好哥們，名叫李淵。宇文士及與李淵曾同殿爲官，李淵時任殿內少監，宇文化及時任尚輦奉御，兩人關係非常好。宇文化及到黎陽時，李淵曾親手寫了一封信給他，希望他能到長安。宇文士及也精明，暗中派家僮從小路趕到長安，表示想回長安。

聊城陷落之時，宇文士及正好在濟北辦事，收到消息後，便帶著部下封德彝投降李唐。李淵對他的到來表示熱烈歡迎，並任命他爲上儀同。不過，宇文士及並不開心，因爲他老婆和兒子落在竇建德的手上。

說起來，宇文士及的老婆可大有來頭，赫然是隋煬帝和蕭皇后的女兒南陽公主。

隋煬帝除了三個兒子外，還有兩個女兒，長女便是南陽公主。本來兩口子非常恩愛，但是自從父皇被殺以後，南陽公主就再也沒有理過宇文士及。南陽公主給宇文士及生了一個兒子，名叫宇文禪師。

竇建德認爲，宇文禪師是宇文家的孽種，應該殺掉，就派虎賁郎將于士澄來問南陽公主，「宇文化及犯大逆罪，兄弟的兒子都要連坐從死，如果妳捨不得禪師，會替妳留下他來。」

南陽公主聽了，眼淚唰地就流了下來，思慮良久，說了這麼一句話：「你既然是隋室的大臣，這事還用得著問我嗎？」

於是，竇建德就把宇文禪師給殺了。南陽公主隨後便出家爲尼。除了蕭皇后和南陽公主，隋煬帝次子齊王楊暕的遺腹子楊政道和大隋的精英也全部落入竇建德的手中。

竇建德任命隋朝的黃門侍郎裴矩爲左僕射，兵部侍郎崔君肅爲侍中，少府令何稠爲工部尚書，右司郎中柳調爲左丞，虞世南爲黃門侍郎，歐陽詢爲太常卿。對其餘的隋朝官員，願意留下的，竇建德就授予他們官職，不願意留下的，想去長安、洛陽還是老家，悉聽尊便，不僅給路費給乾糧，而且還派兵保護他們出境。

兩個月後，義成公主自突厥派人來了，希望竇建德能將蕭皇后、南陽公主和楊政道送到突厥。竇建德一口答應，還派了一千多騎兵一路護送，並且免費贈送宇文化及的腦袋一顆。

這就是竇建德，一個讓你覺得不可思議卻又眞實存在過的竇建德。

第2章

天興皇帝坐不住了

有了突厥人支持，劉武周決意南下進攻李唐。正要動兵之際，始畢可汗卻突然發病去世。正值最高權力交接之際，突厥人可沒心思南下。劉武周左等右等，等不住了。

武德二年三月對李淵來說，是極其鬧心的一個月。

月初，有人從遙遠的河西地區（今甘肅省黃河以西地區）給李淵帶來一封信。老李打開一看，氣得差點沒背過去，只見信的開頭第一句赫然是：「皇帝的堂弟、大涼國皇帝、臣下李軌……」

李淵勃然大怒，他媽的，這不是把我當猴耍嗎？

當今天下還有人敢耍弄李淵？

還眞有，這個耍弄李淵的人名字叫做李軌，隋末群雄之一，自稱河西大涼王，與隴右的薛舉平分甘肅。

李軌，字處則，武威姑臧人氏（今甘肅武威民勤縣人）。這老兄機敏善辯，喜好讀書，雖然「家富於財」，但卻能時常「賑窮濟乏」，在武威地區有紮實的群眾基礎。

大業十三年的七月，薛舉佔據金城雄起的消息傳到武威府，引起時任鷹揚府司馬李軌的高度重視。和殘暴兇狠的薛舉不同，李軌是一個宅心仁厚的謙謙君子。他斷言，薛舉不久之後就會來攻打河西，屆時河西必定生靈塗炭。

李軌決心挽救河西生靈，便與自己的好哥們曹珍、梁碩、安修仁等人商量，「薛舉已經佔有了隴右，下一步肯定是要向河西發展了。咱們郡中的主要官吏都是昏庸怯懦之輩，就憑他們的能力，根本擋不住薛舉。依我之見，與其跟著這些昏官任人魚肉，還不如咱們哥幾個起兵，推翻郡官，保境安民！」

他的話深深打動曹珍等人，大伙都覺得李軌說得在理，紛紛表示絕對支持。但常言說得好，蛇無首不行，鳥無頭不飛，造反這事兒，總得有個挑頭的吧！選誰來當老大呢？這是個問題！

別以爲老大很好當，贏了，當然屬他最風光，輸了，也是他最先掉腦袋。大家紛紛「謙讓」，誰也不肯坐這頭把交椅。曹珍腦子比較活，「行了，都別讓了！你們難道沒聽說過『桃李子，有天下』的童謠嗎？都說李氏當王，我看李軌就是那個預言之子。咱們乾脆就擁護他當老大吧！」

此言一出，衆人立即附和，都說非李軌莫屬。李軌一張嘴哪能說得過他們，無奈之下，只好點頭答應。衆人說幹就幹，七月初八，李軌帶著一班小弟起兵，囚禁了郡官，隨即自稱河西大涼王。

他猜得不錯，就在這個月，薛舉稱帝建國，並派軍渡過黃河，攻打武威。李軌早有準備，一舉擊敗西秦軍。

隨後，張掖、敦煌、西平、枹罕歸降李軌，至此，河西五郡全部爲李軌所有，李軌成爲名副其實的河西王。

其實，李軌和李淵本沒什麼聯繫，畢竟中間還隔了個薛舉嘛！但是，武德元年二月發生的一件事為兩人的迅速接近創造了條件。

話說當月，薛舉聯合突厥將領莫賀咄設，圖謀進攻李淵。莫賀咄設不是人名，而是官名，此人眞正的名字叫做咄苾。咄苾的身份尊貴，是前任可汗啓民的三兒子，現任可汗始畢是他大哥。

無論莫賀咄設，還是咄苾，都是中國歷史上的超低頻辭彙，知名度非常低。但在不久的將來，莫賀咄設咄苾將以另外一個身份出現在史書當中，並成爲隋唐之際的風雲人物。到底是誰呢？先賣個關子，咱們以後再說。

老李情報工作搞得好，薛舉的計劃很快就被他掌握了，他決心將敵人的會攻計劃扼殺在搖籃當中。李淵先是給莫賀咄設送去一份厚禮，繼而又向他陳述利害得失，建議他不要出兵。

也不知老李究竟向使者傳授了什麼秘訣，莫賀咄設居然答應了，不僅答應不出兵，而且還把控制下的五原、武都、宕渠等郡全都讓給了李淵。薛舉精心炮製的會攻計劃轉眼泡了湯。

這件事情也啓發了李淵，既然薛舉能找幫手，那他老李也完全可以照葫蘆畫瓢呀！於是，李淵就把可能的外援扒拉了一遍，最後選中了一個人，正是河西王李軌。

李淵爲什麼會看上李軌呢？原因有二。

首先，薛舉的勢力範圍在隴右，而李軌的勢力範圍在河西，正好位於薛舉的後方，和他聯合，可以收到兩路夾擊之效；其次，李軌和薛舉有仇，兩人曾經幹過一仗，關係非常緊張，李軌的反秦立場十分堅定。

老李立刻派使節秘密前往大涼政權的首都涼州招撫李軌。李淵還給李軌寫了一封信，搬出「天下同姓是一家」的老話，稱呼李軌爲堂弟。這一招還是蠻好使的，李軌接到信後十分高興，立即派弟弟李懋入貢，向李淵稱臣。

他高興，李淵更高興。八月，老李任命李懋爲大將軍，並派鴻臚少卿張俟德即刻啓程，趕往涼州，擬任命李軌爲涼州總管，封涼王。

本來，老李是想著聯合李軌前後夾擊薛舉父子的。豈料，李世民能力太出衆，僅用了兩個月就把西秦國打垮了。十一月初九，走投無路的薛仁杲出城投降。

此時的李淵還不知道，他親愛的皇堂弟李軌已經於五天前即皇帝位了。

沒什麼特別的原因，李軌就是等不及了，皇帝誰不想當啊？

本來，他是想等李淵的使者來了以後再說，豈料左等右等，就是不見李唐那邊有人來。那個年代也沒有手機、電話、網路啥的，李軌還以爲李淵不派人了，一個把持不住就稱了帝。

其實，張俟德早在八月份就上路了，但當時李唐和西秦打得熱火朝天，薛仁杲能讓李唐的使者從自己的地盤上經過嗎？張俟德敢從薛仁杲的地盤上過嗎？所以，張俟德只能等，一直等到薛仁杲被搞定，才動身趕往涼州。

武德二年二月初，張俟德終於趕到了涼州。看完了李淵的冊封敕書，李軌傻了眼。老李要封他做涼王，豈料他早已登基稱帝了，一國不容二主，這事兒該怎麼辦？問題很棘手，李軌只得召集群臣商討此事。

李軌的想法是去掉帝號，接受唐朝的封爵。

但曹珍堅決不同意，「隋朝失去天下，天下人共爭君位，稱王稱帝的，豈只一人？唐朝在關中稱帝，涼朝在河右稱帝，本來不相妨礙。況且你已經做了天子，何必又自己貶黜自己呢？」

李軌心中本來就有幾分不樂意，聽了曹珍的話當即拍板：你當你的皇帝，我當我的皇帝，咱們井水不犯河水。不過，禮數還是要走的，所以二十八日，李軌派使者出使李唐。這才有了本文開頭的那一幕。

李淵大怒，當即扣押使者，並立即將消滅李軌一事提上了議程。

滅涼政策還沒研究好，三月二十三日，又出事了，代北的劉武周率三萬精兵南下，進攻晉陽。

劉武周怎麼會突然對李唐動手呢？這就要從去年說起了。去年十一月，淺水原大戰，李世民大破薛仁杲，西秦勢力煙消雲散。消息傳出，天下震盪。其中，盪得最厲害的就是李淵的老鄰居劉武周。

劉武周也是個精細人，看得很明白，西秦帝國一完蛋，李唐東進南下的後顧之憂便不存在了。那麼，誰會是李淵的下一個目標呢？很簡單，必然是緊挨李唐、盤踞代北的自己了。這該怎麼辦呢？劉武周犯了愁！

正當他萬般糾結的時候，武德元年的年底，有一個人主動找上了門。這個人大家都認識，他就是歷山飛魏刀兒的部將宋金剛。

話說宋金剛被竇建德擊敗以後，帶著殘部四千人一路向西逃竄。

區區四千人，自立門戶是不可能了，宋金剛決議尋找一個新東家。從地緣上講，有三個人可供他選擇：一個是洛陽的皇泰主楊侗，一個是長安的大唐皇帝李淵，一個是馬邑的天興皇帝劉武周。

宋金剛是絕對不會去洛陽的，因為他是農民出身，對朝廷持嚴重不信任態度；再說了，他還是反隋義軍的領袖，接受朝廷招安這種沒骨氣的事，老宋絕對不會幹。老子是宋金剛，不是宋江！

長安也不能去，因為魏刀兒這支義軍和李淵有仇。大業十二年的四月，魏刀兒派宋金剛的好友——大將甄翟兒率衆十萬，進攻太原。十二月，隋煬帝任命李淵爲太原留守，讓他率兵討伐甄翟兒。

雀鼠谷一戰，李淵所部幾千人被甄翟兒大軍重重包圍，險象環生。虧得李世民及時率兵援救，不僅救出了李淵，還一舉擊敗了甄翟兒。從此，魏刀兒便退出代北，專注在河北發展了。

有這件陳年往事擺著，宋金剛不能去長安。

只有去馬邑投劉武周了！

他算是選對了。聽說大名鼎鼎、俠肝義膽的宋金剛來降，劉武周高興得都快要瘋了。爲了籠絡宋金剛，劉武周做了三件相當力的事：一是冊封宋金剛爲宋王，並將全軍的指揮大權交給老宋；二是將個人財產一半送給宋金剛；三是將自己的妹妹許配給他。

劉武周的器重與信任深深感動了宋金剛，下定決心，用自己的全部智慧與氣力爲劉武周效忠。宋金剛看得遠，以確定、一定及肯定的口吻告訴劉武周，李唐的下一個目標必定是他。

宋金剛認爲，與其等李唐做好準備來進攻，還不如趁其不備主動出擊，先打晉陽，後打長安，進而南下爭天下。

他的這番話說得老劉熱血沸騰，心潮澎湃。但劉武周的妹夫苑君璋卻持相反意見，

「李淵僅憑一個州的兵力就拿下了長安，所向無敵。我想，這一定是上天在幫助他。咱們不如北面聯合突厥，南面與李唐結交，做這代北的一方霸主就夠了。」

劉武周又有些猶豫了，決定去徵求突厥主人的意見。幾天後，始畢可汗的答覆回來了：強烈支持他進攻太原，而且還要聯合朔方的梁師都派兵相助。

這始畢可汗不是老李的盟友嗎？怎麼突然變臉了呢？

原來，當上皇帝的李淵露出了「本來面目」，並沒有兌現當初「金玉繒帛歸突厥」的承諾。始畢可汗氣得大發雷霆，聽說劉武周有意攻打李唐，當即舉四肢贊同。

有了突厥人支持，劉武周便再無顧慮了，決意南下進攻李唐。

或許是氣炸了，始畢可汗比劉武周還要積極。二月，他親率大軍渡過黃河，抵達夏州，與梁師都的人馬會師。始畢可汗撥了五百人馬給劉武周，並同劉武周商定，劉武周從馬邑，他從句注，分兩路入侵太原。

正要動兵之際，始畢可汗卻突然發病去世。

始畢只有一子什缽，這個什缽現在還是個小屁孩。讓一個小孩兒當大汗？別扯了，突厥人可沒有漢人那麼講究！義成公主同一班老臣擁立始畢可汗的弟弟、啓民可汗的次子俟利弗設爲突厥新任大汗，史稱處羅可汗。處羅可汗即位的第一件事情就是娶嫂子義成公主爲老婆。

正值最高權力交接之際，突厥人可沒心思南下。

劉武周左等右等，等不住了。三月二十二日，他留苑君璋守衛朔州，以宋金剛爲西南道大行台，率胡漢精兵三萬人進犯晉陽。

第3章

蠢人李軌的覆亡之路

一蠢二蠢再蠢，蠢到極處，就得蠢死了。河西軍民早就對李軌失望透頂，紛紛出城投降。安氏兄弟率領大軍殺入城中，李軌被俘。消息傳出，河西五郡紛紛歸附大唐。

正當李淵琢磨著怎麼對李軌下手的時候，李軌卻在犯蠢的道路上大踏步地前進著。吏部尚書梁碩是李軌的老兄弟，也是他的主要智囊，為大涼政權跑前跑後出了不少力氣。本來，李軌對梁碩也不錯，素來信任有加。但是，梁碩接連得罪了兩個人之後，情況就完全變了。

第一個是胡人出身的戶部尚書安修仁。

梁碩發現，河西地區的胡人部落近年來人口大幅增加，覺得這不是什麼好事，便提醒李軌要加以防備。但他忽略了一點，他的同僚安修仁就是本地的胡人。他要求李軌防備胡人，安修仁的忐忑和憎恨可想而知。

第二個就是李軌的兒子——皇太子李仲琰。

一次，李仲琰去拜訪梁碩。梁碩倚老賣老，在李仲琰面前擺足了架子，搞得李仲琰下不了台。李仲琰嘴上雖沒說什麼，心中卻深恨梁碩。

因為恨梁碩的緣故，安修仁與李仲琰很快就結成反梁碩統一戰線，一起在李軌面前搬弄是非，誣陷梁碩陰謀反叛。

按理說，這麼多年的老兄弟了，李軌應該很瞭解梁碩才是。豈料，他竟然對安修仁與李仲琰的鬼話深信不疑，派人毒死了梁碩。

梁碩提防胡人，這是為國家利益考慮，並無過錯；不給李仲琰面子，雖是過錯，也只是小錯，錯不至死。至於謀反，那根本是子虛烏有，純屬造謠。一班老兄弟看在眼裡，寒在心中。

害死梁碩，這是李軌做的第一件蠢事，但他並沒有在犯蠢的道路上裹足不前。李軌這個人什麼都好，就是有兩點：一是耳朵根子軟，二是特別講迷信。

河西地區巫蠱橫行，迷信成風。有一天，一個胡巫忽悠李軌說：「上帝要派玉女從天而降了。」

這鬼話誰會信啊？別人信不信無所謂，反正李軌是信了。他不僅信了，而且還建造一座極其奢華的玉女台，用來迎接即將降臨的玉女。爲了造好玉女台，李軌強行徵集大批百姓服徭役，並耗費大量的民脂民膏，搞得老百姓們怨聲載道。

如果僅僅是以上兩件事，還不至於完全失掉民心。但緊接著，李軌又辦了一件更大的蠢事，終於把自己推到人民群衆的對立面。

就在這年年初，河西地區罕見地鬧起大饑荒，最後甚至發展到人吃人的地步。

起初，李軌做得還是很不錯的，將自己的全部家當都拿出來賑濟災民。但是，他個人的力量畢竟有限，投進去的錢糧根本就是杯水車薪。李軌考慮了半天，打算打開國家糧倉放糧救災。

但國庫存糧關乎戰略儲備，茲事體大，得先徵求群臣的意見。

以曹珍為首的老同志力主開倉賑災。豈料，有兩個人堅決不同意。這兩個人就是原大隋武威郡的主官虎賁郎將謝統師和郡丞韋士政。

舉事之初，李軌和曹珍等人在如何處理謝統師和韋士政的問題上，發生了分歧。曹珍等人強烈要求將謝統師和韋士政幹掉，抄沒他們的家產。但李軌不同意，「咱們起兵就是為了拯救百姓，殺人越貨，這和強盜有什麼分別？」

李軌不僅沒有採納曹珍等人的建議，反而還任命謝統師為太僕卿，韋士政為太府卿。但事實證明，除惡務盡這句古訓還是很有道理的。謝統師和韋士政並不是郝瑗式的人物，並沒有將李軌的恩情記在心上，反而一直謀算著如何報復李軌和曹珍，只是苦於沒有合適的機會。

現在，這個機會終於來了。謝統師和韋士政一起擠對曹珍，「瘦弱的人才會被餓死，健壯的怎麼餓也餓不死。國家糧倉裡的糧食是戰略儲備，怎麼能用來餵養那些瘦弱的人呢？你只想著自己落個好名聲，卻絲毫不為國家考慮，不是個忠臣。」

這種混話，稍微有點智商的人都能聽得出來。但李軌居然信了，就按謝統師和韋士政說的辦，沒有開倉放糧，聽任那些瘦弱的人餓死。結果，無論是曹珍等老同志，還是人民群眾，都對他大失所望。李軌徹底失去了民心。

與此同時，李淵也終於想到對付李軌的好辦法。唐軍主力得留著對付劉武周用，所以只能借刀殺人了。

找誰來操刀呢？

老李瞄上了一個人，青海的吐谷渾一哥伏允可汗。

話說當年，隋煬帝親率大軍圍攻吐谷渾，伏允可汗打了一個大大的敗仗，只得率數千殘部逃奔黨項。隨後，隋煬帝便扶立在大隋充當人質的伏允之子慕容順爲吐谷渾新任可汗。不過，慕容順這個可汗當得相當憋屈，因爲楊廣並沒有讓他回國即位，而是將他軟禁在江都。後來，恰逢隋煬帝發動征遼戰爭，中國大亂，伏允可汗趁機收復了原有的領地，吐谷渾重振聲威。

李淵稱帝建唐以後，慕容順從江都來到長安，歸順了大唐。碰巧老李現在要對李軌用兵，一下子就想到他這張牌。

於是，李淵派人與伏允取得聯繫，說慕容順在他手上，只要伏允肯進攻李軌，他就會把慕容順還給伏允。伏允愛子心切，當然一口答應，隨即派兵進攻李軌，李淵如約將慕容順送回了吐谷渾。

伏允在青海，李軌在甘肅，兩人離得特別近，再加上吐谷渾的騎兵非常厲害，李軌被折騰得夠嗆。但是，也僅僅是夠嗆而已。你李淵把算盤打得賊響，人家伏允就不會算帳嗎？爲了李淵這個不相干的人拼盡全力，這種傻事他才不幹呢！

老李自己也很清楚，心裡還是很犯愁。直到有一天，有個人求見，說是他有法子擺平李軌。李淵大喜，當即命人傳入。

來者名叫安興貴，官方身份是大唐的臣子，私人身份是李軌麾下重臣安修仁的親哥哥。安興貴說他有把握說服李軌歸降，李淵不信，「河西地形險要，朕聯合吐谷渾、突厥，都擔心不能取勝。你憑一張嘴就能辦到？」

安興貴笑了，「陛下，我們老安家世居涼州，在當地頗有群眾基礎。我弟弟安修仁現在是李軌手下的重臣，我家的很多子弟都在李軌手下當官。你就讓我去說服李軌，他肯聽我的，那自然再好也不過了；他要是不聽，我就聯合子弟們解決他。」

李淵一斟酌，當下也沒有更好的辦法了，便立刻派安興貴前往涼州。

五月初，安興貴抵達涼州。因爲他是安修仁的親哥哥，李軌對他的到來表示了熱烈的歡迎，並當即任命他爲左右衛大將軍加以籠絡。

安興貴並沒有忘記自己的使命，找了個機會勸李軌，「陛下，咱們涼國的轄地不過千里，土地貧瘠，百姓窮困。如今，大唐戰必勝，攻必取，這恐怕是天意啊！您不如以河西之地歸唐。」

這話說得有點早了，李軌一聽，臉色刷地晴轉多雲了。

安興貴的錯誤就在於他忽略了皇權對一個人的誘惑，李軌已經深深地愛上當皇帝的感覺，你現在讓他放棄，他能幹嗎？

李軌冷冷地回道：「河西地形險要，李唐雖然強大，又能拿我怎麼樣？」緊接著，又問了一個極其恐怖的問題，「你莫不是為李唐當說客的吧？」

這句話嚇得安興貴渾身直冒冷汗，趕緊忽悠李軌說：「當然不是了。我全家都享受著陛下賜予的榮華富貴，我怎麼會投靠李唐呢？我只不過是說說自己的想法罷了，採納不採納全憑您決斷。」

耳根子軟的李軌竟然又信了。事到如今，人類已經阻止不了他的愚蠢了。一蠢二蠢再蠢，蠢到極處，就得蠢死了。

回到家中，安興貴依舊「心在跳，情在燒」，立即找來弟弟安修仁，商討如何對付李軌。因為梁碩那件事，安修仁早就對李軌不滿了，再加上他也覺得跟著李軌混不如跟著李淵有前途，便毫不猶豫地答應。

哥倆說幹就幹，立即聯合河西諸胡，於十三日突襲李軌。

事發突然，李軌倉促應戰，被諸胡聯軍擊潰，只得退入城中，堅守不出。安氏兄弟指揮大軍將涼州城圍了個水洩不通。安興貴對城裡軍民喊話：「大唐皇帝派我來誅滅李軌，有誰膽敢援助他的話，誅殺三族。」

河西軍民早就對李軌失望透頂，聽了安興貴的話，紛紛出城投降。李軌見狀，自知敗局已定，只得帶著妻兒登上玉女台。須臾，安氏兄弟率領大軍殺入城中，李軌被俘。消息傳出，河西五郡紛紛歸附大唐。

不久，李軌被押送到長安。

李淵十分乾脆地將李軌全家殺於長安鬧市。至此，甘肅地區完全併入李唐版圖。

第 4 章

雀鼠谷之戰

追著追著，唐軍就追到了介休城郊的雀鼠谷。當他們醒悟過來時，才發現腳下的道路已經越來越狹窄了。只聽兩岸的懸崖峭壁之上，突然連珠炮響，殺聲四起，轉瞬之間，四周都是天興軍的旗幟。

李軌死了，但他的死並沒有讓老李高興太久。就在涼州城破後的第六天，劉武周的大軍便攻佔了平遙。

天興軍（劉武周年號天興）前進的速度極快，三月二十二日南下，四月初一便抵達黃蛇嶺。在黃蛇嶺，劉武周與唐將車騎將軍張達幹了一仗，張達理所當然地失敗了。

爲什麼說理所當然呢？以一百多人對抗五千人，焉能不敗？勝了反倒不正常了！

有人不禁好奇，張達腦袋沒事吧？帶著一百多人就敢對付五千人？

他的腦袋沒問題，但是他的領導腦袋有問題！

這個極品的領導是誰啊？

張達的領導赫然便是李淵的四小子——并州總管李元吉。

李元吉醜得驚世駭俗。李家四兄弟，老大建成一表人才，風流倜儻，老二世民也是一副魁偉的男人模樣（具體參見李世民的宮廷畫像），老三元霸雖然早年夭亡，但想來也不至於太差，唯獨這李四卻是醜得出奇。

醜到什麼程度呢？估計醜到臉被卡車輾過的程度。他剛生下來的時候，老媽竇氏只看了一眼，心就冷颼颼的。竇夫人不願意撫養這個醜兒，命人把他丟到荒郊野外。侍女陳善意人如其名，覺得這樣太過殘忍，又偷偷將李元吉抱了回來，秘密撫養。

等到李淵回家後，陳善意便將詳情告訴李淵。手心手背都是肉，老李倒是不嫌棄兒子醜，李元吉這才保住小命。

做母親的怎麼會嫌棄自己的孩子呢？李元吉居然醜到讓親生母親都無法忍受，其醜簡直無法想像。

李元吉謀了個好差事，大業十三年七月初四，也就是義軍舉兵西進的前一天，李淵任命他爲太原留守，全權處理後方一切事務。

打這以後，李元吉就一直在晉陽待著，躲過了西進大興的所有戰爭，躲過了平定薛氏父子的戰爭，小日子過得那叫一個滋潤啊！

但該有的封賞，人家一點兒都沒少。十一月二十二日，已經是唐王的李淵封他爲齊公。武德元年三月初四，老李又任命他爲鎮北將軍、太原道行軍元帥，都督十五郡軍事。稱帝之後，李淵又冊封李元吉爲齊王。

李元吉不僅奇醜無比，還是個天生的壞胚。

李元吉酷愛打獵，光是裝載打獵工具的車，就有三十輛之多。他曾經聲稱，「我寧三日不食，不能一日不獵。」

打獵也行，你打你的獵，別騷擾百姓啊！他偏不，每次打獵，都要踐踏民田，有的時候打不著獵物，就拿老百姓家的牲畜來充數。結果，「境內六畜，因之殆盡」。

李元吉府上的大門從來都不關。因爲，每天晚上李元吉都要出去泡妞，有時候是去妓院，但更多時候則是去禍害白天盯上的良家婦女，回來得晚，所以門得給他留著。

李元吉還喜歡在大街上射箭，看到群眾躲避弓箭的狼狽樣子，他就開心得哈哈大笑。後來，他又嫌這樣不過癮，便讓手下的奴隸和侍妾披著鎧甲相互打鬥。刀劍無眼，經常搞出人命，但李元吉並不在意，依舊我行我素。

有一天，他親自參加遊戲，結果被別人不慎刺中。他的奶媽陳善意看見了，十分心疼，就不讓李元吉再玩了。李元吉暴跳如雷，居然命人將陳善意活活地扯死。早知道，就讓這個王八蛋餵野狗去！

通過以上種種就可以得出一個結論：這個傢伙不僅智力有問題，還可惡至極！

讓一個智商有問題的公子哥兒指揮戰爭，鐵定是要出事的。收到劉武周率五千精兵逼近黃蛇嶺的消息後，李元吉就讓命張達率一百多人出戰，理由居然是：先試探一下敵人的虛實。

張達都快哭死了，區區一百多人，探個屁啊！

李元吉大怒，強令張達出戰。張達無奈，只得率領這一百多人趕到黃蛇嶺送死。只一個衝鋒，這一百多條鮮活的生命就從人間消失了，張達暴怒，當即便投降了劉武周。第二天，他就引著劉武周的大軍攻陷了榆次。

十六天後，天興軍便出現在晉陽城下。李元吉嚇壞了，倉促集結人馬迎戰。好在當時劉武周帶的人並不多，李元吉才勉強將老劉擊退。戰後，李元吉立即飛書長安求援，老爹快來救我啊，我快被劉武周砍死。

李淵一聽寶貝兒子有危險，立即於二十日下敕，命左武衛大將軍姜寶誼、太常卿李仲文率軍救援晉陽。姜寶誼和李仲文還沒到，五月十九日，劉武周便攻破了平遙，六月初十，又攻陷了介休。

介休城池堅固，兵精糧足，本不至於驟然失陷，但誰讓城中出了一個內鬼呢！這個內鬼是一個僧人，法號道澄。古希臘的奧德修斯在攻打特洛伊城的時候搞了一齣木馬計。無獨有偶，道澄也玩了個類似的把戲，用佛幡做偽裝，將劉武周的突擊隊運入城中。於是，介休城當天就陷落了。

此時，姜寶誼和李仲文的援軍剛剛抵達介休。在這裡，他們遭遇了劉武周的部將黃子英。姜寶誼和李仲文發現，天興軍的戰鬥力並沒有想像的那麼強，一連三次，都是一觸即潰。當黃子英第四次來挑釁的時候，姜寶誼和李仲文被惹毛了，決心將其徹底消滅，出動全部兵力追擊。

追著追著，唐軍就追到了介休城郊的雀鼠谷。當他們醒悟過來時，才發現腳下的道路越來越狹窄。接下來發生的事情就和歷史上很多戰事的情節相雷同了。只聽兩岸的懸崖峭壁之上，突然連珠炮響，殺聲四起，轉瞬之間，四周都是天興軍的旗幟。

原來，狡猾的黃子英預先在這裡埋伏下一支奇兵，先前交戰失利、四散奔逃，只不過是為了誘敵深入的障眼法。驕傲自大的唐軍輕敵冒進，果然上當受騙。

自古以來，等待驕兵的結果就是兩個字：必敗！唐軍大部被殲，主帥姜寶誼、李仲文被俘。但這哥倆比較機靈，瞅了個空子，又逃了回來。

戰敗的消息傳到長安，李淵的頭又開始痛了，這該怎麼辦呢？誰都沒想到，在這個關鍵時刻，裴寂竟然會站出來，主動要求去晉陽前線對付劉武周。

裴寂和李淵有著非常深的交情，當年李世民都要借助他的影響力來說服自己的父親。晉陽起兵之後，裴寂特意大手筆襄助自己的好朋友。他利用職務之便，一口氣提供給義軍鎧甲四十萬領、彩布五萬緞、大米九萬斛。此外，他還將晉陽宮中的五百名宮女送到軍營，官方說法是從事縫補衣服等雜務，具體幹什麼就不清楚了。「職業三陪」張美人和尹美人則被送到了李淵的府上。

老李萬分感激，從此在心中給老裴重重地記了一筆。

老李是個知恩圖報的人，進入長安後不久，即讓傀儡皇帝楊侑提拔裴寂為大丞相府長史，進封魏國公，食邑三千戶；此外，還賞賜給裴寂良田一千頃、豪華別墅一棟、布匹四萬緞。老李給裴寂這麼大的好處，感激之情、信任之意可見一斑。

後來，老李打起了龍椅的主意。當然了，他本人是絕對不會說「我想當皇帝，你們快擁立我吧」之類的話。

老李的矯揉造作別人看不出來，卻瞞不過裴寂的眼睛，於是傀儡皇帝忽然開竅了，提出退位讓賢的想法。老李拼命地推辭，大臣們紛紛勸說，可李淵偏偏「高風亮節」，就是不上座。

關鍵時刻，裴寂跳了出來，引經據典地勸李淵說：「夏桀和商紂王敗亡之時，他們的兒子都在，但是商湯和周武王卻並沒有臣服於他們的後代，而是自己當了天下之主。」他還撂下了狠話，「我的權位和俸祿都是大唐給的，如果你不當大唐的皇帝，我就辭官不幹了。」

他的表態給李淵掙足了面子。在裴寂一手策劃下，老李高高興興、體體面面地登上皇帝的寶座。登基之日，李淵才對裴寂說出了自己的貞心話，「我能有今天，全都拜你所賜。」

李淵對裴寂的好是常人難以理解和想像的。老李每天上朝，都要在自己的龍椅旁給裴寂設一個專座，兩人一起處理國家大事。在房間裡談話，面對面坐著都嫌不夠親密，硬是要把裴寂拉到自己的床上。

裴寂說東，老李絕不說西。裴寂說坐，老李絕不說站。見了裴寂不叫裴愛卿，而是叫裴監（相當於我們現在的「張總」、「劉董」等稱呼）。

現在，當李淵面臨困難的時候，裴寂又一次站了出來。李淵十分感動，哥們就是哥們，關鍵時刻可以替朕分憂。當即任命裴寂爲晉州道行軍總管，率軍討伐劉武周。

裴寂一定就比李元吉強嗎？

李淵覺得，答案應該是肯定的。

第 5 章

悲催的唐版諸葛亮

李淵逮著機會了，立即將劉文靜扔進大牢。李世民知道要壞事了，便趕緊為劉文靜說好話，不過，這番話卻得罪了一個人。這個人從遙遠的前線發回來一封信，要了劉文靜的命。

九月初六，發生了一件大事，大唐開國元老劉文靜居然死了，而且是死在自己人的手上。

眾所周知，劉文靜爲大唐帝國做出了無與倫比的貢獻。我們可以大膽假設，如果沒有他，中國歷史很有可能徹底改寫。起初，老李對劉文靜也不錯。入主長安後，李淵當上唐王和大丞相，隨即就讓楊侑冊封劉文靜爲魯國公，授光祿大夫，轉大丞相府司馬。稱帝後，老李又拜劉文靜爲納言。

劉文靜是一個非常有才華、有智慧的人，同時也是一個嫉妒心極重的人。劉文靜嫉妒誰都可以，唯獨不應該嫉妒裴寂。但他偏偏就是嫉妒裴寂，正是這個要命的嫉妒要了他的小命。

劉文靜自己卻有充分的理由嫉妒裴寂：他的才幹遠在裴寂之上，功勞也遠在裴寂之上，但職位卻在裴寂之下。這讓他情何以堪，表現出來就是「意甚不平」。其實，劉文靜這麼想，倒也屬於人之常情。

反觀裴寂，除了起兵之初，從隋煬帝的腰包中拿出鎧甲四十萬領、彩布五萬緞、大米九萬斛和五百零二個女人給李淵之外，期間確實鮮有建樹。他之所以能夠「轉大丞相府長史，進封魏國公，食邑三千戶」，位在劉文靜之上，說穿了，還不是因爲他和李淵關係好。

不公平，確實不公平！但這個世界本來就不公平，一個人想要活得舒服，活得自在，心胸就一定要豁達，要學會理性地看待世間的種種不公。要是想不開，輕則自我折磨，抑鬱傷身；重則鋌而走險，自取滅亡。

劉文靜就是一個想不開的人，爭的就是一口氣。每次廷議，凡是裴寂支持的，劉文靜一概堅決反對；凡是裴寂反對的，劉文靜一律堅決擁護。當然，裴寂也不是好啃的，二人因此結怨，多年友誼毀於一旦。

但是，裴寂有大哥大李淵罩著，劉文靜畢竟動不了人家。於是，鬱悶的劉文靜就經常拉著弟弟劉文起借酒澆愁。心裡面不爽，酒至酣處，免不了就會發發牢騷，有時候還會拔出刀子，對著柱子一頓亂砍，一邊狠狠地砍，一邊恨恨地說：「我一定要砍死裴寂這王八蛋！」

劉文靜的輕率舉動恰恰犯了人臣的大忌。

帝王最忌諱的事情就是群臣黨爭。劉文靜與裴寂水火不容，兩人意見相左並非是因爲對事情的看法不一致，而是因爲彼此嘔氣槓上了。這種潑婦鬥嘴式的爭吵於公於私都有百害而無一利。

碰到這種情況，皇帝通常會來個一刀切，各打五十大板，最多搞個三七開。但是，別忘了，裴寂和李淵的關係不一般，兩人除了是君臣，更是相親相愛的哥們。而劉文靜和李淵只是單純的上下級關係。況且，對於劉文靜這樣的牛人，李淵本來就有些猜忌。於是，偏情的李淵就打算把這一百大板統統打在劉文靜的屁屁上。

說來也巧，存心找死的劉文靜主動給李淵提供一個這樣的機會。不知是何原因，劉文靜家中屢屢有妖精作祟。劉文起關心哥哥，便從外面請來一個巫師做法除妖。湊巧劉文靜的一個小妾失了寵，一朝變作長門怨婦。這妞兒因愛生恨，就把這件事告訴自己的哥哥。她哥哥聽說之後，決心爲妹妹做主，便上書誣告劉文靜圖謀不軌。

李淵這下可逮著機會了，立即將劉文靜扔進大牢。劉文靜極力辯白，順帶還坦然承認了自己對裴寂的嫉妒之情，「今寂爲僕射，據甲第，臣官賞不異衆人，東西征討，家口無托，實有觖望之心。」

李淵聽了劉文靜的辯解，就說了八個字，「文靜此言，反明白矣。」意思是：老劉把自己謀反的心思都說明白了。

我仔細研究了這兩段話，都沒搞清楚其中的因果關係。因爲劉文靜嫉妒裴寂，所以他就會造反？他娘的，這也太偏心了吧！

李世民一聽老爸的口氣，知道要壞事了，便趕緊爲劉文靜說好話，「當年咱們舉兵之初，是劉文靜最先定下妙計，而後才告知裴寂的；入主京城以後，他和裴寂的待遇卻有所差別，他難免會有點不滿意。不過，劉文靜只是發發牢騷而已，他可不敢謀反，請陛下明斷。」

李世民的這番話卻得罪了一個人。於是，這個人從遙遠的前線發回來一封信，「劉文靜的才華和謀略，堪稱當世第一。但是，他的性格比較粗糙，為人陰險。聽他所說，明顯已經有謀反的心思了。現在，天下還沒有平定，外有強敵環伺。如果赦免劉文靜，恐怕有意想不到的後患。」

正是這句話要了劉文靜的命，說這句話的人赫然便是裴寂。

劉文靜臨刑之前，悲不自勝，仰天長歎，「高鳥逝，良弓藏，故不虛也。」

時為武德二年（西元六一九年）九月初六，李唐建國尚不足兩年。

這一年，劉文靜僅五十二歲。

當劉文靜在長安鬧市受刑的時候，裴寂已經率軍抵達介休，紮營於城郊的度索原。

安下營寨之後，裴寂突然發現了一個神奇的物理現象：度索原上那道涓涓流淌的泉水水流越來越細，最後竟然斷流了。

剛才還流得好好的，怎麼一轉眼的工夫就斷流了呢？水是生命的源泉，沒有水，這一大群生命體該怎麼辦啊？

唐軍遠道而來，人困馬乏，卻喝不上水，個個怨聲載道。

其實，裴寂應該順著剛才的問題再往上想想：泉水突然斷流，背後是不是有什麼黑手在作怪。但是，很可惜，他那顆腦袋沒有往這方面運作，或者說缺乏一個優秀統帥應有的敏感。

於是，裴寂順著常人的思維往下想：我們得離水源更近一點。立即傳令全軍拔營，向水源地開進。

此令一下，將士們立即行動起來，準備移營。正在亂作一團之際，只聽一聲炮響，殺聲四起。裴寂定睛一瞧，只見一員敵將帶著如狼似虎的敵兵氣勢洶洶地殺來；再仔細一瞧，敵將身後的大旗上書著一個大大的「宋」字。

原來，是宋金剛到了。

宋金剛早已等候裴寂多時了。裴寂大軍前腳在度索原紮下營寨，他後腳就命人切斷水源。宋金剛就等著唐軍移營這一刻，準備趁亂襲擊，打唐軍一個措手不及。結果，傻乎乎的裴寂果然上當。

說起吃喝玩樂拍馬屁，十個宋金剛也敵不過一個裴寂；但要是提到排兵佈陣打埋伏，一百個裴寂也比不上一個宋金剛。過程就不細說了，直接看結果：唐軍幾乎全軍覆沒，僅裴寂等少數人逃脫。

裴寂還創造了一項紀錄，僅用了一天的時間便狂奔回晉州（今山西臨汾）。唐軍中有不少赳赳少年，隨便拉出來一個都比老裴的體能好！豈料，最終逃出生天的反倒是老胳膊老腿兒的裴寂。

值得一提的是，在被俘的唐軍當中，有一個我們的老朋友——姜寶誼。倒楣蛋姜寶誼是二進宮了，上一次落在劉武周的手上，這一次落在宋金剛的手上。

李淵聽說他被俘的消息後，眼淚「唰」地一下就湧了出來，「完了！姜寶誼性子剛烈，絕對不會向敵人屈膝，這次死定了。」

起初，群臣還都持懷疑態度。但沒過幾天，果然傳來了姜寶誼被殺的消息。

原來，姜寶誼被俘後，又做起逃歸的打算。但是，宋金剛明顯比劉武周有經驗多了，毫不含糊，直接命人殺了姜寶誼。臨刑之前，姜寶誼向著長安的方向大呼，「臣無能，有負陛下。」話音未落，寒光一閃……

度索原戰役後，天興軍士氣大振，攻城掠地，所向披靡，晉州以北的城池，除李仲文守衛的西河外，全部落入敵手。

十六日，劉武周攜勝利之師，再次逼近晉陽。

李元吉的表現卻大大出乎眾人的意料，神情相當淡定。大家都覺得他有些不正常，畢竟上次圍城時他的驚慌恐懼給衆人留下了難以抹去的記憶。難道這位齊王爺的思想境界昇華了？

李元吉集合幕僚，召開緊急會議。他氣定神閒地對司馬劉德威說：「劉大人，你帶老弱守城，我帶強兵出城迎敵。」

劉德威當然不答應，但李元吉就是不讓步。劉德威感動得熱淚盈眶。

哪知，劉德威的淚還沒乾呢，就收到了一個讓他哭笑不得的消息，剛才信誓旦旦的齊王，趁著夜半時分打開城門，帶著妻妾一溜煙跑了。劉德威還沒來得及罵娘呢，劉武周的大軍已經殺到。

晉陽就此淪陷。

第 6 章

人在竇營心在唐

李世勣投降大夏本是權宜之計，總想著伺機歸唐。但竇建德為了防止他反水，竟將他父親李蓋帶在了身邊。這可把李世勣給愁壞了。人在竇營心在唐的滋味不好受啊！

劉武周留居晉陽，派宋金剛四處攻掠，克晉州，逼絳州（今山西新絳），陷龍門（今山西河津），收澮州（今山西翼城），指哪兒打哪兒，打哪兒下哪兒。

裴寂已經被宋金剛打怕了，一路收縮收縮再收縮。面對咄咄逼人的宋金剛，他想到的法子就是堅壁清野，避而不戰。他派出工作隊，給虞、泰二州的老百姓做工作，號召人們燒掉糧食田園，都躲入城中，打一場焦土抗戰。

老百姓們捨不得田園宅舍，當然不答應。裴寂見軟的不行，便充分發揮流氓本色，揮舞起野蠻的大棒，竟然命人四處縱火，將百姓們的財產付之一炬。

這下可捅了馬蜂窩嘍！對於老百姓而言，他們並沒有義務支持李唐對付劉武周，也沒有義務毀掉自家財產來搞什麼焦土政策。他們只知道，誰不讓他們過日子，誰跑來燒他們的房子、田地和糧食，誰就是他們的敵人。

結果，老裴推行的堅壁清野政策遭到民眾強烈抵抗，不斷有老百姓造反，投入劉武周的懷抱。其中，勢力最大的是夏縣人呂崇茂領導的義軍。

裴寂前往討伐，反倒被呂崇茂打個落花流水。堂堂正規軍居然被一幫由農夫組成的雜牌軍擊敗，這究竟是誰的過錯？當然是呂崇茂的錯！裴寂振振有詞，不是我軍無能，而是敵軍太狡猾。

這還不算什麼，據守蒲阪（今山西永濟北）的隋將王行本（屈突通舊部）也與宋金剛勾搭。宋金剛僅用了半年多一點的時間，就將大半個山西收入囊中。

劉武周的實力雖然遠遜於薛氏父子，但是對李唐造成的威脅卻比老薛小薛大得多。眼見著火越燒越大，李淵急了，派堂弟永安王李孝基、工部尚書獨孤懷恩、陝州總管于筠、內史侍郎唐儉等人帶兵討伐呂崇茂。

福無雙至，禍不單行。正當老李被劉武周、宋金剛搞得焦頭爛額的時候，又收到了一條壞消息：竇建德攻破了黎陽，他的堂弟李神通、妹妹同安長公主、魏徵、李世勣的父親李蓋全都被俘，李世勣隨後也投降了。

話說竇建德滅掉宇文化及後不久，即開始對李唐用兵。八月初一，竇建德親率十萬大軍奔襲洺州（今河北省廣平縣）。別看李神通能力不行，人家起碼有自知之明，知道自己不是竇建德的對手，直接退守相州（今河北省臨漳縣西）。

初三，竇建德大軍抵達洺州。僅僅支撐了八天，洺州便淪陷了。李神通以爲退一步可以海闊天空，豈料竇建德得寸進尺，又率軍望相州而來。李神通覺得自己退得還不夠，乾脆棄守相州，跑到黎陽，和李世勣擠在一塊了。

竇建德嘗到甜頭，看出這個李神通就是個軟蛋。九月初四，竇建德攻陷相州。二十五日，他又攻陷趙州。

進入十月後，竇建德又帶兵奔衛州去了。要去衛州，就必須得經過黎陽。但是，竇建德知道李世勣不好惹，擔心攻不下黎陽，反惹了一身騷，乾脆放棄攻打黎陽的打算，繞黎陽而過。

但是，李世勣不知道人家怵他，還以為竇建德要玩什麼花樣，便派麾下驍將丘孝剛率三百精騎尾隨夏軍偵察。丘孝剛帶著三百人瞎逛，竟然意外碰到夏軍一哥竇建德，這個二楞子，一見對方是老竇，興奮得兩眼放紅光，當即嗷嗷地撲了過去。

竇建德身邊有一千多人，根本沒有將丘孝剛這三百人放在心上。但是，打起來之後，他才知道自己錯了，丘孝剛這傢伙太猛了。竇建德只得率軍敗退，丘孝剛不依不饒，又帶著人馬追了上來。

老竇被追得那叫一個狼狽啊！追著追著，夏軍的大軍來了，箭雨齊射，丘孝剛和他的部將被送上了西天。

雖說最後還是打贏了，但竇建德心裡面憋屈啊！他娘的，我不去打你們，你們反倒來騷擾我！盛怒的竇建德也不去衛州了，帶著大軍調頭就奔黎陽來了。只用了半天不到的時間，夏軍就攻入了黎陽，李神通、同安長公主、魏徵、李世勣的父親李蓋全部被俘。

混亂當中，只有李世勣帶著幾百騎兵逃了出去。李世勣跑得挺快，直接跑過黃河。但是，過了黃河之後，李世勣不想走了，因為他想到自己的父親李蓋，擔心自己一走了之，老父就要遭到竇建德的毒手。思來想去，李世勣咬了咬牙，調頭回到黎陽，投降了竇建德。竇建德既欣賞李世勣的能力，更欣賞他的人品，便任命他爲左驍衛將軍，依舊鎮守黎陽。

李世勣投降大夏本是權宜之計，總想著伺機歸唐。但竇建德爲了防止他反水，竟將他父親李蓋帶在身邊。這可把李世勣給愁壞了。

人在竇營心在唐的滋味不好受啊！

震驚歸震驚，擔心歸擔心，但李淵現在根本無暇顧及李神通等人，在劉武周、宋金剛咄咄相逼之下，李唐在黃河東岸的勢力範圍只剩下晉西南一隅之地了。老李慌了神，連忙召集群臣開會，討論禦敵之策。

會中，李淵有些過度悲觀了，甚至想放棄河東，收縮兵力，固守關中。

這個時候，李世民跳了出來，舉四肢反對。他認爲，晉陽是大唐的龍興之地，是國家的根本，不能輕言放棄；而且，河東地區是大唐控制範圍內比較殷實富裕的地區，國家的財政稅收主要靠這裡，丟了河東，以後就得勒緊褲腰帶過日子了。

李世民強烈要求率兵出擊宋金剛。李淵同意了，並將關中所有的軍隊都調撥給李世民。十月二十日，李淵親自爲李世民送行。

十一月中旬，李世民趁著黃河結冰的時機，率軍從龍門渡河，進駐柏壁（今山西新絳西南）。這時，宋金剛的軍隊也已經進駐澮州。

宋軍屢勝，氣勢正盛，求戰心切。爲了挫一挫宋軍銳氣，李世民採取了「深壁高壘，以挫其鋒」的戰術，雙方「相持者久之」。

李世民和宋金剛面臨著一個共同的困難：缺糧。

糧食哪裡去了？

靠！都被缺德鬼裴寂燒了。

但李世民很快就解決了這個問題。李世民抵達柏壁後，即發佈教令，曉諭百姓。百姓們聽說當代偶像巨星英明神武的秦王李世民來了，樂壞了，扶老攜幼，趕來投奔。李世民提出徵收糧食的想法，老百姓都同意，唐軍的糧草問題很快就解決了。

雖然糧草充足，但李世民就是堅守不出，因爲他在等待，等著宋金剛軍斷糧的那一刻。宋金剛老謀深算，當然看出李世民的打算，但是他又不能撤，只能多次派人催劉武周解運糧草。

第 7 章

李世勣又回來了

李世勣白天想，夜裡盼，就等著竇建德來。他可以等，但是李商胡卻不想再等了。李世勣長歎一聲，帶著郭孝恪等數十騎逃出大營，望長安的方向去了。

與此同時，李孝基已經將呂崇茂死死圍在夏縣。眼見城池將破，呂崇茂只得向宋金剛求援。宋金剛嚴重地鄙視了呂崇茂，你丫的，連個李孝基都打不過，我派手下第一猛將去支援你吧！

這員猛將的名字叫做尉遲敬德。

尉遲敬德絕對可以算得上知名的歷史人物。任何一部講述初唐歷史的評書、小說或者電視劇中，都有此人的身影和事蹟。就算是鄉野村夫，提起尉遲敬德，也可以侃上幾句。但是，大家眞的瞭解他嗎？

不見得。先考大家一個問題：尉遲敬德是哪一族的？

有人不樂了，你簡直是在侮辱我們的智慧，他不是漢族難道是火星族嗎？

當然不是，尉遲敬德實際上是個彪悍的羌族漢子。

大業末期，尉遲敬德從軍於高陽，「討捕群賊，以武勇稱，累授朝散大夫」。劉武周佔據馬邑造反後，便將尉遲敬德招入麾下。他驍勇異常，極善使槊（就是長矛），號稱天下第一，威震代北。

李孝基在關鍵時刻犯了大意的錯誤。就在他以爲必勝無疑的時候，尉遲敬德的援軍突然出現在他的後方。城中的呂崇茂趁勢出擊，與尉遲敬德裡應外合。

這一仗，唐軍敗得忒慘了，又一個全軍覆沒。李孝基、于筠、獨孤懷恩、唐儉等人全部被俘。後來，李孝基圖謀逃歸，事洩被殺，成了李唐在統一全國過程中犧牲的第一位王級烈士。

李世民聽說宋金剛派人去救援呂崇茂，擔心李孝基出事，也派了一員名將去增援，正是我們的老朋友秦叔寶。

秦叔寶怎麼成了李世民的人了？這話就要從王世充與李密的北邙山大戰講起了。北邙山一戰，瓦崗軍遭到決定性慘敗，李密率少數人馬遠赴關中，秦叔寶、程知節突圍不成，只得投降了王世充。

王世充對他二人倒是不錯，雖然不像曹操對待關羽那樣「三日一小宴，五日一大宴」，但也是高官厚祿，錦衣玉食。然而，秦叔寶和程知節很快發現王世充為人狡詐，並不值得他們拼死效命。

程知節曾對秦叔寶說，「王世充肚量狹小，而且多作不實之言，還愛講迷信，根本就不是什麼撥亂反正的明主！」

秦叔寶亦有同感，於是兩人開始找機會離開王世充。

武德二年二月十九日，王世充興兵犯境，與李世民交戰於九曲（今河南宜陽西北）。雙方設定陣腳，排好陣形，就等主帥一聲令下便要開磕。

王世充這廝正與李世民答話，突然，一小隊人馬向唐軍衝去。老王納悶了，沒有我的軍令，怎麼能擅自出擊呢？

定睛一瞧，原來是秦叔寶、程咬金、李君羨等數十騎。

王世充大聲喝問：「你們要幹什麼？」

秦、程等人勒住韁繩，撥轉馬頭。秦叔寶下馬躬身，客氣地向王世充說道：「謝謝你對我們的恩寵，但是我們不願意服侍你，就此告別。」

王世充正要回答，只見程咬金衝他揖了揖手，說道：「你這個人生性多疑，且耳根子軟，容易相信小人的話，不是我想託付的那種明主，今天就此告辭了。」

王世充又驚又氣，只能眼睜睜地看著秦、程等人縱馬衝入唐軍的營中。

秦叔寶和程知節歸唐之後，被李淵指派到李世民帳下效力。這兩人本就是奔著李世民來的，李淵這麼安排正好遂了兩人的願。李世民早聽說他們的名聲，對二人禮敬有加。這次出征劉武周，李世民就把他倆都帶上了。

尉遲敬德打了個大勝仗，高興壞了，哼著小曲兒往回走，路過美良川的時候，傻眼了，有埋伏！

秦叔寶雖然沒趕上救援李孝基，但左思右想，也不能白來一趟啊，否則回去怎麼跟李世民交代？於是，就在美良川設伏，準備幹尉遲敬德一票。果然，得勝的尉遲敬德未加防備，被秦叔寶一頓暴揍，丟下兩千具屍體，灰頭土臉地跑了。

桀驁不馴的尉遲敬德算是遇到對手了。

不久之後，宋金剛又派他率兵前去救援蒲阪的隋將王行本。這一回，李世民親自出馬，親率三千騎兵連夜抄近道，截擊尉遲敬德。尉遲敬德此次敗得更慘，僅與部將尋相逃脫，其餘人馬全都被李世民消滅。

時間一天天地過去，李世民手下的將領們坐不住了，紛紛要求與宋金剛交戰。

李世民只得向他們交了底，「宋金剛麾下集中了天興軍的精兵猛將，但是他們沒有儲備，只能透過搶掠來補充軍需。這樣的軍隊利於速戰，而我們只需要關閉營門不出，養精蓄銳，就可以挫敗他的銳氣。此外，我還會分兵攻打汾州、隰州，不斷地騷擾敵人。等到宋金剛糧盡之時，他自然會退軍。到時候我們傾巢而出，就能一舉將其擊敗。」

衆將無奈，只得耐心等待。

這一等，就等到了武德三年（西元六二〇年）。

正月，李世民等來了一個好幫手，李世勣。

李世勣怎麼回來了？因爲，他成功地「越獄」了。

打從去年十一月起，李世勣天天都在琢磨著怎麼「越獄」。如果只是自己一個人，李世勣早就跑了。但是，他的父親李蓋在竇建德手上，就是拿刀逼著他逃跑，他都不會跑。想跑卻不能跑，這確實是一件非常痛苦的事情。

危難關頭，部將郭孝恪給他指了一條明路，「咱們剛剛跟隨竇建德，肯定不被信任。現在就是想跑都跑不掉。我看你應該先建功立業，取得竇建德的信任。等到他不再防備的時候，我們就可以尋機歸唐了。」

李世勣想了想，也只好如此了。但要對誰下手呢？

肯定不能是李唐，所以只能是王世充了。

李世勣主動出擊，接連攻陷了王世充的許多座城池，將得來的財物全獻給竇建德。竇建德十分滿意，漸漸信任李世勣。不過，直到李世勣將一個人送到面前時，竇建德才完全信任他。

這個人名叫劉黑闥。

劉黑闥，祖籍貝州漳南，也就是今天河北省武城縣的漳南鎮。一提起漳南，估計有的朋友該拍大腿了，那他和竇建德是同鄉啊！沒錯，劉黑闥和竇建德確實是鄉黨，而且兩人關係還很不錯。

不過，當年的同鄉好友後來卻走上兩條不同的道路。

竇建德先是跟著高士達混，高士達被楊義臣幹掉之後，他就自個兒當老大。劉黑闥則跟當下的一些小白領差不多，頻繁地跳槽。起初，他在郝孝德那裡工作了一段時間，看郝孝德不順眼，便跳槽到李密這邊。

在李密這兒幹得倒是不錯，只可惜北邙山一戰，瓦崗軍大敗，劉黑闥只得又投降了王世充。王世充任命他為騎將。但是，劉黑闥壓根兒看不上王世充這個人，「每見世充所為，竊笑之」。

王世充讓劉黑闥守衛新鄉。結果，李世勣突然襲擊新鄉，劉黑闥稀裡糊塗做了俘虜。李世勣聽說他是竇建德的同鄉好友，便將他獻給竇建德。竇建德是個念舊情的人，當即任命劉黑闥為將軍，賜爵漢東公。

任用之後，竇建德發現，劉黑闥這哥們貞好使。這個不難理解，看看劉黑闥跟過的這些人物，郝孝德、李密、王世充，都不是等閒之輩。在頻繁跳槽的過程中，劉黑闥積累了豐富的領導經驗和帶兵方法，這就註定他將來會成為一個比竇建德還要難纏、還要厲害的角色。

竇建德有了劉黑闥之後，更是如虎添翼。

李世勣開始行動了，派人勸竇建德說：「曹、戴二州戶口充實，孟海公佔據二州，與東都的鄭國貌合神離，如果發大軍進取二州，指日可下。得孟海公後，再率兵逼近徐州、兗州，黃河以南可不戰而定。」

竇建德聽得心花怒放，當即決定對孟海公用兵，先派小舅子曹旦率五萬大軍，南渡黃河打前哨。與此同時，李世勣也率三千人馬渡過黃河，與曹旦會合。

李世勣白天想，夜裡盼，就等著竇建德來。這倒不是因爲他有多麼想念老竇，而是因爲老竇來了，意味著他的父親李蓋也會來。屆時，以精兵偷襲，能殺了竇建德最好，即使殺不了，最起碼可以將父親救出來。

但人算不如天算，恰巧竇建德的老婆曹氏生孩子，陶醉在當爹喜悅中的老竇當然顧不上孟海公了，遲遲不來。李世勣無可奈何，只好繼續等待良機。

他可以等，但是李商胡卻不想再等了。

李商胡是李世勣近來新收的一個小弟，本是河南當地一夥盜賊的首領，曹旦進入河南後，便投降了夏軍。但是曹旦對他很不好，李商胡憤憤不平。

本來，李世勣和他約定等竇建德到了以後再動手。但是，李商胡坐不住，召來曹旦手下的二十三位偏將，用酒把他們灌醉，然後全部殺死。此時，曹旦的別將高雅賢、阮君明還在黃河北岸沒有過河，李商胡用四艘大船運送河北岸的三百士兵過河，船到河中心，將三百人全部殺光。混亂當中，一位獸醫跳船逃脫。

李商胡起事後，才派人通知李世勣。

李世勣的營地與曹旦相接，郭孝恪勸他立即襲擊曹旦，他猶豫了半天，正要動手之際，卻收到情報：曹旦已經加強了戒備。

原來，逃歸的獸醫已經將情況報告曹旦。曹旦知道李世勣和李商胡的關係不一般，立即決定加強戒備，以防李世勣偷襲。

李世勣長歎一聲，帶著郭孝恪等數十騎逃出大營，望長安的方向去了。三十日，李世勣一千人等抵達長安。

李世勣降而復叛的消息傳來，大夏群臣強烈要求竇建德殺掉李蓋，但竇建德卻說：「李世勣是唐臣，雖然被我俘虜，但卻始終不忘唐朝。這說明他是一個大大的忠臣。再說了，他的父親又有什麼罪呢？」並沒有為難李蓋。

消息傳來，李世勣總算是鬆了一口氣。與此同時，代北戰事吃緊，正是用人之際，李淵就把他派到李世民手下了。

第 8 章

人家只當他是一條狗

像劉武周、宋金剛這樣失意又失敗的人，當然不招突厥人待見。宋金剛南逃中原，突厥人很乾脆地剁掉了他的腦袋。劉武周運氣還不如宋金剛，人家只當他是一條狗。

轉眼間，已經是武德三年的四月份了。

糧食馬上就要見底了，宋金剛急得要死，眼巴巴地盼著劉武周送糧草來。那種急迫的心情只能用望眼欲穿這四個字來形容。

其實，劉武周也明白宋金剛的痛，很想送，但就是送不上去。因爲，在他和宋金剛之間，還隔著一個浩州（今山西汾陽）。

而此時，浩州正在唐將李仲文的控制之下，不拿下浩州，糧草就運不上去。儘管劉武周多次率軍圍攻浩州，但不是無功而返，就是大敗而歸。

無數次的嘗試，無數次的失敗，最終，劉武周無奈地放棄了，只能向著柏壁的方向慨歎：宋金剛，你可要Hold住啊！

四月十四日，已經絕望的宋金剛做出了這一生中最艱難的決定：北撤。

宋金剛自己很明白，撤退將意味著什麼。果然，他的人馬剛剛開拔，李世民便帶著唐軍展開追擊。

宋金剛撤退的速度極快，一晝夜竟能走二百多里，平均每小時要走五公里。天興軍之所以走得這麼快，是有充分理由的，因爲他們是在和死神賽跑，一旦被唐軍追上，等待他們的就是死亡。

那麼，如此高強度的行軍，唐軍能不能辦到呢？

從理論上講，他們辦不到。但事實上，他們辦到了。因爲，他們的統帥是意志無比堅定的李世民。雖然絕大多數人都不願意累死累活地追擊敵人，但李世民很堅持，唐軍追擊的速度竟快過天興軍逃竄的速度。

天興軍第一次被追上是在呂州。負責殿後的倒楣蛋尋相被李世民一頓暴揍。隨後的一路上，唐軍就和天興軍糾纏不下，時斷時續地打了幾十仗。

天興軍是在爲生命而奔跑，但唐軍就沒有這個必要了。到了高壁嶺，唐軍將領們終於忍受不了了。總管劉弘基居然扯住李世民戰馬的轠繩，好說歹說地規勸道：「大王，咱們已經將敵人擊敗了，追擊到這裡，功勞已經足夠了。再這麼急行軍下去，你能受得了嗎？士兵們能受得了嗎？依我看，我們不如就地紮營休息，讓大家都恢復一下體力，再繼續追擊敵人也不遲。」

但李世民堅決不同意，「宋金剛之所以要跑路，是因爲他已無計可施了。我們一定要趁著這個千載難逢的機會，一舉滅了他。如果停滯不前，他就有時間思考對策並加強防備，我們就未必能擊敗他。我盡心竭力效忠國家，怎麼能只顧惜自己的身體呢？」說罷，不理劉弘基，拍馬繼續前行。

劉弘基等人面面相覷，心中雖然老大不情願，但也只能跟進。

經過艱苦卓絕的跋涉，唐軍終於在雀鼠谷追上了宋金剛。短短一天內，兩軍竟交鋒八次，宋金剛軍八戰八敗，唐軍斃俘敵人達數萬名。當天夜裡，李世民終於勉強同意在雀鼠谷西原宿營休息。

直到這時，他才意識到自己已經連續兩天粒米未進了。至於他的將士們，毫無疑問，只可能比他更慘。但他們都不是最慘的，最慘的是一隻無名的羊兒。

五萬唐軍將士找了半宿，最後只找到這隻可憐的羊。然後，史上死得最爲慘烈的羊兒就在大唐武德三年的四月被李世民和他的五萬將士分吃了。一隻羊淨重不到百斤，每個人能分到多少肉，大家可以算算。與其說是吃肉，倒不如說是喝帶羊肉味的湯水。

二十三日，宋金剛帶著三萬小弟終於結束逃亡生活，躲入介休城。

他剛進城不久，李世民就風風火火地來了。唐軍在城外叫戰，辱罵不休。宋金剛看見李世民，恨得牙根兒都癢癢，你妹的，不帶這麼欺負人的啊，還讓不讓人活了？這一次，宋金剛發了狠，僅留尉遲敬德部八千人守城，他親率本部兩萬人馬出城，與唐軍展開最後的決戰。

這一戰成了宋金剛人生的最後演出。是役，天興軍慘敗，大部分被殲，少部分投降，宋金剛僅帶數騎逃出生天。城中只剩下尉遲敬德的八千人馬了，李世民派任城王李道宗、宇文士及去招降。

事實證明，尉遲敬德並不是一個粗人，而是一個識時務的人，當即和尋相以介休、永安二縣降唐。

李世民素知尉遲敬德驍勇善戰，便大力加以籠絡，不僅任命他爲右一統軍，繼續統領舊部，還讓他的部隊和其他各營參雜，絲毫不加預防。這種安排引起了其餘將領的嚴重不滿，比如屈突通就擔心尉遲敬德會反水，強烈建議李世民將尉遲敬德殺掉了事，但李世民就是不聽，疑人不用，用人不疑嘛！

介休失守、宋金剛戰敗的消息傳來，劉武周駭得面無人色。他深知大勢已去，流著眼淚對妹夫苑君璋說：「還是你說得對。我當初沒有採納你的意見，所以才落到現在這般田地。」

隨後，劉武周放棄晉陽，北逃突厥。

宋金剛本想收拾殘部，再與李世民一決雌雄，但衆人已經不肯再戰了。宋金剛無奈，也只得北逃突厥了。

不久之後，劉武周的地盤全部落入李世民之手，代北就此歸入大唐版圖。

像劉武周、宋金剛這樣失意又失敗的人，當然不招突厥人待見。不久之後，受夠了白眼的宋金剛從突厥南逃中原。豈料，剛剛走到半路，就被突厥騎兵追上，突厥人很乾脆地剁掉了他的腦袋。

劉武周也想逃，但他的運氣還不如宋金剛，宋金剛起碼還跑了一半的路，他倒好，計劃還在萌芽狀態，就被人家發覺了。突厥人依舊那麼乾脆，一代梟雄劉武周到底還是死在突厥人手上。

事實再次無可辯駁地證明，一個漠視同胞、背棄同胞的人在敵人那裡也得不到絲毫的尊重，人家只當他是一條狗。

隨即，突厥人扶植苑君璋爲大行台，統領劉武周的餘部。

逐鹿中原

王世充終於在洛陽的城頭看到了日夜懸盼的夏主竇建德，
可是搞什麼鬼啊，
老竇怎把自己五花大綁，
旁邊被他俘虜的李世民卻手腳自由，
一臉得意洋洋？

第 1 章

燭光晚餐門事件

「燭光晚餐門事件」之後，王世充加快了搶班奪權的步伐，暗中授意段達上書，要求皇泰主為自己加九錫之禮。王世充下一步想幹什麼，全地球的人都知道了。

「中原」這個詞絕對是中國歷史上的高頻辭彙，但中原究竟是指哪些地方，恐怕知道的人就不是很多了。

河南的朋友們納悶了，中原不就是指我們河南嗎？

這麼說，既對也不對。說對，是因爲中原的主體確實就是今日的河南省；說不對，則是因爲中原實際上是一個以河南爲中心，包括今天河北南部、山西南部、陝西東部、湖北北部、安徽北部和山東西部在內的廣大區域。

中原地區既是華夏民族的發源地，也是中華文明最核心的區域。在中國歷史的絕大部分時期，中原地區始終集政治中心、經濟中心和文化中心三種角色於一身，具有其他地區所無法比擬的戰略地位。所以，歷來就有「得中原者得天下」的說法。

現在，一心想要奪取天下的李氏父子就瞄上了中原這塊風水寶地。當然，李淵惦記中原不是一天兩天了。但是，早先大唐集團實力有限，老李只能先開發關中周圍的隴右（甘肅東部）、河西（甘肅西部）、代北（山西北部和內蒙古南部）、巴蜀（四川）這些欠發達地區。截至武德三年四月，這些地方全部被老李盤了下來，進軍中原的時機也就成熟了。

現在，中原地區最大的武裝勢力是王世充。爲什麼不是皇泰主楊侗呢？因爲，楊侗和他的大隋都已經不在了，洛陽現在是大鄭皇帝王世充的天下。

話說武德元年九月北邙山一戰，王世充一舉擊敗宿敵李密。十月十二日，隋軍班師回朝。爲了表彰王世充的豐功偉績，皇泰主楊侗於三天後下敕，冊封他爲太尉、尙書令，並授予他一項特權，准許他建立太尉府，設置官屬，選拔優秀人才。

武德二年正月初二，王世充的太尉府正式「掛牌營業」。老王一點都沒客氣，將朝中所有的達官和名士都收羅進自己的太尉府。

光是這一點，皇泰主就已經有些不爽了，但老王根本不鳥他，開始瘋狂攬權。沒過多久，皇泰主的朝廷就成了擺設，各台、省、監、署均無事可做，而太尉府則門庭若市，儼然已經成了實際上的小朝廷。

當朝中之朝已具雛形的時候，皇泰主楊侗才意識到當初不殺王世充這狗賊，眞是他這輩子所犯的最大錯誤。但是，一切都太遲了。

很快，東都的市民發現，太尉府的大門外不知何時立起了三塊招攬人才的牌子。第一塊牌子招募博學經典、可以治國安邦的人才；第二塊牌子招募武藝超群、能夠攻城掠地的人才；第三塊牌子招募熟諳法律、能夠公正斷案的人才。瞅這陣勢，老王似乎是想網羅盡天下的英才，志向不小啊。

事到如今，王世充下一步想幹什麼，全地球的人都知道了。

但是，謀朝篡位可是個高難度的技術活。根據著名厚黑學者北溟玉的《篡位指南》，要想成功篡位，必須同時具備以下三個條件：

首先，要掌握僅次於皇帝的權力，要擁有僅次於皇帝的地位。因為，只有高權力、高地位才能支撐住野心。如果一個九品芝麻官慫恿你跟著他篡位，估計你一定會把他送到精神病院，前提是你還沒有笑死。這一點，王世充已經做到了，他的權力炙手可熱，他的地位僅在皇泰主一人之下。

其次，要具有相當的群眾基礎。道理很簡單，一個好漢三個幫，要想幹成大事，就必須得有人支持你，擁護你；單槍匹馬鬧革命，那簡直就是癡人說夢，連皇帝的邊都沒挨著，就被剁成肉醬了。這一點，王世充一直在做，但是做得還不夠。

最後，必須要掌握輿論導向，做好思想上的鋪墊。因為，篡位和造反不同，不能霸王硬上弓，必須要通過大量細緻認真的宣傳，做好群眾的思想工作，使大家能夠接受你。這樣做，一是能保證篡位成功，二是能保證在篡位成功之後不會被輕易推翻。這一點，王世充還沒有開始做，但是已經在醞釀了。

好了，現在我們對照《篡位指南》，來看看王世充是怎麼做的。

升任太尉的王世充對政事表現出極大的熱情和關心，事情無論大小，都要親自處理。據《資治通鑑》記載，「上書陳事日有數百」，王世充卻始終「悉以引見，躬自省覽，殷勤慰諭」。

他始終堅定不移地走群衆路線，大施小恩小惠，收買人心，上自百官群臣，下到普通一兵。這麼做的結果是顯而易見的，群衆「人人自喜」。

夯實群衆基礎之後，王世充把視線投向敬愛的皇帝陛下。

搞皇帝是需要理由的。不過，對王世充而言，這樣的理由並不難找。

話說這日，皇泰主楊侗請王世充吃燭光晚餐。一頓山吃海喝之後，酒足飯飽的王世充回到府中，可能是因爲吃得太多了，也可能是因爲食物相剋引發中毒，居然上吐下瀉，所幸並無性命之憂。

重要的不是這件事本身，而是事後王世充逢人就說，某某人陰謀害他。不管這個理由能說服多少人，反正老王用這個理由說服自己。從此以後，他明目張膽地獨斷乾綱，皇泰主完全成爲了傀儡。

「燭光晚餐門事件」之後，王世充加快了搶班奪權的步伐，暗中授意段達上書，要求皇泰主爲自己加九錫之禮。

九錫其實就是九種禮器，即車馬、衣服、樂則、朱戶、納陛、虎賁、斧鉞、弓矢、秬鬯。所謂九錫之禮，就是天子賜給大臣以上九種器物，以表示最高禮遇。依據禮法傳統，這九錫之禮，只能授予王者。段達請求爲王世充加九錫之禮，實際上就是要求皇泰主封王世充為異姓王。

異姓王絕對是中國歷史上的稀有產品。在隋朝以前，只有西漢初年和東漢末年才授予異姓大臣以王者稱號，比如漢高祖劉邦封韓信為楚王，漢獻帝封曹操為魏王等等。而在隋朝，異姓王的記錄尚且為零，以李淵那麼好的出身，也只能封個唐國公。現在，王世充居然想當異姓王。

皇泰主打心裡一百八十個不樂意，委婉地推託道：「鄭國公平定了李密，所以才官拜太尉。等他再立新功之後，再討論此事也不遲嘛！」

豈料，段達相當直白，就說了四個字：「太尉欲之。」翻成白話就是：人家老王想要嘛！

皇泰主哪想到段達會這麼囂張，這麼無恥，狠狠地瞪著段達，良久才從牙縫中擠出兩個字：「任公！」意思是：隨便你們！你們想怎麼幹，就怎麼幹吧！

第2章

要我等，不可能！

從晉封鄭王，到稱帝建國，王世充只用了不到二十天的時間。人家李淵起碼還裝了小半年，王世充真是太沒耐性了。新生的大鄭政權表面上氣象更生，內裡卻是暗流湧動。

三月二十日，段達以皇泰主的名義下敕，給王世充加了一個實職——相國，一人之下，萬人之上，領袖群臣；又加了一個榮譽稱號——鄭王，加九錫之禮。

就這樣，鄭王王世充連同曾經稱唐王的李淵，成爲有隋一代的兩個合法異姓王。在王世充的眼中，區區一個鄭王根本算不得什麼了。說穿了，鄭王僅僅是在爲受禪稱帝做鋪墊。但是，受禪稱帝的難度遠遠高於封異姓王，所以操作起來也就不能像先前那麼毛毛躁躁了。

要想辦成這件事，就必須在群衆當中造好聲勢。可是造輿論這種事，老王和段達等圈裡人是沒法出面的，需要有一個圈外人來挑頭。

有什麼樣的政治需求，就會有什麼樣的投機分子。一個優秀的政治投機分子，最起碼應當具有以下兩項素質：首先，要有敏銳的政治嗅覺，知道領導需要什麼，如果不具備這種素質，把馬屁拍在馬嘴上，那絕對是自尋死路。其次，還必須有良好的頭腦和實幹技能，能夠有條理、有步驟地實現領導的政治意圖，所採取的措施既不能過猶不及，也不能欠了火候。

道士桓法嗣就完全具備以上素質，給王世充呈上一幅名爲「孔子閉房記」的畫。

王世充接過來一看，怒了，奶奶個熊的，這畫的什麼玩意兒嘛！只見偌大一幅畫上，畫了一個拿著長竿的男人在趕羊。要新意沒新意，要畫技沒畫技，怪不得老王要生氣。

桓法嗣微微一笑：王爺，您別急，請看這根長竹竿，一個「干」字再加個「一」字是個什麼字？

王世充略一沉吟，「王」字啊！

桓法嗣又問了，那國姓是啥？

王世充煩了，這還用問嗎？當然是「楊」了。

桓法嗣悠悠地問道：「王」在後面趕「楊」，這又暗示著什麼？

「王」在後面趕「楊」？難道是……

王世充心頭一陣狂喜，老哥，你還眞能掰。

桓法嗣帶來的驚喜遠不止這些，又變戲法似地拿出兩本書：大王請看，這是什麼？

王世充定睛一看，原來是《莊子人間世》和《德充符》。這兩本書能有什麼說道啊？

桓法嗣看著一頭霧水的王世充，笑嘻嘻地解釋：您看，這《莊子人間世》裡有一個「世」字，《德充符》裡有一個「充」字，連起來不就是您的名諱嗎？

王世充大喜，「靠！我以爲這個世界上最有才的人是我，沒想到你比我還有才。」

當即任命桓法嗣爲諫議大夫。

按說戲演到這個程度，差不多該收場了。但或許是受了桓法嗣的啓發，老王居然玩上了癮，而且玩法任你絞盡腦汁都想不到。

他派人四處捕鳥，老鷹、鴿子、家雀、畫眉……只要是長翅膀會飛的，全不放過，就差拿雞來充數了。

他逮這麼多鳥兒幹嘛啊？

說出來能把大家笑死！老王命人把寫有桓法嗣鬼話的帛條繫在鳥的脖子上，然後再把這些繫著圍脖的鳥兒放飛。緊接著，他宣佈了一條命令：只要有人用彈弓打下怪鳥，並獻給鄭王爺，就可以當官。

此令一出，洛陽全城總動員，老老少少、男男女女停止日常的工作、生產、生活，全身心地投入捕鳥大業當中。捕鳥的過程中，洛陽人民都看到了鳥脖子上繫的帛條，帛條上所寫的內容在民衆當中引起熱烈討論。

翌日早朝，段達等十多人忙不迭地將這件怪事稟告皇泰主，「陛下，不得了，天象異常，連鳥兒都帶圍脖了。圍脖上寫著鄭王王世充應該當皇帝。陛下，看來這是天意啊！希望陛下能夠仿效堯、舜，將皇位禪讓給鄭王。」

禪你媽個頭！王世充這老狐狸終於露出尾巴了，老子一讓再讓，一忍再忍，你們這幫混蛋居然還蹬鼻子上臉了！暴怒的皇泰主拍案而起，厲聲說道：「天下，是我們楊家的天下。大隋的運道還沒有結束，這是你們這些臣子們該說的話嗎？」

我仔細查閱過史書，這是楊侗生平第一次，也是最後一次發脾氣。

段達等人哪想到老實人楊侗會突然發飆，都被強大的皇家氣場鎮住了，一個個汗流浹背，噤若寒蟬。散朝後，楊侗再也控制不住自己的情緒，放聲痛哭。事到如今，他還能指望誰啊！

王世充聽完段達的彙報，腦海中的第一反應是：哎喲，這個兔崽子居然發飆了。好啊，硬的不行，咱就來軟的。接著，他又派人去忽悠皇泰主，該人是這麼對楊侗說的，「陛下，現在天下還沒有平定，所以需要有一位年長的君主來收拾河山。您畢竟還是過於年輕了一些，不如這樣，您先把位置讓給鄭王。鄭王發誓，待到天下統一之後，一定會把皇位還給您。」

寫到這裡，我都有些哭笑不得了。老王，你實在是太有才了，這種理由都想得出來。翻翻歷朝歷代的史書，權臣逼君主退位時，哪有這麼說的？況且，楊侗又不是三歲的小孩子，這種理由，他怎麼可能會接受？

果然，皇泰主再一次決絕地否定禪讓的可能。不過，他的態度對於王世充而言，其實並不重要。既然楊侗軟硬不吃，王世充索性撇開他，直奔主題而去。

四月初五，王世充以楊侗的名義發佈一道隋禪位於鄭的敕令，隨後指使兄長王世惲將皇泰主軟禁在含涼殿。兩天後，王世充於洛陽即皇帝位，改國號為鄭，建元開明。

從三月二十日晉封鄭王，到四月初七稱帝建國，王世充只用了不到二十天的時間。

人家李淵起碼還裝了小半年，王世充眞是太沒耐性了。

王世充一朝夢圓，終於登上夢寐以求的皇帝寶座。立長子王玄應爲太子的同時，他也加封王家子弟十九人爲王，從自己的兄弟一路封到侄子。翻翻老王家的族譜，最牛的一代也不過是個州縣的豪強，哪曾有過封王拜相的榮耀？現在好了，一下子冒出這麼多王爺，老王家的祖墳哪裡是在冒青煙，簡直就是在噴火。

老王家的人都很滿意，但老王手下這幫兄弟可就不樂意了。兄弟們把腦袋別在褲腰帶上，和你鬧革命、打江山，到頭來連個侯都沒撈上，你哥家的那個小毛孩子還沒有斷奶就已經封王了。這也太不公平了吧！

常言說得好，每一個成功帝王的背後，都站著一大群成功的部下。如何妥善處理親戚與功臣之間的關係，是歷代帝王面臨的一大難題，能擺弄清楚的皇帝並不多。領導者最大的忌諱就是任人唯親。親戚固然可靠，但你的事業全都是這些手下辛辛苦苦爲你打拼下來的，你這樣偏頗，還有誰肯爲你賣命？

很不幸，王世充沒擺弄清楚，也沒重視部下的不滿情緒，更沒用心去解決這個問題。結果，不滿情緒無聲無息地蔓延開來了，彷彿一道無形的牆橫亙在老王和他的部下之間。現在的他還沒有意識到這個問題的嚴重性，但在不久的將來，他鐵定會爲今天的疏忽而感到後悔。

此外，洛陽朝廷也並非鐵板一塊，老王一黨強逼隋帝遜位，很多忠心於隋室的大臣都將他視為眼中釘、肉中刺。新生的大鄭政權表面上氣象更生，內裡卻是暗流湧動。

春末五月，保皇派策劃了一場宮廷政變。以禮部尚書裴仁基、左輔大將軍裴行儼父子，以及尚書左丞宇文儒童為首的數十名大臣合謀要誅殺王世充，重新擁立楊侗。但謀事不周，計劃洩漏，裴仁基、宇文儒童等人均遭誅滅三族。

齊王王世惲看形勢不妙，就給王世充出了一個餿點子：除掉楊侗，以斷絕保皇派的復辟幻想。王世充採納了這個建議，指派王世惲和他的兒子王仁則去幹這件事。

含涼殿中，楊侗苦苦哀求王世惲，「太尉之前不是說過，待到天下統一之後，會把皇位還給我。現在怎麼能這樣對我呢？」

王世惲不答應。楊侗又請求與母后訣別，王世惲還是不答應。

楊侗無奈，拿起一把香點燃，插放在佛龕前的香爐中。這是他被軟禁以後，每天都要做的事情。望著面前的佛像，楊侗最終說出了一句：「願自今已往，不復生帝王家！」說罷，端起王仁則遞來的毒酒，一飲而盡。

飲了毒酒的楊侗雖然痛苦，但並沒有氣絕身亡。王仁則拿起三尺白綾快步上前，套在楊侗的脖子上……

楊侗的死標誌著大隋王朝正式退出歷史的舞台。

至此，隋煬帝楊廣的嫡系子孫就剩下三個了，一個是老二齊王楊暕的遺腹子楊政道，一個是已經出家爲尼的南陽公主，還有一個是他的小女兒楊氏。

寄居突厥的楊政道於貞觀四年歸唐，唐太宗任命他爲員外散騎侍郎。令人稱奇的是，此後楊政道的身影便從史書中消失了，他什麼時候死的，有沒有留下子孫，這些史書上完全沒有記載。這一點，非常耐人尋味。

與姐姐南陽公主和外甥楊政道比起來，楊氏算是比較幸福的了，她被一個男人看中。後來，這個男人當上唐朝的第二任皇帝。楊氏和李世民給隋煬帝生了兩個外孫，其中的老大就是蜀王李恪。

第 3 章

這回，狼真的來了！

當五萬唐軍雄赳赳、氣昂昂地越崤山、出函谷之際，老王再也無法保持往昔的那份從容與瀟灑了，「噹啷」一聲，金樽墜地，酒水飛濺，脆生生的金石撞擊聲在空曠的大殿中經久不息。

幹掉楊侗之後，王世充尚且自以爲得計，殊不知，將士們的心已經寒到家了。

楊侗對大臣、對士兵不錯，擁有一定的群衆基礎。王世充恩將仇報，奪了人家的江山倒也罷了，可是要了人家的小命，這就實在太沒有人味了。再聯想老王任人唯親的舉動，衆人的心實在是寒得不能再寒了。

於是，王世充麾下的將士們開始落跑。最先付諸行動的是瓦崗軍舊將，其中就有秦叔寶、程咬金、李君羨等人。後來，驍將羅士信也跟著降唐了。這些人跑路的深層原因是看透了王世充的爲人，直接導火線則是裴仁基、裴行儼父子被殺。

起初，老王還不以爲意，畢竟不是自己人，走就走，沒有你們，我這大鄭還垮了不成？但是，漸漸地，王世充的嫡系將領也開始落跑了。這下，老王坐不住了。

人難免會犯錯，糟糕的是一直犯錯誤卻不見覺醒。老王的腦袋被驢踢了，思前想後，居然認爲問題的根因在於自己對手下太過寬容了。於是，他大刀闊斧地制定了一系列恐怖措施。首先是規定一家人中只要有一個投敵，全家不分老幼，一律處死；其次是規定每五戶互爲投保，只要有一家逃跑，其餘四戶要是沒有及時發現報官，全都得死。

事到如今，人們終於看清了慈眉善目的王世充的眞面目，他奶奶的，恐怖大亨一個。於是，大家跑得更歡了，一個人帶著一家人跑，一戶人帶著四戶人跑，五戶人帶著全村跑……眼見落跑的勢頭不但沒有受到遏制，反而有愈演愈烈的趨勢，老王陷入了深深的思考：這是爲什麼呢？

終於，他想通了，是人們的思想發生了變化，沒有及時改造自己的世界觀和人生觀，結果在是非問題和敵我問題上喪失了立場，犯了逃跑主義的錯誤。要想從根本上解決這個問題，就必須通過深入細緻的思想工作，促使人們不斷地改造自己的世界觀和人生觀，明辨是非，分清敵我，堅定革命立場。

老王說幹就幹，在洛陽城裡開展了轟轟烈烈的「思想大革命」，搞得全城上下雞飛狗跳，人心惶惶。

按說到了這個程度，正常人都該有所覺醒，收手不幹了，但老王世充不是正常人，不僅沒有收手，反而變本加厲。只要懷疑某個人要跑路，就派人把人家全家都請到皇宮中來「做客」。你不是想跑嗎？好啊，有種你跑吧！我把你全家都放在我的眼皮子底下，看你怎麼跑？

有了內憂，外患就不可避免。自李密降唐以後，李唐的勢力範圍便延伸至中原地區，與王世充、竇建德的地盤相接壤，三方勢力犬牙交錯。這一接壤，問題就來了。自武德二年二月唐將張孝璿率兵襲擊王世充的汜水城起，李唐和王世充就摩擦不斷。雙方基本上是一天一摩擦，一月一小打。

現在，王世充自毀根基，自亂陣腳，李淵看在眼裡，樂在心中，此時不出手，更待何時？武德三年七月初一，李淵頒佈敕書，命秦王李世民統率五萬精兵東出函谷關，攻擊王世充的鄭國。

當五萬唐軍雄赳赳、氣昂昂地越崤山、出函谷之際，大鄭皇帝王世充正在宮中宴飲。值班太監急匆匆地把唐軍來襲的戰報呈到王世充的面前，老王再也無法保持往昔的那份從容與瀟灑了，「噹啷」一聲，金樽墜地，酒水飛濺，脆生生的金石撞擊聲在空曠的大殿中經久不息。

在那個崇尚武功的年代，李世民在民眾心目中的地位無異於流行教主，影響力絲毫不遜色於今日天王級國際巨星。從晉陽起兵到霍邑鏖戰，從巧渡河東到入主長安，從平定隴右到收復代北，在每個關鍵的時刻，李世民總是能挽狂瀾於即倒，扶大廈於將傾。

李世民絕對是那個時代獨一無二的戰神。

兵貴神速是李世民一貫的風格，二十一日的時候，他的大軍已經推進至新安。

與此同時，王世充做出兩項部署：

首先，著眼全國，抓住四個重點地區。這四個重點地區分別是洛陽、襄陽（今湖北襄陽市）、虎牢（今河南省滎陽汜水鎮西北）和懷州（今河南沁陽縣）。危難關頭，老王可信不過外人，派遣三個侄子分赴三地鎮守，魏王王弘烈鎮守襄陽，荊王王行本鎮守虎牢，宋王王泰鎮守懷州。

其次，著眼洛陽一城，精細部署。四哥齊王王世惲守衛洛陽南城，三哥楚王王世偉守洛陽寶城，太子王玄應守洛陽東城，次子漢王王玄恕守衛洛陽的衛星城——含嘉城，侄子魯王王道徇守衛洛陽的另一個衛星城——曜儀城。

很快，唐軍先鋒部隊包圍慈澗（今河南新安縣東）的消息就傳來了。王世充大駭，忙問統兵的唐將是誰。手下回答說是羅士信。老王一聽，立馬沉默了。從前的部下今天引著敵人來打自己，這種事擱在誰身上都不好受。

羅士信降唐已經是一年前的事了。

在《隋唐演義》、《說唐》和《興唐傳》當中，羅士信位居「四猛」之首。他力大無比，使一柄三百斤重的鑌鐵槍，有萬夫不當之勇，人送外號「今世孟賁」。在三部演義小說當中，無敵呆霸王李元霸都是響噹噹的天下第一。四平山大戰時，李元霸遭遇羅士信，兩個人錘棍來往，鬥了數百回合，最後居然難分高下。由此可見，羅士信足可與李元霸並列天下第一。

羅士信有三大絕技。第一絕，力拔牛骨。兩頭牛打架，他去勸架，牛不聽，繼續頂，羅士信毛了，啰嚓一下就把牛的犄角給掰下來了。第二絕，飛石打鳥，天空有鳥兒飛過，羅士信隨手一顆石子，鳥兒以後就再也不用飛了。第三絕，夜辨蚊虻。夜晚蟲子從眼前飛過，羅士信瞟一眼，就知道是公是母。

當然了，這是演義的誇張。但是，歷史上的羅士信確實是一員猛將。

且說北邙山戰役後，瓦崗軍大敗，羅士信隨裴仁基父子投降王世充。王世充對羅士信器重有加，經常請他吃飯。那時的羅士信覺得，老王真是個義薄雲天的好領導。然而，當邴元真也來歸附以後，羅士信就徹底失望了。

邴元真見利忘義，賣主求榮，對這種卑鄙無恥的小人，羅士信根本就看不上，恨不得一腳踹死他。小羅以為王世充也看不上這種人，肯定會殺了他。豈料，王世充不僅沒有殺他，還給了他不亞於小羅的待遇。

那一瞬間，羅士信發現，自己太傻太天真，王世充分明就是個惺惺作態的小人，故作姿態，收買人心。從那以後，他的腦海裡始終縈繞著一個問題：到底要不要離開鄭國？

一件小事的發生，促使他最終下定決心離開鄭國，離開王世充。

自古寶馬配英雄，羅士信十分幸運，得到了一匹千里良駒。

寶馬一上路，總是引得全城圍觀，整個洛陽城的人都知道大將軍羅士信有一匹堪稱馬中極品的千里良駒。齊王王世惲的三小子趙王王道詢知道這件事後，仗著自己是當朝皇帝親侄子，直接就屁顛屁顛跑來向羅士信討馬。

羅士信當然不肯將良駒拱手送人，腦袋搖得跟波浪鼓似的，好說歹說就是不肯。王道詢十分不爽，便跑去向王世充告狀。豈知，老王比他侄子還白，也不和羅士信商量商量，直接就將寶馬奪了過來，轉送給王道詢。

武將對戰馬的熱愛是常人無法理解的。對羅士信來說，奪了他的寶馬簡直就跟要了他的命似的。王世充禮遇邴元眞，這口氣他嚥了。但橫刀奪馬這口鳥氣，他無論如何也嚥不下去。打這件事以後，羅士信就琢磨著怎麼反水了。

機會終於在武德二年的七月來臨了，王世充派羅士信率軍進攻李唐。小羅索性帶著一千多人馬，直接降唐了。

別看羅士信年齡不大，人家早就名滿江湖了。李淵聽說他來投降，甭提有多高興了，主動派人前去迎接慰問，把羅士信搞得心裡熱烘烘的。老李一點都沒有懷疑羅士信的忠誠，很乾脆地任命他爲陝州道行軍總管。

老李如此，小李也如此，這次東征，李世民還特意讓羅士信打頭陣。

消息傳來，王世充親自帶領三萬兵馬，星夜馳援慈澗。二十八日，鄭軍抵達慈澗。王世充未作片刻停留，立即指揮大軍奔襲唐軍。

李世民經知道王世充來了，但沒想到王世充竟然會直接撲上來。爲了偵察敵情，李世民帶著小部輕騎向鄭軍大營摸了過去。誰知，摸了半路就摸不下去了。爲什麼呢？因爲，前方有人攔住了去路。

誰啊？

正是王世充的大軍。

鄭軍有三萬人馬，李世民等人還不足三百，很快就被人家圈住了。好個李世民，泰山崩於前而面不改色，只見他策馬飛奔，左右開弓，弓弦響處，便有敵人應聲而倒。鄭軍人數雖多，卻也奈他不得。

王世充麾下驍將燕琪瞧著生氣，策馬奔著李世民就過去了，結果連李世民長什麼樣兒都沒看清，就被人家一箭給放倒了。王世充見狀大驚，又擔心戀戰過久，唐軍主力會來援救，便撤兵了。

鄭軍走了之後，李世民才想起來害怕，趕緊率眾返回營地。豈料，到了大營門前，守門將士不僅不給他開門，反而還用箭瞄準他。原來，這一仗打得太狠了，李世民滿臉都是灰塵，部下認不出他是誰，不給他開門。李世民無奈，只得摘下頭盔，抹了抹臉，大聲說道：「我是秦王。」營中守軍這才打開了營門。

李世民很生氣，決心報仇，第二天一大早，他率領五萬步兵騎兵開赴慈澗，準備要和王世充死磕。豈料，王世充已經在半夜時分偷偷地撤回了洛陽。

唐鄭兩軍的第一次正面交鋒就此戛然而止。

第 4 章

兵分五路

單雄信抄起長槍，直奔李世民而來。眼看就要生擒活捉了，正在這時，一員唐將及時殺到，只一槊就將單雄信刺於馬下。李世民、王世充定睛一看，赫然便是剛剛出獄不久的尉遲敬德。

慈澗會戰之後，李世民將所部分為五路：第一路，由行軍總管史萬寶率軍自宜陽南下，佔據伊闕龍門；第二路，由將軍劉德威率軍自太行山東進，包圍鄭國的河內郡；第三路，由上谷公王君廓從洛口出擊，一舉切斷鄭軍的糧草運輸線；第四路，由懷州總管黃君漢率部從河陰出擊，奪取洛陽的大糧倉——回洛倉；最後一路是李世民率領的主力，進抵洛陽郊外的北邙山，攻打洛陽城。

李世民找上門來了，王世充無奈，只得率軍出城，在郊外的青城宮列陣迎戰。隔著河水，兩個同時代最為傑出的人才進行了一次十分有趣的對話。

王世充向李世民喊話，「李世民，隋煬帝暴虐無道，致使天下分崩離析。如今，你們父子坐擁關中，而我王世充佔據河南，大家井水不犯河水，各過各的日子不是挺好嗎？我王世充不曾向西侵唐，而你卻突然率軍來犯我鄭國，這是為什麼？」

李世民只是用鞭子輕輕地敲著戰靴，低頭不語，若有所思。

王世充一看，心中竊喜，這小子雖然厲害，但畢竟嫩了些，看這個情形，八成是被我說動了，我再加點猛料，嚇唬嚇唬他。於是乎，老王話鋒一轉，軟中帶硬地說：「你率偏師深入我國腹地，補給線拖得這麼長，不覺得這種作戰方法很危險嗎？我真沒看出來有什麼可取之處！」

老王還想侃下去，這時，李世民終於開口了，「現在，全天下的人都盼望著我爹一統河山，可你王世充卻執迷不悟，妄想著用你的小螳臂擋我們的大車，用你的小雞蛋砸我們的大石頭。如果你識時務的話，就趁早投降，還可以保全你的榮華富貴；如果想負嵎頑抗，那就放馬過來吧！」

老王被噎夠嗆，話都說到了這個份上，還有什麼可說的，操刀子開磕吧！

兩軍一頓混戰，直殺到傍晚時分，難分勝負，各自收兵回營。

正當李世民頓兵洛陽城下的時候，其餘四路唐軍兵鋒所指，遍地開花。

勝利的凱歌首先在黃君漢這邊響起。九月十四日，黃君漢一舉攻陷回洛倉。回洛倉一丟，洛陽軍民很快就又要過喝西北風的日子了。同日，鄭國顯州總管田瓚奉所轄二十五個州前來降唐。自此，襄陽的王弘烈就與王世充失去了聯繫。洛陽、襄陽、虎牢和懷州四地構成的鐵四角崩了一角，變成了破三角。三天後，王君廓又拿下了轘轅（今河南偃師東南）。

李世民趁機頒佈了一項新政策：鄭國各級官吏只要主動來降，全部留任原職，不做任何變動。這招比較狠，意在從內部分化瓦解王世充集團。據史書記載，效果也相當不錯，「河南郡縣相繼來降」。

從此以後，招降納叛就成了唐軍對敵工作的主流。不過，逆流也是存在的。誰都沒想到，在唐軍形勢一片大好之際，原先投降的劉武周部將居然全都叛逃到王世充那裡去了，只剩下尉遲敬德一人。

自打尉遲敬德來到唐營以後，李唐諸將始終用有色眼鏡看他，一心想置他於死地。這下可讓他們逮著機會了，以屈突通爲首的衆將立即將尉遲敬德逮捕下獄，並紛紛向李世民進言，要求將尉遲敬德殺掉了事。

尉遲敬德到底是不想跑，還是想跑沒跑了，這個問題誰也說不清楚。不過，不管怎麼說，嫌疑畢竟是存在的，屈突通等人的懷疑也未嘗沒有道理。李世民就算是接受了他們的提議，殺了尉遲敬德，也沒什麼。

然而，在這個緊要關頭，李世民卻展現了驚人的識人眼光，力排衆議，堅信尉遲敬德不會叛逃，「我和你們的想法剛好相反，尉遲敬德要是想叛逃，早就跑了。」

李世民不僅下令釋放尉遲敬德，而且還賞賜給他大量的金銀。尉遲敬德被搞得滿頭霧水。李世民誠懇地對他說：「大丈夫之交，應該意氣相投。我從來沒有懷疑過你，你應該體諒。如果你不能諒解，想要離去的話，我就把這些金銀送給你。」

這個姿態擺得挺高，我李世民冰心一片，如果你非要走，那也沒關係，放心大膽地往前走，我不僅不會阻攔，而且還要支付你爲我辦事的酬勞。

尉遲敬德當然沒走，但什麼也沒說。

二十一日這天，李世民率五百騎巡視戰區地形。一干人等登上高坡，極目遠眺。站得高，自然望得遠，但自己也就顯得分外突出。

城中的鄭軍很快就發現遠處的高山頂上有一小隊唐軍。王世充隱隱覺得，來者應該是李世民，當即點起一萬精兵，悄悄地摸了過來。

等到李世民發覺的時候，已經晚了。王世充指揮大軍將李世民等人團團圍住。慈澗遭遇戰當中，王世充虧就虧在身邊沒有帶猛將，否則，李世民插翅難逃。這一次，老王充分吸取了上次的教訓，臨行之前特意帶上了一員猛將。

誰？正是原瓦崗軍大將單雄信。王世充特別叮囑單雄信，誰都不要管，只要拿下李世民，你就是頭功。

開戰以後，單雄信誰都不管，抄起長槍，直奔李世民而來。別看單雄信人品一般，武功可是很不一般的。李世民的一班裨將根本就不是他的對手，紛紛敗退。李世民的武藝也算一流，但碰到單雄信，那就好比是小鬼碰到了閻王。李世民慌了，虛晃一槍便策馬狂奔。單雄信一邊喊殺，一邊緊追不捨。

眼看著李世民就要被生擒活捉了，正在這時，一員唐將及時殺到，大喝一聲，只一槊就將單雄信刺於馬下。

李世民、王世充定睛一看，赫然便是剛剛出獄不久的尉遲敬德。原來，尉遲敬德在營中瞧見遠處黃塵四起，隱隱有喊殺聲傳來，便覺得李世民情形不妙，立即點起本部精騎，趕來救援。好在有他及時殺到，否則大唐的歷史就要完全改寫了。

鄭軍爲尉遲敬德神威所懾，不敢再追。尉遲敬德趁機護著李世民突出重圍。李世民大怒，稍作休息之後，便與尉遲敬德統率唐軍精騎，向鄭軍發動了兇猛反攻。單雄信一受傷，鄭軍之中再無可與李世民、尉遲敬德相抗衡的悍將。李世民與尉遲敬德如狼入羊群，鄭軍頓時亂作一團。

與此同時，屈突通也率領唐軍主力殺到。在兩路唐軍的夾攻之下，鄭軍迅速崩潰。唐軍斬首一千餘級，俘虜六千人，生擒鄭軍大將陳智略，王世充隻身逃脫。

戰後，李世民又賜給尉遲敬德一箱金銀，並滿懷感激地對他說：「怎麼這麼快就得到了你的回報？」

這次突如其來的遭遇戰，成爲了尉遲敬德一生中最重要的轉捩點。從此，李世民就在心中給他重重地記下了一筆。

第 5 章

只能求他了

竇建德決定去救援王世充，又十分擔心孟海公會在後院放火，於是定下決心，先搞定孟海公，再去幫王世充。王世充望眼欲穿，可左等右等，就是不見竇建德的影子。

進入十月後，戰局對唐軍越來越有利了。唐軍諸將彷彿競賽一般，在立功方面你追我趕，互不相讓。

十五日，羅士信一舉攻克了鄭軍要塞——千金堡。千金堡一破，堅守頑抗的鄭國各州縣士氣一落千丈。緊接著，李世勣又接連勸降了鄭國的管州總管楊慶、滎州刺史魏陸和汴州刺史王要漢。

十一月，唐皇李淵又調金州總管李大亮安撫樊州、鄧州，伺機攻打已經成爲孤軍的王弘烈。初一，李大亮攻克樊城，斬王弘烈手下將領國大安。二十九日，他又襲破了沮州（今湖北省南漳縣）和華州（今湖北省宜城市）。

失利的消息一波接一波地傳來，王世充急得好比熱鍋上的小螞蟻。他當前的處境完全可以用八個字來概括：戰亦不能，守亦難久。這該如何是好呢？老王幾經斟酌，最終決定去求竇建德。

這是一個無比艱難的決定。因爲，老王曾經得罪過竇建德。

話說老王和老竇也曾有過蜜月期，但是去年四月王世充稱帝自立後，竇建德就不幹了，公然宣佈與王世充劃清界限，斷絕外交關係。六個月後，王世充派兵進犯黎陽，把老竇惹毛了。竇建德立即還以顏色，派兵襲擊鄭國的殷州，作爲報復。二人從此交惡，擺出了一副你死我活的架勢。

好面子是人的天性。本來王世充無論如何都不會去求竇建德的，但如今山窮水盡，命都快要保不住了，還管什麼面子不面子。於是，老王以無比複雜的心情寫了一封求援信給竇建德。

王世充不知道，此時的老竇正在鬧心的當口。

三個月前，唐皇李淵派人來了，希望竇建德能夠把同安公主、李神通等人放歸李唐。竇建德想了想，覺得養著這兩個人也沒用，還不如賣個人情給李淵，便將二人放回了長安，但李世勣的父親李蓋他硬是扣住沒放。

大夏與李唐的關係隱約出現了緩和的勢頭。

可惜，李唐要統一中國，而老竇又想做一方霸主，雙方的根本利益存在著不可調和的矛盾，想要彼此相安無事純屬白日做夢。於是乎，唐夏兩國在邊境地區頻繁交火，造成大量無辜平民傷亡。

幽州的羅藝始終是老竇的一塊心病，不把他除掉，老竇誓不干休。

從五月份起，竇建德就不斷對羅藝用兵。可羅藝也不是省油的燈，老竇接連吃了好幾個大虧，損兵折將。

望著巍峨雄壯的幽州城，竇建德除了歎氣，就是歎氣。正當他萬分鬱悶的時候，王世充的求援信來了。閱過信後，竇建德陷入了深思。

憑心而論，對王世充這個人，老竇是極為鄙視的。當然，老竇不是一個極端民族主義分子，他鄙視王世充，並不是瞧不起王世充的胡人出身，而是看不上王世充卑劣的行徑。這個不要臉的傢伙和那個宇文化及完全是一丘之貉，同樣位極人臣，受盡恩寵，同樣恩將仇報，殺害主人，一樣的小人。

對於這樣的小人，老竇向來是恥於與之為伍的。而且，這個傢伙曾經還打過老竇地盤的主意，搞得老竇心裡十分不爽。

單衝著以上這兩點，老竇就巴不得王世充趕快下地獄。

可是，老竇雖然沒讀過書，「唇亡則齒寒」的道理還是懂得的。王世充的鄭國可以說是老竇抵禦唐軍的一道屏障。如果這道屏障沒有了，那麼在漫長的邊境線上，夏軍將會面臨唐軍鐵騎的衝擊。

事情重大，關乎國家，不可個人感情用事，聽聽大伙的意見，開會吧！

是的，戰爭與和平雖只在一念之間，但決斷過程容不得半絲的馬虎。戰與不戰，這是個問題。

毫無疑問，與會人員自然而然地分成兩個對立的陣營，並展開激烈的辯論。

正方辯手主要以文官為主，主張救援王世充，雖然王世充有千般不是、萬般不好，但鄭國的存在對我們利大於弊。總而言之，他們的論點可以概括為一句話：Just do it.

反方辯手主要以武將爲主。這些傢伙大多四肢發達，特別喜歡感情用事，紛紛跳出來大罵王世充。這個說王世充背信棄義，那個說王世充卑鄙無恥。言而總之，他們的態度也可以概括爲一句話：不救！不僅不救，還要在一旁看熱鬧，親眼見證一下什麼叫天理報應。

雙方互不相讓，各執一詞，從陳述立論階段吵到舉例證明階段，又從舉例證明階段吵到攻辯階段，然後又從攻辯階段吵到自由辯論階段，直吵得昏天黑地、飛沙走石。

老竇也被吵得沒了主見，關鍵時刻，有人站出來了。

中書舍人劉斌是也！

劉斌侃侃而談，首先分析了一下國際局勢，「當前，李唐佔據關隴，王鄭據有河南，而我們竇夏則坐擁河北山東，三足鼎立的趨勢已經初現端倪了。」

此言一出，老竇彷彿看到殿中站著一個羽扇綸巾的傢伙正縱論天下大勢，諸葛亮？

劉斌渾厚的聲音在大殿裡久久迴盪，撞擊著每一個人的耳膜，「三家當中，李唐實力最強，王鄭和我們大夏則在伯仲之間，與李唐相比均略輸一籌。現在，鄭國險象環生，朝不慮夕。雖然我們非常痛恨王世充，但別忘了，鄭國一旦敗亡，我們就會成爲李唐的下一個目標。等到那時，我們獨木難支，叫天天不靈，叫地地不應，如何是好啊？」

果然是高級知識份子，看這話說的，既有理論闡述，又有現實分析，既分析了理性，又兼顧到情感，眞是不一般。

朝堂上，大家都豎著耳朵，認眞聽劉斌演講。老竇也是緊鎖雙眉，面色越來越凝重。劉斌確實說到他的心坎上了。

劉斌環顧了一下衆人，終於說出了自己最厲害的結論，「依照臣的考慮，如果我們救援鄭國，裡應外合，必定可以大破唐軍。唐軍退卻之後，我們不費吹灰之力就可以吃掉元氣大傷的鄭國。然後，大王盡起夏鄭兩國之精兵，揮師直入關中，一舉蕩平李淵，鼎定關隴。大王，這才是帝王之道啊！」

劉斌的最後一句話像鼓槌般重重地擊打在老竇的心房上。

竇建德聞言，頓生醍醐灌頂之感，當即拍板：救援王世充！他一面派人去洛陽見王世充，答應出師援救；一面派人去見李世民，要求唐軍停止進攻洛陽。

李世民接信大怒，你竇建德豬鼻子裡面插大蔥，裝什麼大象啊！隨即以扣押使者的行動向竇建德做出了回答。

雖說答應出兵救援，但竇建德並沒有立即動手。因爲，當下他仍有一個對手需要擺平。這人不是羅藝，而是孟海公。

李世勣雖然走了，但他說過的話，老竇並沒有忘記。現在，他決定去救援王世充，又十分擔心孟海公會在後院放火，於是定下決心，先搞定孟海公，再去幫王世充。十一月，老竇親率大軍南渡黃河，攻打孟海公。

飽漢不知餓漢饑，老竇雖然知道王世充現在很不容易，但到底不容易到什麼程度，他是無法感同身受的。進入十二月後，鄭國各級官吏再次掀起了投降狂潮，許、亳、隨等十二州接連投降李世民。

王世充朝思暮想，望眼欲穿，就等著夏軍快點來，可左等右等，就是不見竇建德的影子。老王實在坐不住了，便派特使王琬（王世充的侄子）和長孫安世（長孫無忌的堂兄）趕往竇建德大營，請求竇建德速速出兵救援。

竇建德瞧出來了，王世充這回真急了，但他現在正和孟海公打得熱鬧，相信以王世充的能耐，再堅守個把月應該沒什麼問題吧？所以，他沒有理會王世充的要求，繼續猛K孟海公。

王世充在極度的忐忑不安中迎來了新的一年。

正月，坐不住的老王第三次率軍出擊，卻遭到李世民迎頭痛擊。此戰，唐軍生擒鄭將葛彥璋，斃俘敵六千餘人，硬生生將王世充趕回洛陽城。

回洛倉早已落入唐軍之手，洛陽城的糧食危機迫在眉睫。萬般無奈之下，老王只得冒險讓太子王玄應從虎牢關運糧到洛陽。

果然，這是一次冒險的旅行。王玄應的運糧隊在半路上遭到了唐將李君羨截擊。結果，王世充連一粒米的影子都沒見到。

老王愁得要死，說不出的寒意籠罩在他的心頭。

二月十三日，李世民的大軍已經推進至洛陽城郊的青城宮。王世充站在城頭，就能清楚地看到「唐」的旗號，望著城下忙忙碌碌的唐軍將卒，心就好像被油煎過一般難受。這回，唐軍是眞的逼到眼皮子底下了，老王決定破釜沉舟：趁唐軍立足未穩之際，以奇兵破之。

客觀地講，這是一個具有強烈冒險色彩但卻十分高明的決斷。因爲，唐軍從上至下都覺得鄭軍已經被打怕了，不敢再出城交戰。果不其然，老王率兩萬精兵出擊的舉動，著實嚇了李世民一大跳。瞅這陣勢，老王是要拼命了。

第 6 章

老竇，你怎麼還不來？

夜裡洛陽城頭有許多雙閃著詭異綠光的瞳仁。大家都很害怕，以為老王搬出了什麼兇猛的野獸。後來才知道，原來鄭軍餓得眼珠子都綠了。王世充日日夜夜眺望，他娘的，竇建德你怎麼還不來啊？

鄭軍在谷水南岸列陣，唐軍則背靠北邙山列陣，雙方隔河對峙。大戰一觸即發，肅殺的氣氛凝固了戰場的上空。

李世民給將士們打氣，「敵人現在是做困獸之鬥，他們傾巢而出，不過是想僥倖打贏這一仗而已。只要我們今天將他們打敗，那麼他們以後就再也不敢出戰了！」

唐軍將士山呼萬歲。

動員完畢就該調兵遣將了，李世民命屈突通率五千步兵渡過谷水，進攻鄭軍。臨行之前，李世民對屈突通叮囑道：「你部與鄭軍接戰之後，要立刻放煙以爲信號。屆時，我將親率主力，憑藉有利地形，直衝王世充大營。」

屈突通鄭重地點了點頭。

北邙山下，五千大唐健兒目不轉睛地望著屈突通。屈突通手擎利劍，朗聲說道：「兄弟們，勝敗就在此一仗了，大家隨我殺。」

五千勇士迸發出開山裂地的吶喊，如風捲殘雲般掠過冬日蕭瑟的原野，望谷水南岸殺去。與此同時，南岸的鄭軍也如潮水般湧了上來，雙方很快便殺在了一處。

依照事先的約定，屈突通放煙爲號。

李世民遠遠瞧見，立刻帶領大軍，直衝王世充的中軍。然而，戰場局勢瞬息萬變，任你是大羅金仙也難以做出準確的預測。李世民沒想到，鄭軍居然衝而不散，預期目的完全落了空。

原來，鄭軍也知道成敗生死繫於此戰，個個都拿出了背水一戰的勇氣，與唐軍展開死拼。唐鄭兩軍攪在一處，整個戰場亂成了一鍋粥。

這是隋末唐初最爲精采的戰役之一，擊敗瓦崗軍的江淮勇士對陣大唐健兒，端的是一場惡戰。激戰當中，李世民和他的護衛隊走散，身邊只剩下一個丘行恭，十分危險。恰在此時，一小隊鄭軍騎兵發現這種情況，一片箭雨就向李世民的身上招呼過去了。

李世民左右格擋，總算擋掉了灑來的箭雨，但他的坐騎卻不幸中箭倒斃。丘行恭已經跑出去一大截，聽到李世民呼救，便立刻撥轉馬頭回援。老丘張弓搭箭，與鄭軍對射起來，弓弦響處，必有一名鄭軍墜於馬下。追兵懾於丘行恭的箭術，不敢逼得太近。於是，丘行恭將坐騎讓給李世民，自己在馬前開路。他手執長刀，接連砍翻十餘名鄭軍，終於領著李世民衝出鄭軍包圍圈，重歸唐軍大部隊。

在主帥王世充的鼓舞之下，鄭軍雖然先後數次被擊潰，但很快就重振旗鼓。不過，唐軍也不是吃素的，雙方從辰時一直血戰到午時。鄭軍漸漸不支，顯露敗象。李世民果斷抓住戰機，發動反攻，鄭軍大敗，丟下八千多具屍體，狼狽退入洛陽城。李世民乘勝直逼洛陽城下。

王世充不甘心，又於第二天出右掖門，臨洛水列陣。正要渡河攻打唐軍之際，突然斜刺裡殺出一人，一槊捅在王世充的背上。

一切都發生得那麼突然，電光石火之間，衆人根本無暇做出反應。

這時，只聽「哢嚓」一聲脆響，長槊竟然斷爲兩截。原來，王世充裡面穿了一件刀槍不入的護身鎧甲，長槊折斷未能刺進。

王世充扭頭一看，刺客赫然便是唐軍降將王懷文。

此時，鄭軍諸將已經反應過來，紛紛拔出利劍，向王懷文衝來。王懷文計劃落空，駭得面無人色，趕緊撥轉馬頭，向唐軍大營逃去。鄭軍隨後追擊，結果王懷文在寫口被追兵趕上，英勇就義。

出了這檔子事，王世充嚇得半死，也無心進攻李唐了，索性收兵回城。不過，他決心利用這件事，好好做做文章。回到城中以後，王世充脫下外衣，將自己的內甲袒露給群臣看，並得意洋洋地說：「王懷文突然襲擊，竟沒有傷到我毫毛，這不正說明天命歸於我嗎？」

唐軍將洛陽宮城團團圍住，不斷攻打。

此時，守襄陽的魏王王弘烈已經成了孤軍，王世充所能依靠的就是河陽的宋王王泰和虎牢的荊王王行本了。但二十二日，傳來了一個不幸的消息，王泰放棄河陽逃跑，破三角又變成了爛兩角。

在李世民部署之下，唐軍對洛陽發動猛烈的進攻。攻城的人馬一隊接著一隊，一夥連著一夥，前面的倒下了，後面的馬上補上。可是，即便如此，卻始終沒能突破洛陽的城防。洛陽城下，到處都是殘缺的屍體，空氣裡飄著死人腐爛的味道。

沒錯，洛陽確實已經成爲一座孤城了，但卻是一座特別的圍城。洛陽的特別之處就在於它是一座「永恆之城」，像羅馬那樣的「永恆之城」，可圍而不可陷。

洛陽之所以如此堅固，要感謝兩個人——隋煬帝楊廣和宇文愷。

當年，楊廣在建造東都洛陽時特別囑咐施工人員，要把新的洛陽城建成史上最堅固的城池。爲了實現「永恆之城」的構想，隋代最傑出的工程人才宇文愷殫精竭慮，運用當時世界上最爲先進的建築技術，徵集數量龐大驚人的「志願者」隊伍，終於打造出洛陽這座中國古代建築史上的奇葩。

最爲關鍵的是，在這生死存亡的危難關頭，王世充終於重拾自我。進無可進，退無可退，決戰就在此處！勝者將得到一切，敗者將輸掉一切。發了狠的王世充充分發揮了自己的軍事才能，在他的精心組織之下，鄭軍終於重振了士氣。

爲了守住城池，鄭軍甚至搬出了看家的重型武器——大砲飛石和八弓弩。大砲飛石是一種類似於抛石機的武器，據《舊唐書》記載，射程可以達到兩百步之遠。八弓弩則大致相當於今日的機關槍，一次就可以射出八枝利箭。而且，八弓弩所用的不是普通的箭，而是一種特製的箭。

據《資治通鑑》記載，這種箭的箭身有馬車的車輻那麼長，至於箭頭，大小竟相當於一把斧頭。要命的是，這麼長、這麼重的箭竟然可以飛行五百步之遙。大家可以想想，如果被這玩意兒射中，會是個什麼情形。

唐軍也是爹娘生的，血肉之軀哪能受得了這些重型武器的襲擊？老王拿出了如此陣勢，李世民只能望城興歎。

唐軍的士氣遭到沉重的打擊，再拿不下洛陽，就真要有麻煩了。

一般而言，到了這個時候，就該有人出來說話了。

總管劉弘基第一個站了出來，他建議暫時停止進攻，先撤回關中，進行休整，等到士氣恢復之後，再來攻打鄭國。

但李世民不同意，機不可失，失不再來，等你的士氣恢復了，人家的士氣也恢復了，好不容易打下的大好結局，若是一朝放棄，實在是太可惜了。

面對衆將的苦苦相求，李世民決然地下了死命令，「洛陽不破，絕不回軍，再有膽敢提起班師的一律斬首。」

但緊接著，又冒出來一個人，這個人著實讓李世民費了一番躊躇。因爲，這個人正是他的老爹——大唐皇帝李淵。聽說洛陽久攻不下，老李心急如焚，連夜給李世民下了一道密令，要求他速速退兵。

望著眼前的密令，李世民愁壞了。聖旨是萬萬不能抗的，這該如何是好？驀地，李世民腦中靈光一現，對了，有他呢！若是派他回長安，一定能讓父皇回心轉意。

封倫，字德彝，出身於世家大族，是一個相當聰明的人。封德彝小的時候，他的舅舅盧思道就常常對外人說：「這小子智識過人，必能致位卿相。」此言後來果然應驗。開皇年間，時任內史令的楊素前往江南平叛時，將封德彝徵召爲行軍記室。大船行至海曲時，楊素突然要召見這個傳說中的封德彝。可能是有些過於激動了，封德彝居然在進謁途中失足落水，好在有人及時相救，才無性命之憂。封德彝回去換了一身衣服，又來拜見楊素，整個會見過程中，絕口不提剛才落水之事。

最後，楊素實在忍不住了，主動問封德彝爲什麼不將剛才的事告訴他。封德彝一本正經地回答說：「私事也，所以不白。」

楊素聽了，「甚嗟異之」。

後來，楊素負責營造仁壽宮的時候，隋文帝來檢查驗收。楊堅是個崇尚勤儉節約的人，見宮殿造得十分奢華，便大發雷霆，「楊素你這個混球，居然把宮殿造得這麼豪華，讓我怎麼面對天下的老百姓啊？」

楊素嚇壞了，生怕皇帝會治他的罪。可是，封德彝卻相當淡定，「不必驚慌，待會兒皇后到了，肯定會為你說好話。到時候，皇上就會下敕重賞你了。」

楊素表示嚴重懷疑。果然，獨孤皇后替楊素說了好話，楊素不僅沒有受罰，反而還受賞賜。楊素十分驚詫，回來後便問封德彝，「卿何以知之？」

封德彝呵呵一笑，「陛下崇尚節儉，必然會生氣。但是，他特別聽皇后的話。皇后是個女人，女人不就喜歡奢華漂亮嗎？只要皇后滿意了，皇帝肯定不會生氣了。」

楊素聽了，佩服得要死。

楊素這個人自恃出身高貴且有點才華，從來不把任何人放在眼中，卻獨獨欣賞封德彝。每次和封德彝聊天，一聊就是一整天。他每每不勝感慨地撫著自己的座位對封德彝說：「封郎必當據吾此座。」

封德彝確實很有能力，但這傢伙心術不正，品德欠奉。對於老封而言，撒謊騙人如同日常三餐，跳槽背叛如同吃宵夜。

我給他取了一個外號，叫做千面人獸。這位仁兄簡直將厚黑學發揮到了極致，四面玲瓏，八面來風，見人說人話，見鬼說鬼話，從隋朝一直混到唐朝，周旋於當世最為傑出的人才之間，不僅毫髮無損，而且大富大貴、大紅大紫。

最最讓人歎為觀止的是，在他有生之年，沒一個人能發現他的陰險卑鄙，當真是不負「千面人獸」這個諢名。

隋文帝時期，楊素是第一紅人，老封就投靠楊素；隋煬帝時期，虞世基走紅，老封又選擇虞世基做自己的老闆；隋煬帝坐困江都之後，老封又投靠了宇文化及。宇文化及要篡位，派他去擠對皇帝。結果，巧舌如簧的封德彝被隋煬帝一句「卿是士人，何至於此」噎得「赧然而退」。宇文化及被竇建德擊敗之後，封德彝便跟著宇文士及歸降大唐，被李淵任命為內史舍人。

現在，李世民想到了封德彝，覺得以老封的口才，一定能夠說服李淵回心轉意。他還真選對人了，大忽悠封德彝到了長安，一番大論，就打消了李淵撤兵的念頭。

不過，李世民還是調整了戰略，將速戰速決改為圍困迫降。他寫信給王世充，曉以禍福利害，但王世充沒有回覆。

二月三十日，王世充又收到一個壞消息：唐軍攻破虎牢關，荊王王行本被俘。事到如今，自己人是指望不上了，只能寄希望於竇建德了。

進入三月後，圍城的唐軍總是能在夜裡看到洛陽城頭有許多雙閃著詭異綠光的瞳仁。大家都很害怕，以爲老王搬出了什麼兇猛的野獸。後來才知道，原來洛陽的糧食終於全部告罄，鄭軍餓得眼珠子都綠了。

別看洛陽城外唐軍屍骸如山，其實城內的情形也不比城外好多少。爲了塡飽肚子，百姓們想盡了各種辦法，最常用的一種辦法是：隨手從地上抓起一把土，投入到水缸當中，等到沙石等物完全沉澱後，撈出漂浮在水面的雜質，再和上一些米屑、麥麩，做成「烙餅」充饑。

不久之後，連這樣的烙餅都吃不上了。城中兵民餓得身體浮腫，頭暈耳鳴，四肢無力，天天都有人餓死。最後，甚至出現了這樣可笑而又可悲的結果：堂堂鄭國尚書郎盧君業和郭子高竟活生生餓死了。連達官都不能倖免，洛陽糧荒之嚴重可見一斑。

王世充日日夜夜眺望東方，他娘的，竇建德你怎麼還不來啊？

第 7 章

我在虎牢關等著你！

唐夏兩軍在虎牢關下展開拉鋸戰，一拉就是一個多月。夏軍將士見久戰不勝，人人思歸。竇建德在極度的不情願中迎來了人生的最大危機。

早春三月，草長鶯飛，萬象更新，中原大地到處都是一副生氣盎然的醉人景象。

洛陽城內，樹木已經悄悄地抽出了嫩芽，堤岸旁的垂柳不知何時已換上了綠色的衣裙，綠茸茸的原野上綴滿了各色的小花，在微風吹拂下搖曳著婀娜的身姿，彷彿吟唱著輕聲的歌謠。

歷經戰火和饑寒雙重襲擾而倖存下來的人滿含熱淚，望著這自然的造化，奔相走告：春天來了！春天來了！春天終於來了！闊別已久的歡聲笑語終於再次出現在這座曾經被饑餓和絕望充斥著的「永恆之城」。春天降臨給了人們生的希望。

王世充激動得都快哭了，因爲他接到探子的報告：夏王竇建德終於打敗孟海公，盡起全國之兵，連同徐圓朗和孟海公部，合十萬之衆，前來援救鄭國了。現在，竇建德已經進入滑州，與鄭國的行台僕射韓洪順利會師。

好啊！洛陽有救了！大鄭有救了！王世充激動得手都在顫抖。竇建德這哥們果然豪爽，居然拿出這麼大的手筆，十萬，這是何等可怕的一個數字，圍城的唐軍只有五萬，合我二人之力，必定可以擊敗唐軍。

老王站在城頭上，望著城下唐軍的營寨，心卻早已飛到了滑州。

老竇，你讓我等得好苦啊！

洛陽城下的唐軍大營，恐懼則像瘟疫一般迅速傳遍整個大營，悲觀的氣氛瀰漫著整個天地。李世民還沒有把探子的快報讀完，整個唐營上下已經全都知道了。李世民最擔心的事情還是發生了，竇建德果然來救援鄭國了，而且還拿出自己的全部家當，看來是準備來拼命。這該如何是好呢？

李世民還沒理出個頭緒，一眾文臣武將已經湧進他的大帳。瞬間，爭吵聲就把整個大帳都淹沒了。有的說：大王，別猶豫了，趕快閃吧！再不閃就來不及了。有的針鋒相對，你這是逃跑主義路線，是要受到批判的。

就在這當口，一封又一封急報呈遞了上來。

報！夏軍攻陷元州！

報！夏軍攻陷梁州！

報！夏軍攻陷管州！

報！夏軍已進駐滎陽！

報！夏軍已與鄭國徐州行台王世辯部合兵一處，有三十萬之眾（號稱），在成皋東原紮營，在板渚修築宮室。

每一封急報都像一桶滾燙的油澆在人們早已火急火燎的心上。爭吵聲更是沸反盈天，造成這混亂情形的原因只有五個字：竇建德來了。

主帥李世民緊鎖雙眉，望著眾人，別爭了，開會！

重臣蕭瑀（蕭皇后的弟弟）第一個站了出來，主張馬上撤退，理由很簡單：圍城已經這麼久了，但洛陽依然穩如泰山，什麼時候能拿得下來，誰的心中也沒底。鄭軍將士多是江淮精銳，戰鬥力十分可觀，只因缺少糧餉才處處受挫。而夏軍多年來也一直經受戰火的歷練，實力同樣不可小覷。如果兩軍合流，我軍斷無取勝之理。

蕭瑀說出了絕大多數人的心聲，這一表態，主張撤退的人馬上呼啦啦地站出來，勸李世民趕快撤退。

李世民沉默不語，他在等，等那個唱反調的人。

然後，原瓦崗軍舊將、李世勣的部下郭孝恪站了出來。

對於目前的形勢，郭孝恪表現出與眾不同的樂觀，他只說了一句話，「王世充彈盡糧絕，洛陽城指日可下，竇建德卻趕來援助，這分明是老天爺要讓他們全部覆滅啊！我軍應該憑藉虎牢關的天險抗拒竇建德，伺機擊潰夏軍。」

此言一出，猶如鏡湖之中投下一塊巨石，頓時激起千層浪。第一個吃螃蟹的人已經站出來，主戰派紛紛跳了出來。

薛收進一步細化了郭孝恪的想法，指出當務之急是兵分兩路：一路人馬繼續圍困洛陽，遏制王世充；另一路人馬則進駐虎牢，以逸待勞，伺機一舉擊潰竇建德。只要打敗夏軍，洛陽可不戰而破。

薛收更是做了大膽的預測，「不過二旬，兩主就縛矣！」

李世民笑了，終於露出了自己的眞實面目——最最堅定的主戰派。

「鄭軍上下離心，敗局已定；竇建德剛剛大勝孟海公，將驕卒惰。當前的首要問題是將南下的夏軍擋住，使其不能與鄭軍合流。而阻擋夏軍的唯一位置就在這裡——虎牢關（今河南滎陽汜水鎮）。只要我們佔據了虎牢關，就相當於扼住了竇建德咽喉。一舉把這兩個傢伙都滅了！」李世民斬釘截鐵地說道。

領導這麼強勢，下屬也不好說些什麼了，開幹吧！

李世民望著遠方的天際，竇建德，你終於來了，我在虎牢關等著你！

根據薛收的建議，李世民決定將全軍一分爲二，由齊王李元吉和大將屈突通率主力繼續圍困洛陽，他本人則率步騎兵三千五百人東進虎牢關。

事不宜遲，必須搶在夏軍的前面趕到虎牢關。正午時分，李世民率軍出發，過北邙，經河陽，取道鞏縣，直奔虎牢關而去。

王世充在城頭上遠遠地瞧見了，但猜不透李世民的意圖，猶豫了半天，最終放棄了出城襲擾的念頭。如果他跳出來折騰一番的話，李世民的行程必定會被耽擱，竇建德的大軍就有可能先行抵達虎牢關，那麼後來的結局就有可能發生驚天的逆轉。

但歷史沒有如果，李世民等人於三月二十五日順利進駐虎牢關。剛剛入城，竇建德的大軍就到了。唐軍三千五百，夏軍十萬（號稱三十萬），實力對比太過懸殊。

但李世民一點兒都沒犯怵，第二天，就給竇建德一個下馬威。他親率五百精騎，出虎牢關，前去觀察夏軍大營。也就是這可憐的五百人，李世民一路上還不斷分流，先後留下李世勣、程知節、秦叔寶三支小隊埋伏於道旁。最後，李世民僅帶著尉遲敬德等四人，一直推進到距離夏軍大營僅三里的地方。

三里是個什麼概念呢？

一千五百米，相當於在學校的三百米跑道上跑個五圈。離敵人這麼近，不出事才怪！果然，李世民等人很快就碰到夏軍巡營的遊兵小隊。夏軍小隊還以為他們是唐軍的斥候，立刻撲了上來，尉遲敬德等人驚出一身冷汗。豈料，李世民居然衝著人家自報家門，「我是秦王李世民。」說罷，張弓搭箭，一箭射落對方一騎。

這下可捅了馬蜂窩。老竇聽說李世民居然跑到自己的眼皮子底下，而且僅帶了四個人，頓時大喜過望，馬上派出五千騎兵追擊。

夏軍精騎捲起漫天黃塵，氣勢洶洶地撲了上來。尉遲敬德等人嚇得臉色都變了。李世民卻跟個沒事人似的，無比淡定地對其餘三人說：「你們只管往回跑，有我和尉遲敬德殿後就好了。」

三人聞言，如獲大赦，立即策馬狂奔。李世民卻與尉遲敬德勒住韁繩，慢慢地溜達起來。不一會兒，夏軍騎兵就攆了上來，二人拉弓放箭，一箭一個，玩起了殺人競賽。夏軍哪見過這麼厲害的角色，不敢再靠近，只是遠遠地跟著。

很明顯，王世充在求援信中沒好意思提自己上次是如何吃虧的，結果，竇建德吃了李世民一悶棍。夏軍跟著跟著，就跟到了唐軍的埋伏圈。李世勣、程知節、秦叔寶三支小隊突然殺出，夏軍遭到失敗。這次伏擊戰，唐軍斬首三百多級，俘虜了夏將殷秋和石瓚，狠狠地打擊了夏軍的士氣。

竇建德不知道，這一切僅僅是個開始。

回到大營後，李世民給竇建德寫了一封信。信的內容是這樣的，「趙魏之地歷來爲我大唐所有（純屬扯淡），現在卻被你搶走了。但念在你放回我叔叔和姑姑，所以唐就不計較了。但是，眼看著我們就要拿下王世充了，你卻偏偏要來攪和。爲一個王八蛋耗費自己的人力和財力，我覺得挺不值的。剛才，我已經和你的部隊交過手了，你的人挺一般的，希望你能知難而退，不要執迷不悟，自取滅亡。」

竇建德閱過後，勃然大怒！李世民，你小子欺人太甚。

唐夏兩軍在虎牢關下展開拉鋸戰，一拉就是一個多月。到了四月三十日這天，竇建德拉不下去了，因爲他的運糧道被唐將王君廓給抄了。夏軍將士見久戰不勝，人人思歸。竇建德在極度的不情願中迎來了人生的最大危機。

開會！開會！

竇建德的幕僚當中不乏有眞才實學之人，凌敬正是其中之一。和其他人一樣，凌敬也極力勸說竇建德放棄虎牢關。不過，他的想法可不是退回洺州之類的陳詞濫調。凌敬認爲，與其耗在虎牢關下，不如全軍渡過黃河，攻取懷州和河陽，而後翻過太行山，進上黨，抵壺口，盡收李唐河東之地。

這個大膽的想法引起了老竇的注意。凌敬進一步指出，這麼做有三個好處：一是大軍如入無人之境，非常安全；二是可以拓展疆土，擴大軍隊的規模；三是圍魏救趙，曲線救鄭。

凌敬的分析高屋建瓴，有理有據，老竇的心被說動了。

這是一個相當高明的計劃。但出人意料的是，凌敬的想法卻遭到絕大多數人反對。原來，王世充的使者王琬和長孫安世探聽到風聲，急了，這怎麼行，你們去攻打河東，誰來解我們鄭國的危難呢？不行，絕對不行！哥倆合計了一下，決定重金賄賂竇建德的大臣們，讓他們勸說竇建德放棄凌敬的點子。

吃人家的嘴軟，拿人家的手短。夏國的大臣們拿了好處，便紛紛向竇建德進言，說凌敬只是一個光會紙上談兵的書生而已，怎麼能和他商量軍國大事呢？竇建德經不住這些人的百般遊說，便回絕了凌敬，「現在，我大夏將士士氣高漲（沒看出來），這說明老天爺是站在我這一邊的。我相信，與李世民的決戰一定可以大獲全勝。」

凌敬這個書生性子硬，據理力爭，非要竇建德採納他的建議不可。一來二去，竇建德毛了，「我已經聽從了大家的意見，不能再聽你的了。」

凌敬不幹，竇建德就命人將他攆了出去。後來，竇建德才知道，他攆走的哪裡是凌敬這個人，分明是攆走了命運之神留給他的最後一次機會。

一向脾氣溫和的竇建德居然發了這麼大的火，以這麼粗暴的態度對待一個士人。消息傳出，引起一個人的高度重視。此人便是夏王妃曹氏。

畢竟是相親相愛的兩口子，曹氏說話就比較直接，「凌敬的計謀非常好，極具可操作性，你爲什麼不採納呢？」

老竇的氣還沒消呢！氣鼓鼓地頂撞了自己的老婆，「爭戰之事哪是你們女人所能知道的呢？洛陽危在旦夕，只盼望著我來解救他們。我既然已經答應了他們，怎麼能因爲遇到一點困難就退卻了呢？」

小玉我翻了翻史書，這是竇建德這一生中唯一一次對自己的老婆說不恭敬的話。

凌敬和曹氏的勸諫不但沒有打消竇建德的念頭，反而更加堅定他與李世民鬥爭到底的決心。李世民，別再小打小鬧了，來個爽快的吧！

第 8 章

決戰虎牢關

王世充終於在洛陽的城頭看到了日夜懸盼的夏主竇建德，可是搞什麼鬼啊，老竇怎把自己五花大綁，旁邊被他俘虜的李世民卻手腳自由，一臉得意洋洋？

據細作的情報顯示，唐軍的馬料已經消耗殆盡。竇建德聞訊大喜，馬料沒了，唐軍的騎兵就只好到黃河北岸去放牧了，虎牢關的防守力量必定會大大削弱，屆時……

可惜，老竇萬萬沒有想到，李世民的情報工作要比他做得好。竇建德以爲李世民不知道他知道，事實上，李世民知道竇建德以爲他不知道他知道，便將計就計，於五月初一率一千騎兵北渡黃河。

這一切都被竇建德看在眼裡。沒關係，就是要讓竇建德看到。當天晚上，李世民便返回虎牢關。是夜，關中的唐軍忙得不可開交。

竇建德果然中計，第二天一大早，便帶著大軍傾巢而來。夏軍大營北靠黃河，西臨汜水，南連鵲山，連綿二十里，氣勢極爲宏大。當夏軍如雷般的戰鼓聲響起的時候，唐軍衆將個個面有懼色，這是自起兵以來，唐軍首次遭遇這麼龐大的敵軍。

與諸將的驚恐形成鮮明對比的是主帥李世民的超級淡定。李世民微微一笑，對諸將朗聲說道：「自山東起兵以來，竇建德從未碰見過強有力的對手。夏軍雖然人數衆多，但是紀律鬆弛。現在，他們逼近虎牢關列陣，很明顯有輕視我軍的意思。大家不要慌，只要我們按兵不動，時間一久，他們的士氣就會低迷。待到他們鬆懈的時候，我們全軍出擊，必定會一舉擊敗他們。」

望著諸將寫滿質疑的面龐，李世民堅定地說：「我可以和各位打賭。一過正午，我軍就肯定能打敗他們。」

十多萬夏軍在虎牢關下嗚嗚咋咋，但城中的唐軍就是不肯出戰。時間一久，老竇有些坐不住了，腦子一轉，想了一個激怒唐軍的點子。

老竇派三百精騎渡過汜水，逼近虎牢關。上次李世民搞偵查，推進到距離夏軍大營三里的地方。這一次，老竇以牙還牙，以眼還眼，這三百精騎跑到距離虎牢關一里的地方才停下來。一里，區區五百米，就是這麼近。

老竇派人對李世民喊話，「這三百人是我夏軍的精銳，他們待得有些手癢癢了，就麻煩你挑選幾百精兵，和他們打著玩吧！」

李世民冷笑一聲，「王君廓何在？」

王君廓應聲而出，「末將在。」

「就著你率二百長槍手，陪他們好好玩玩！」李世民輕蔑地揮了揮手。

王君廓領命而出，帶著二百長槍手直撲夏軍精騎。兩隊人馬立刻廝殺在一處。這是唐軍精銳與夏軍精銳的一次正面對抗。理論上來講，夏軍人數比唐軍多一百多人，應該占優。但實際的結果是，王君廓等人力敵夏軍，雙方居然戰成了平手。最後，只得各自收兵回營。

李世民很不高興，依著他的意思，王君廓本應一舉擊敗這股夏軍，豈料，竟然打成了平手。平局的結果，李世民是萬萬不能接受的。

正在這時，他一眼望到夏軍大營前，有一員大將騎著一匹十分眼熟的駿馬。定睛一瞧，竟然是隋煬帝御用的青驄馬，馬上所坐之人則是王世充的侄子王琬。

隋煬帝的馬，當然不是等閒之物。李世民這個人就愛馬，看到這匹神駒，情不自禁地讚道：「眞是匹好馬！」

尉遲敬德一聽站了出來，要求去奪取青驄馬。李世民眞動心了，但覺得尉遲敬德去奪馬，似乎有些危險。駿馬再好，畢竟只是一頭畜牲，犯不著爲牠搭上一員大將的性命。

豈料，尉遲敬德帶著高甑生、梁建方二人，躍上馬背，就向夏軍大營衝了過去。這三個人都是唐軍當中響噹噹的猛將，一轉眼便衝到夏軍陣前。

夏軍士兵哪想到唐將居然如此大膽，倉促之下亂作一團。尉遲敬德三人趁機將王琬團團圍住。尉遲敬德猿臂一伸，就將王琬提溜了過來；高甑生牽住青驄馬，梁建方殿後掠陣，三人順順當當就回來了。

這兩段小插曲之後，兩軍陣前重又歸於平靜。夏軍左等右等，但唐軍就是沒有出戰的意思。眼瞅著天色已近正午，老竇心急如焚。夏軍士兵從早晨一直等到中午，又渴又餓又累。竇建德看在眼中，疼在心中，下令全軍原地休息。衆軍得令，如獲大赦，紛紛跑到汜水邊上喝水飲馬。

李世民瞧在眼中，就把宇文士及叫了過來，「你帶三百騎兵，由夏軍大營西側向南推進。敵人如果不動，你就帶兵返回；敵人如果出動，你就領兵向東避險。」

宇文化及領命而出，帶著三百騎兵突然出現在夏軍大營西側。竇建德還以爲唐軍發動突然襲擊，趕緊派兵追擊，夏軍的注意力完全被宇文士及吸引住。

李世民大喜，「傳我將令，全軍出擊！」

此時，竇建德正在接受群臣的拜謁。突然間，晴日裡一聲炮響，驚得老竇的茶碗都掉了。只見虎牢關的城門終於打開了。

竇建德大喜，我等的就是這一刻。

李世民大喜，我等的也是這一刻。

老竇興奮得嘴巴都合不攏了，但緊接著，他的表情就凝固了。這是怎麼回事？唐軍騎兵不是渡河牧馬去了？怎麼出現在這裡？

原來，尉遲敬德搶回青驄馬之後，李世民就派他去北岸將騎兵接回來。

風馳電掣之間，唐軍已涉過汜水，撲殺過來。等到老竇反應過來時，唐軍的騎兵已經衝到近前。夏軍倉皇應戰，兩軍殺在一起，陣地上殺聲震天，塵土飛揚，箭如雨落。

唐軍來得太過突然，大夏群臣見狀，趕緊向老大竇建德跑過去。本來，竇建德已經召集騎兵來援了。但是，援兵被無頭蒼蠅似的大臣們擋住，根本過不來。竇建德急得大喊大叫，喝令群臣退下。大臣們這才會過意來，趕緊散開。

戰場上的每一分每一秒都是至關重要的。就在這一進一退之際，唐軍的騎兵已經殺到竇建德近前。竇建德大驚，趕緊向東撤退。

李世民在陣中左衝右突，如入無人之境。他帶著史大奈、程知節、秦叔寶、宇文歆等人，將一面唐軍大旗捲起，直撲敵人大後方，而後打開大旗。竇建德的士兵回頭看見李唐的旗幟在身後飄揚，還以為已經被唐軍包圍了，頓時戰意全消。唐軍趁機猛攻，夏軍全線崩潰。

老竇也在亂軍中中了一槍，沒辦法，刀槍面前人人平等。慌不擇路的竇建德就奔著牛口渚來了。唐將白士讓、楊武威本不認識老竇，見他的穿著打扮，還以為是一名高級將領，便沿路追來。

竇建德哪跑得過他倆，不一會兒就被攆得從馬上摔了下來。白士讓不含糊，舉槍就要刺下。這個時候，竇建德張口了，「別殺我，我是夏王，獻上我可以使你們得到富貴榮華。」

哥倆一聽，趕緊下馬，驗明正身，果然是竇建德。楊武威將竇建德捆住，往馬背上一擱……

說來也怪，據說夏軍中流傳著一首童謠，來來去去就八個字，「豆入牛口，勢不得久。」今天，竇建德入了牛口渚，果然「勢不得久」。眞是邪乎了！

這一仗，夏軍慘敗，五萬人被俘，三千人被殺。竇建德的妻子曹氏和左僕射齊善行僅帶著幾百名騎兵逃回洺州。

唐軍大營之中，李世民怒斥竇建德：「我們大唐討伐王世充，干你屁事，你為什麼要插手？」

據《資治通鑑》記載，竇建德是這麼回答的，「現在我不自己來，恐怕以後還得煩您遠途去攻取。」這句話很沒有骨氣，完全不像竇建德的風格。這可能是史官杜撰的，竇建德的眞實意思恐怕是這樣的：我現在不來找你麻煩，將來你也會去找我麻煩。

四天後，王世充終於在洛陽的城頭看到了日夜懸盼的夏王竇建德，可是搞什麼鬼啊，老竇怎把自己五花大綁，旁邊被他俘虜的李世民卻手腳自由，一臉得意洋洋？

啊……搞錯了！完全搞錯了！是老竇被人家捉了，老竇，你怎麼這般沒用呢？

頭腦一片昏然的王世充問自己的部下，「突圍南下襄陽怎麼樣？」

回答他的是一片可怖的沉默。良久，才有人回道：「我們依賴的是夏王竇建德，如今夏王已被俘，我們就是突圍，最終也無法成功。」

「唉……」王世充長歎一聲。

五月初九，洛陽這座永恆之城的城門終於打開了，身著白色罪衣的王世充帶著手下文武官員緩緩地走了出來……

面對李世民，王世充汗流浹背。李世民得意之情溢於言表，「你總認爲我是個小孩子，如今見了我這個小孩子，卻爲何如此恭敬？」

王世充極力辯白，頭磕得跟搗蒜瓣似的，他的這種表態讓李世民十分受用。王世充瞧在眼裡，趁機提出請求，希望李世民網開一面，不要殺他。

李世民一個激動，答應了。

在唐軍的大營中，王世充與竇建德終於相逢了。

如果說相逢是首歌的話，那麼王竇的相逢註定是一首悲情的絕唱。一個梟雄和一個英雄被另一個梟雄給打敗了。從這一刻起，屬於他們的時代已經過去了，未來只屬於李世民一人。

第 9 章

雙雄殞命

李世民押解著一眾戰俘，直奔太廟，舉行了清點戰利品的「飲至禮」，以王世充、竇建德以及隋朝皇室的車駕、御物祭奠祖先。真不知被人當做祭品的王世充和竇建德當時會有著怎樣的心情。

王世充出城投降後的第二天，李世民即率得勝之師開入了永恆之都——洛陽。

進城之後，李世民馬不停蹄地做了兩件事：

一是將洛陽府庫當中的金錢布帛統統沒收，全部封賞給將士們。革命戰士也是肉做的，也都喜歡錢，沒有點好處，誰甘心爲你賣命啊？將士們撇家捨業，把腦袋別在褲腰帶上鬧革命，說白了，圖的就是個榮華富貴、封妻蔭子。這個道理李世民自然懂，才會大慷王世充之慨。可笑老王這麼多年搜刮擄掠來的財富，如今卻被李世民一朝順手做了人情。

二是對王世充的部將進行清算。

清算榜上的第一人就是單雄信。李世民是人不是神，也有自己的喜惡與愛憎。雖然單雄信武功高強，是個人才，但誰讓他當初差點害了李世民的性命呢？

聽說李世民要對單雄信下手，有一個人急壞了。

這個人便是單雄信的同鄉好友兼結義兄弟李世勣。遙想當年，兄弟二人攜手走出家鄉，立誓要幹一番驚天動地的事業，然而世事難料，誰能想到昔日情同手足的兄弟最後竟然站到敵對的陣營，眞是造化弄人啊！

李世勣苦苦哀求李世民，希望他能對單雄信網開一面。

李世民不聽。

李世勣急了，提出以自己所有的官爵來換單雄信一條命。

但李世民已經鐵了心要殺單雄信，堅決不肯答應。

李世勣絕望了，淚如雨下。萬般無奈之下，他只得懷著無限愧疚的心情，來與單雄信做最後的訣別。

單雄信還一個勁兒地埋怨他：「我就知道你不替我求情。」

李世勣聽了，放聲痛哭，「大哥，你怎麼這麼說話呢？我不惜餘生，情願和兄長你一同赴死。但是，我已經把這條命獻給大唐，忠義難以兩全啊！況且，我死了以後，誰來照顧你的妻兒呢？」

說罷，他掏出一把匕首，「唰」地從大腿上切下一塊肉，鮮血很快就滲透了衣褲。

單雄信見狀大驚。

李世勣含淚將血淋淋的肉片遞到單雄信的嘴邊，「請兄長將此肉吞下。就讓這塊肉隨兄長化爲塵土，或許可以不負當年你我二人同生共死的誓言！」

單雄信淚落如珠，接過肉片，大口咀嚼起來。淚水混著血水，打濕了他的胸襟……

隨後，單雄信與段達、王隆、崔洪丹、薛德音、楊汪、孟孝義、楊公卿、郭什柱、郭士衡、董睿、張童兒、王德仁、朱粲、郭善才等人一同赴死。

在所有受死的鄭將當中，有一個人的死亡讓百姓歡聲雷動。這個人就是朱粲。朱粲，反抗軍領袖，隋末唐初第一狠人。大業十一年十一月，朱粲於家鄉亳州城父聚衆爲盜，部衆很快便發展至十萬人。義寧元年，瓦崗軍攻破黎陽倉以後，朱粲遣使歸附李密，被李密任命爲揚州總管，封鄧國公。李密失敗以後，朱粲又接受政府招安，皇泰主封他爲楚王。

論歷史影響力，朱粲遠不如同時代的造反領袖，但《舊唐書》和《新唐書》竟然都有他的傳記。究其原因，無非就是他是中國歷史上著名的吃人魔王。

據《資治通鑑》記載，朱粲大軍「所過噍類無遺」。他的軍隊除了搶掠和殺人外，沒有任何的政治目的和軍事目的，每攻破一個州縣，便坐地就食，等到轉移時就把剩餘的物資全部焚毀，聽任當地百姓活活餓死。可憐餓死的老百姓屍體堆得像山那麼高。

朱粲絕對是個變態，愛吃人肉，尤好嬰兒肉。等到他的軍隊再沒什麼可掠奪的時候，朱粲就讓部下四處搶奪女人和嬰兒，充作軍糧。他曾經公開宣稱，「食之美者，寧過於人肉乎！但令他國有人，戰何所慮？」

隋朝的著作佐郎陸從典和通事舍人顏閔楚因事被貶南陽，朱粲爲沽名釣譽，就將這兩人招爲幕僚。後來，軍中糧食告罄，可憐陸從典、顏閔楚連同全家竟被左右軍人當做糧食，吃了個精光。

最誇張的是，轉戰期間，朱粲軍隊竟然不向地方徵收稅金，而是要求以婦女、嬰兒代替金銀。這下，老百姓可不幹了，原本降附的周圍州郡再也忍受不了這群變態隊伍，紛紛起兵進攻朱粲。

人民群衆的力量是無比巨大的，朱粲的二十萬大軍頃刻間灰飛煙滅。朱粲率殘部數千人敗逃至菊潭，無奈之下，投降了李唐。

武德二年二月，李淵下敕立朱粲爲楚王，並派散騎常侍段確前往菊潭慰問。四月初三，段確抵達菊潭，朱粲設宴款待他。

宴會的氣氛非常融洽，賓主觥籌交錯，喝得不亦樂乎，直到喝高了的段確說了一句不該說的話，「聽說你常常吃人，滋味如何啊？」

吃人畢竟不是什麼光彩事，朱粲聽了勃然變色，語帶殺氣地回道：「吃醉鬼的肉就像吃酒糟豬的肉一般。」

段確雖然喝高了，但好話歹話還是能分清楚的，拍案而起，指著朱粲的鼻子大罵道：「操！你個變態賊狂什麼狂？你入朝以後，不過是我家陛下的一個奴僕而已，到時候可就吃不上人肉了！」

他的這句話無異於火上澆油。朱粲聽了，頓時怒從心頭起，惡向膽邊生，當即命人將段確和幾十名隨從下鍋煮了。煮熟之後，朱粲和他的部將美美地吃了一頓。隨後，朱軍屠殺了菊潭百姓，改投王世充去了。

王世充是個沒有底線、沒有立場的人，邴元眞可以接受，朱粲也能接受。而且，老王不僅接受了朱粲，還任命他爲龍驤大將軍，委以重任。

然而，善惡終有報，不是不報，時候未到，時候一到，小命難保。洛陽城破之後，朱粲落到了李世民的手上。對這種殘忍嗜血、降而復叛的人渣，李世民絕不姑息。

處決朱粲的那天，幾乎所有的洛陽人都來了。當朱粲的腦袋被砍下以後，現場歡聲雷動。老百姓還不解氣，紛紛用瓦塊、磚頭砸打朱粲的屍身，不一會兒工夫，竟然堆成了一座小山。

十五日，大夏國王妃曹氏、左僕射齊善行、右僕射裴矩、行台曹旦帶領百官，以相、魏等州來降唐。不久之後，原屬竇建德的領地全部落入李唐之手。

六天後，鄭國徐州行台杞王王世辯以徐、宋等三十八州之地降唐。至此，鄭國全境併入李唐版圖。

自武德三年七月唐軍東出函谷關，到武德四年五月攻佔洛陽，前後歷時僅十個月。李世民於虎牢關一戰兩克，大唐最爲強勁的兩個對手轉瞬便灰飛煙滅，王世充與竇建德束手就擒，中原平定，李唐進軍全國的障礙被徹底掃清，一統山河指日可待。

誰是最大的功臣？

秦王李世民是也！

這一回，李世民立下的不是功勞，而是蓋世奇功。以三千五百人馬PK夏鄭聯軍三十萬（經證實此數為號稱，但聯軍至少在十五萬人以上），居然以少勝多，以弱勝強，勝得那叫一個漂亮啊！想來三國之赤壁、秦晉之淝水亦不過爾爾。

這一戰，絕對是隋末唐初最為經典的戰役。在這場大戰中，戰神李世民的軍事才華展露無遺。這場巨大的勝利一下子就把李世民推上榮譽的頂峰，朝野上下歡聲雷動，好評如潮。

七月初九，李世民率領東征大軍凱旋長安。在入城儀式上，李世民出盡鋒頭。他身披黃金戰甲，一馬當先，進入城中。這一年，李世民只有二十三歲，正是男人一生中最好的時節。年紀輕輕就有如斯成就，正應了那句「自古英雄出少年」的古諺。

緊隨其身後的是以齊王李元吉為首的二十五員唐軍悍將；再往後，是一萬多唐軍精騎，盛大的軍樂聲響徹著整個長安城。

李世民押解著一眾戰俘，直奔太廟，舉行了清點戰利品的「飲至禮」，以王世充、竇建德以及隋朝皇室的車駕、御物祭奠祖先。眞不知被人當做祭品的王世充和竇建德當時會有著怎樣的心情。

隨後，李世民攜王世充、竇建德面見唐皇李淵。

李淵見到王世充之後，就是一頓數落，將王世充從頭數落到腳。王世充嚇得腿都軟了，「陛下教訓得是，王世充罪該萬死，但是秦王答應不殺我！」

依著李淵的脾氣，王世充非死不可。但是，既然李世民發話了，面子總是要給的。十一日，老李頒佈敕書，特赦王世充。不過，死罪可免，活罪難逃，李淵將王世充削職為民，與其兄弟子侄一起流放四川。

竇建德就沒有這樣的好運氣了。就在王世充被赦免的當日，他與孟海公等部屬在長安鬧市迎來了人生的終點。回想竇建德的一生，重情重義，俠名遠播，縱橫天下，誰曾想，最後卻落下這麼個結果。

李世勣高興壞了，因為他的父親與前隋大臣裴矩自洺州攜手入朝。李淵見到兩人十分高興，當即恢復李蓋的官職，並且任命裴矩為殿中侍御史，封安邑縣公。

得知竇建德死訊，王世充暗自慶幸，第二天，馬上帶著一大家子從長安啓程，趕往四川。由於隨行的衛士尚未配備好，李淵頒下敕書，令他一家暫時住在雍州的官衙內。

消息傳出，引起了一個人高度重視。

這個人就是時任大唐定州刺史的獨孤修德。他咬牙切齒地說道：「王世充，你也有今天，我要報仇！」

王世充怎麼和獨孤修德結下樑子的呢？這就要從武德二年正月講起了。話說當月，大隋馬軍總管獨孤武都聯合司隸大夫獨孤機、虞部郎楊恭慎、前勃海郡主簿孫師孝、步兵總管劉孝元、李儉、崔孝仁等人，圖謀發動政變，引唐軍入東都。結果，計劃洩漏，一干人等全部為王世充所殺。

獨孤修德正是司隸大夫獨孤機的兒子。現在，機會千載難逢，獨孤修德決心為父報仇。他帶著一幫兄弟來到雍州官衙外，詐稱是前來傳敕的李淵特使。王世充和大哥王世惲聽說朝廷特使駕到，趕緊跑出衙門外接旨。結果，旨沒接到，卻接來閃著寒光的屠刀。一代梟雄王世充就此殞命。

王世充好歹也是一國之主，且秦王李世民當初又答應饒他不死，豈料現在卻慘遭唐臣毒手。按理說，犯了這麼大的事，獨孤修德理應處斬才對，但老李僅僅是下敕罷免他的官爵而已。不久，王世充其餘的兄弟子侄在赴蜀途中被唐朝地方政府處死，理由居然是「謀反」。箇中滋味，大家慢慢咀嚼吧！

南征北戰

李道玄全身多處負傷，
平生第一次感受到死亡的氣息。
頻頻回頭探望，卻始終不見自家人增援。
終於漢東軍萬箭齊發，李道玄無處可躲，
身中數矢，口吐鮮血地從馬上栽了下來。

第 1 章

為夏王報仇？OK啊！

劉黑闥簡直太爽快了，就說了一句話：為夏王報仇？OK 啊！消息傳出，竇建德的老部下紛紛前來投奔，這個劉黑闥果然厲害，起兵剛一個多月，就先後幹掉了三員唐將。

本來，劉黑闥是想跟著竇建德好好幹一番事業的。誰曾想虎牢關一戰，老竇兵敗被擒，大夏國隨即崩塌。昔日的光華和榮耀遽然散去，心灰意懶之下，老劉卸甲歸田，從此不問世事。

但英雄的人生註定是波瀾壯闊的，老天爺決心讓他走向更大的輝煌。村中方數日，世上已千年。從前的沙場悍將、今日的種田高手老劉並不知道，就在他埋首田間、以耕療傷的這段日子裡，外面的世界已經發生翻天覆地的變化。

首先是七月十一日，大夏國主竇建德於長安英勇就義。人人都知道，竇建德俠骨柔腸，義薄雲天，是個眞正的大英雄。這點，連李淵父子都得承認。不過，正因爲他是英雄，所以他必須得死。

但這還不算完，李淵爲了一勞永逸地解決問題，轉而實施極端殘酷的高壓政策，大肆搜捕、殘殺竇建德的舊將。《資治通鑑》還爲他們的殘忍行徑遮遮掩掩，說什麼「竇建德之敗也，其諸將多盜匿庫物，及居閭裡，暴橫爲民患，唐官吏以法繩之，或加捶撻，建德故將皆驚懼不安」。

其實，李淵就是擔心竇建德的部將聚在一起鬧。

不過，有一點《資治通鑑》說對了，「建德故將皆驚懼不安」。李唐已經舉起血腥的屠刀了，試問誰還能hold住？身在洺州（昔日大夏王國的首都）的范願、董康買、曹湛、高雅賢等人惶惶不可終日。

但該來的怎麼也躲不掉，不久之後，他們就收到了洺州地方政府的通知：即日起程，到長安報到。

對范願等人而言，這絕對是一記晴天霹靂。報到個屁啊！明眼人一眼就看出來了，這份通知其實就是陰曹地府的催命符，到了長安，等待范願等人的絕對是刀削麵。

狗急了還會跳牆，何況人乎？最先跳出來的是范願。

他將董康買、曹湛、高雅賢等人召集在一起開會，第一句話就是，「王世充投降以後，他的部將楊公卿、單雄信等人被全家抄斬。咱們要是到了長安，肯定要步單雄信等人的後塵！」

這句話在眾人當中引起強烈的共鳴，一時間群情激奮，有拍桌子罵娘的，有摔盤砸碗的，有嚎啕大哭的……

范願接著說道：「這十多年來，咱們把腦袋別在褲腰帶上，跟著夏王造反。說實話，咱們早就是在閻王生死簿上掛名的人了。現在，別人已經把刀架在我們的脖子上了。與其任人宰割，不如我們再次團結起來，轟轟烈烈地幹一場。」

屋裡的空氣異常凝重，只有范願朗朗的聲音在迴盪，「當年，夏王俘虜了李淵的弟弟李神通和妹妹同安公主，不僅好吃好喝招待他們，最後還把他們安然無恙送回李唐。可是，李淵抓到了夏王，卻殘忍地把他殺害。我們蒙受夏王的厚恩，如果不爲他起兵報仇，還有什麼面目去見天下人呢？」

范願的這番話，說得在場衆人無不動容。尤其最後的那句「若不起兵報仇，實亦恥見天下人物」，更如一記重錘般敲打著人們的心頭。衆兄弟一致決定：反他娘的！

但常言說得好，鳥無頭不飛，蛇無頭不行。造反這件事情，既是個粗活，也是個精細活，總得有個領頭的不是？

那誰合適啊？

那年代的人很迷信，於是衆人卜了一卦，卦象顯示，「以劉氏爲主吉」。

劉氏？誰姓劉啊？

大家一下子就想到了劉雅。於是，一大幫子情緒激動的傢伙就跑到了劉雅家，要求劉雅當帶頭大哥，領著他們一起鬧革命。豈料，人家劉雅不幹，還說什麼「天下已平，樂在丘園爲農夫耳。起兵之事，非所願也」。

眞是氣死人了！衆人一怒之下，就把他給做了。

幹掉劉雅之後，大家就尋思，以前的老同事中還有誰姓劉啊？這回，范願想到了劉黑闥，「漢東公劉黑闥果斷勇敢，足智多謀，且爲人十分寬容，在士兵當中很有威信。

我很久以前就聽說劉氏當王的說法（這個純屬扯淡）。現在，我們要舉大事，想要盡收夏王的老部下，非得有劉黑闥不可。」

於是，衆人又跑到劉黑闥住的村子。

沒想到，劉黑闥簡直太爽快了，就說了一句話：爲夏王報仇？OK啊！

事兒就這麼成了。七月十九日，也就是竇建德被處死的第八天，劉黑闥、范願等人殺牛盟誓，集合一百多小弟，攻破漳南縣，正式舉兵反唐。

哪裡有壓迫，哪裡就有反抗，這是千古不易的道理。但李淵可沒有想到，他一手種下的這株惡花，最後居然結出了三個惡果。

第一個惡果自然就是劉黑闥了。漢東公劉黑闥聚集竇建德舊部起兵反叛的消息很快就傳到長安。李淵相當重視，立即頒佈敕書，在洺州成立平叛總指揮部——山東道行台，由淮安王李神通出任山東道行台右僕射。

第二個惡果則多少來得有些突然。七月底，唐戴州刺史孟啖鬼（這個名字實在跩，連鬼都吃）脅迫禹城縣令蔣善合起兵反唐。

孟啖鬼和蔣善合以前都是孟海公的人，前者是孟海公的堂兄，後者是孟海公的親信。孟海公被擒後，蔣善合、孟啖鬼便投降李唐。

可是，孟啖鬼萬萬沒有想到，李淵竟會下敕處死自己的堂弟，既爲孟海公的境遇感到悲傷，又為自己的身家性命感到擔憂。終於，孟啖鬼坐不住了，挾持孟義（孟海公之子）、蔣善合，舉兵造反。

不過，老孟的運氣似乎不太好，沒有注意到蔣善合的不滿情緒，起兵沒幾天，就被自家人剁掉了腦袋。

等到孟啖鬼被擺平以後，李淵再次把目光投向劉黑闥。這時，他才發現錯失了消滅劉黑闥的最佳時機。

八月十二日，劉黑闥帶著全部家當——一百多小弟，便攻下了鄃縣，李唐魏州刺史權威、貝州刺史戴元祥被當場打死。消息傳出，竇建德的老部下紛紛前來投奔，劉黑闥的隊伍在一日之間便擴充到兩千人馬。隨即，老劉在漳南修築祭壇，為老上級、老朋友竇建德舉辦了一個盛大的追悼會。追悼會上，老劉聲淚俱下地向竇建德的亡魂表態：老子與李唐誓不兩立。

表態如此堅決，來勢如此兇猛，老李一看，這還了得，立刻調將軍秦武通、李玄通率三千關中步騎兵進攻劉黑闥；同時，還命令幽州總管羅藝速速率軍南下圍攻。

秦武通、李玄通、羅藝哥三兒還在路上走著，二十二日，劉黑闥又攻陷了歷亭縣，唐屯衛將軍王行敏被殺。

好傢伙，這個劉黑闥果然厲害，起兵剛一個多月，就先後幹掉了三員唐將。

但直到這時，李淵還是沒有把劉黑闥放在眼裡。區區千把人，就算放開手腳讓你鬧，你又能鬧到什麼程度啊？

但是，當第三個惡果冒出來之後，他就不這麼想了。

徐圓朗，隋末群雄之一，大業十三年正月於東平起兵，佔據今山東一帶地區，擁有精兵兩萬，稱霸一方。

「牆頭草，隨風倒」這六個字用在他身上眞是再合適也不過了。李密實力占優勢的時候，他便投靠李密；竇建德行情看漲的時候，他又歸附了竇建德；虎牢關大戰後，他又歸降了李唐。老李對他還是很不錯，任命他爲兗州總管，封魯郡公。

因爲曾同在竇建德帳下效力的緣故，劉黑闥起兵後不久，就秘密派人與徐圓朗取得了聯繫，希望徐圓朗能和他並肩戰鬥，爲竇建德報仇。徐圓朗降唐本就是權宜之計，早就想擺脫李唐的控制了，見劉黑闥主動相邀，便立即答應下來。

八月二十六日，徐圓朗正式起兵反唐。劉黑闥大喜，當即任命他爲大行台元帥。徐圓朗在山東一帶經營多年，擁有紮實的群眾基礎，他這邊登高一呼，兗、鄆、陳、杞、伊、洛、曹、戴等八州的豪強均起兵回應。

九月初七，徐圓朗嫌大行台元帥的名頭不夠響亮，乾脆自稱魯王了。

眼見著劉、徐二賊合流，李淵十分著急，給李神通下了死命令，要求他務必一舉消滅劉黑闥。李神通不敢怠慢，立即徵發邢、魏、恆、趙等州兵力共五萬多人，與南下的羅藝會師於冀州。

九月三十日，李神通、羅藝聯軍逼近饒陽（今河北饒陽東北）城南。劉黑闥及其一萬精兵早已等候多時了。唐軍總數近十萬，連營綿延近二十里，聲勢相當浩大；而劉黑闥軍由於人少勢孤，只能背靠饒河大堤列陣。

雙方分兩線對決：東線，李神通PK劉黑闥；西線：羅藝VS高雅賢。

西元六二一年的第一場雪，比以往時候來得要早一些，才剛剛九月底，竟然降下鵝毛大雪，而且還伴著凜冽的北風。望著漫天飛舞的雪花，李神通樂了。原來，唐軍在北，正好處在上風頭，而倒楣的劉黑闥則處在不利的下風頭。李神通立即指揮軍隊，向劉黑闥軍發動猛攻。

李神通出擊的時機把握得非常好。劉黑闥軍雖然驍勇，卻被呼呼的北風吹得連眼都睜不開。兩軍剛一接觸，勝負立判，劉軍手忙腳亂，險象環生，眼看著這場戰鬥就要以唐軍的勝利告終了。

誰曾想，老天爺突然間變了臉，風向竟然奇蹟般地變了，由西北風變成東南風。轉眼之間，唐軍反倒處在下風頭，一個個被吹得東倒西歪，叫苦不迭。攻守易位的結果必然是勝敗顛倒。這次輪到劉黑闥大叫天助我也，立即收攏人馬，向唐軍反撲過去。

結果可想而知，李神通打了個大敗仗，兵馬物資損失近三分之二。

西線那邊，羅藝PK高雅賢。羅藝何許人物，區區一個不入流的高雅賢當然不是他的對手，不一會兒就把高雅賢揍得抱頭鼠竄。但是，這場戰鬥的主戰場在東線，西線的勝利只是無關痛癢的小勝而已，羅藝雖然得勝，卻也只能退守槁城。

智者千慮，難免一失，羅藝設想了無數種可能，就是沒想到劉黑闥會發揚連續作戰的死鬥精神，一路追了過來。沒辦法，羅藝只能在槁城下倉促應戰。這一仗，羅藝輸了，敗得也挺慘，帶著殘軍跑了，連麾下大將薛萬徹、薛萬均哥倆（薛世雄的兒子）都被劉黑闥活捉了。

李神通名字叫得賊響，打起仗來卻稀鬆平常，本就是個庸人。但羅藝等三人可都是當世傑出的將領，他們輸了，不是名實不副，而是因爲劉黑闥比他們還牛。劉黑闥挺會折磨人的，將薛氏兄弟剃成禿子，當做使喚的奴隸。薛氏兄弟找了個機會奔逃回來。羅藝見勝利無望，只得帶兵返回幽州。

第 2 章

一個小縣令的復國美夢

收降丘和之後，大梁政權成為南部中國最大的割據勢力，同時也成為實力僅次於瓦崗寨李密的第二大造反勢力。一時間，蕭銑行情暴漲，大有一統中國之勢。

就在李神通、羅藝兵敗饒陽的當日，李淵發佈了一道敕書，調集四路大軍，會攻南部中國最大的割據勢力——僞梁皇帝蕭銑。

蕭銑和徐圓朗、梁師都、劉武周、薛舉、李淵、李軌等人一樣，也是在隋末亂世的最高潮——大業十三年起兵舉義的。正月，徐圓朗起兵；二月，梁師都和劉武周起兵；四月，薛舉起兵；七月，李淵和李軌起兵；蕭銑稍晚一些，十月。

這月初，大隋巴陵郡（今湖南岳陽市）董景珍、張繡、徐德基、楊道生等中下級官員趁亂發動起義，舉起反隋的旗幟。革命初步成功後，這幫人同樣因爲選誰當老大的問題發愁，你推我，我推他。最後，挑頭的董景珍得票最多，大家一致擁護他當一哥。但董景珍死活不幹，實在是被逼得沒轍了，便抬了一個局外人出來。

這個局外人就是是巴陵郡轄下羅川縣的縣令蕭銑。

董景珍之所以看中蕭銑，並非因爲他是羅川縣縣令，而是看中他的另一個身份——西梁皇室的宗親。

西梁？歷史上有南梁、後梁，就是沒聽說過什麼西梁，從哪冒出來的？

有關西梁的故事，就得從南北朝時期扯起。西元五五四年，北朝的西魏進攻南朝的梁國，殺掉南梁皇帝，扶植宗室蕭詧在江陵（今湖北江陵）附近八百里的範圍內建立一個傀儡政權。爲區別已有的南梁和後來五代十國中的後梁，史學家將這個打著「梁」字旗號的政權稱爲「西梁」。

西梁政權先後淪爲西魏、北周和隋的附庸，僅傳宣帝蕭詧、明帝蕭巋、靖帝蕭琮爺孫三代，歷三十三年（五五五年～五八七年），滅於隋。

明帝蕭巋有個親弟弟，名叫蕭岩。蕭銑正是蕭岩的親孫子，所以，他實際上是西梁皇室的旁系宗親。隋煬帝楊廣的老婆蕭皇后和大舅哥蕭瑀才是明帝蕭巋的親生子女，屬皇室嫡系。論資排輩，蕭銑理應稱呼蕭皇后爲姑姑，叫蕭瑀爲叔叔。

本來蕭銑一家日子過得不錯，但他爺爺蕭岩在隋文帝當政的時候幹了一件蠢事：叛隋降陳。隋文帝滅掉南陳以後，就把他幹掉了，老蕭家從此破落。童年時期的蕭銑著實過了一段苦日子。隋煬帝登基之後，姑姑搖身一變成了當朝皇后，蕭銑這才有了出頭之日，以外戚的身份擢授羅川令。

巴陵這個地方正是西梁國的勢力範圍，蕭銑機緣湊巧，居然回到故國舊土。適逢煬帝失政，天下大亂，群雄並起，蕭銑野心膨脹，就做起復辟的美夢來了。但想歸想，勢單力孤的他終究還是不敢有所行動。也是老天爺有意成全，正當蕭銑猶豫難決之際，董景珍把一個現成的熱煎餅遞到他的手上。

董景珍之所以提議把頭把交椅讓給蕭銑，理由是他本人出身貧寒低賤，群眾基礎薄弱，號召力弱；蕭銑就不同了，人家是西梁皇室宗親，出身高貴，在巴陵一帶有紮實的群衆基礎，號召力肯定強。

衆人一琢磨，覺得很有道理，就都同意了。但光他們幾個同意也不行，還得看人家蕭銑的態度不是？於是，董景珍就派人去羅川，徵求蕭銑的意見。

蕭銑聽了，比中樂透頭獎還要爽，忙不迭地答應了下來，生怕董景珍等人反悔。雙方一拍即合，使者催促蕭銑趕緊到巴陵主持工作。蕭銑說還不行，我手頭上還有活兒，等處理完就去。

原來，此時羅川正在打仗，一方是縣令大人蕭銑，一方是潁川地區的義軍領袖沈柳生。隋末群雄大都有兩把刷子，比如李密、王世充、竇建德等，都是用兵的猛人，唯獨這個蕭銑，在軍事方面屬菜鳥級別（以後大家會深有體會），連個不入流的沈柳生都打不過。

不過，蕭銑長了一張好嘴，對沈柳生說：「巴陵的豪傑董景珍等人已經起兵，一致推舉我當老大。很快，我就可以號令江南，中興大梁了。你要是跟了我，保證以後封王拜相，榮華富貴享之不盡，你看怎麼樣？」

沈柳生聽了，怦然心動，心說賊始終是賊，名聲不好，蕭銑是正統，跟了他，就可以漂白了。於是，沈柳生就帶著自己的小弟歸附了蕭銑。蕭銑隨即自稱梁公，任命沈柳生爲車騎大將軍。

名門之後的號召力就是不一般，起兵剛五日，遠近歸附的就有近十萬人。蕭銑很高興，這下資本更足了，率軍向巴陵進發，當老大去也！

老大要來了，總得有人迎接不是？於是，董景珍就派徐德基帶著幾百名鄉紳、豪傑去迎接蕭銑。消息傳來，沈柳生不高興了，因爲他有自己的小算盤。

本來，他是第一個推舉蕭銑的，以後論功行賞，他絕對是第一名。但是，董景珍等人個個位高兵多，沈柳生尋思自己要是進了巴陵，不僅拿不到第一名，還得天天看這些人的臉色。所以，他就想先幹掉徐德基，而後攻入巴陵，再把董景珍等人全幹掉。

土賊就是土賊，考慮問題不夠全面，愛鑽死胡同，沈柳生立刻就把徐德基給殺了。

蕭銑氣壞了，大罵沈柳生：「大業未興，我們反倒自相殘殺起來，這還幹個屁啊，老子走了！」他的戲演得真好，一直走出了營門。

沈柳生一瞅，壞了，眞生氣了，你走了我可怎麼辦啊？趕緊跪在地上，承認錯誤。蕭銑見目的已經達到，裝模作樣地訓了沈柳生一通，事情也就不了了之。

徐德基又不是蕭銑的親戚朋友，所以蕭銑不在乎。但董景珍在乎，我派哥們去迎接你，你反倒把他給殺了，這也忒不人道了吧？於是，蕭銑入城之後，董景珍就極力要求他殺掉沈柳生。

沈柳生在蕭銑的眼中，基本上只是一個工具，他眼睛都沒眨一下，就答應了。

於是，董景珍又把沈柳生給殺了。沈柳生臨死之前，大罵蕭銑言而無信。他的部下也都覺著蕭銑不仗義，紛紛離開巴陵。

在處理內部關係的問題上，蕭銑一錯再錯，當初沒有看好沈柳生，致使徐德基被殺，這是一錯；進入巴陵後，沒有維護好沈柳生，致使他爲董景珍所殺，這是二錯；沈柳生死後，沒有及時撫慰他的餘黨，致使人心離散，這是三錯。

十九日，蕭銑在董景珍等人扶持下，於巴陵稱梁王，改年號爲鳴鳳，正式加入隋末反王的隊伍。

蕭銑幹勁十足，迅速擴張武力。

林士弘成了他黑名單上的第一人。大業十二年十月，江西鄱陽人操師乞起兵反隋，以同鄉林士弘爲大將軍，但不久後他便在與隋軍的戰鬥中犧牲。林士弘接過革命的鋼刀，第二年二月初十，自稱皇帝，定國號爲楚，建元太平。

林士弘在打仗方面很有天賦，接連攻下九江、臨川、南康、宜春等郡，勢力範圍很快便擴展至北起九江、南到番禺的廣大地區。也就是說，今天的江西、廣東兩省基本上都是他的地盤。林士弘的地盤緊挨著巴陵，蕭銑起兵後，就派軍從林士弘的嘴中摳出一個豫章郡。林士弘懾於蕭銑的兵鋒，只得暫時忍氣吞聲。

武德元年四月，蕭銑美夢成眞，於巴陵稱帝，定國號爲梁。他仿照西梁舊制，設置百官僚屬，並封董景珍、張繡等七位功臣爲異姓王。

隨後，蕭銑繼續擴張，一面派宋王楊道生攻取南郡，遷都江陵；一面派魯王張繡攻佔嶺南。起初，各地的隋將還能據城頑強抵抗，但是隋煬帝被殺的消息傳到江南後，他們就開始成批成批地投降了。蕭銑大喜，兵不血刃，多好啊！

但是，林士弘偏偏在這個時候摻和進來，非要分上一杯羹。蕭銑招降了欽州刺史寧長眞，林士弘也招降了漢陽太守馮盎。兩人你爭我奪，互不相讓。最後，只剩下一個交趾太守丘和了。

交趾在哪兒呢？

在今天的越南。

蕭銑先派人去勸降，豈料人家丘和根本不甩他。見蕭銑毫無進展，林士弘也派人去勸降，誰知道也碰了一腦門子灰。原來，交趾地處邊疆，離內地太遠了，丘和還不知道隋煬帝被殺的消息呢！

蕭銑毛了，派寧長眞率軍攻打丘和。丘和採納軍司馬高士廉的計策，一舉打敗了梁軍，寧長眞隻身逃脫，部下全部被俘！好在不久以後，丘和終於知道隋煬帝的死訊，萬般無奈之下，便歸附了蕭銑。

高士廉這個人得補充介紹一下。高士廉，名儉，字士廉。他的妹妹嫁給了大隋右驍衛將軍長孫晟，生了三男一女，其中的三兒子名叫長孫無忌，女孩兒名字不詳，但是她老公特有名，便是後來的唐太宗李世民。

長孫晟死得太早，是高士廉把長孫兄妹拉扯大的。長孫氏和李世民的姻緣也是他一手促成。本來高士廉在大興當官當得好好的，但是因為叛逃高句麗的斛斯政是他的好哥們，隋煬帝恨屋及烏之下，就把他踢到交趾，在丘和手下任了一個小小的軍司馬。

回過頭來再說蕭銑，收降丘和之後，他便佔有了東起九江、西至三峽、南到交趾、北達漢川的大片地區，手下能征慣戰之士達四十萬之衆。大梁政權成為南部中國最大的割據勢力，同時也成為群雄當中實力僅次於瓦崗寨李密的第二大造反勢力。一時間，蕭銑行情暴漲，大有一統中國之勢。

第 3 章

蕭銑滅亡倒數計時

梁國只是一個地方性的割據政權而已，四周強敵環伺，此時最最不應該做的就是屠殺功臣，自毀長城，但蕭銑偏偏就這麼幹了，滅亡進入倒數計時階段。

人的野心都是被不斷增長的實力撐大的。實力迅速膨脹的蕭銑開始不安分了，又瞄上了隔壁的巴蜀地區。

巴蜀地區現在是誰的地盤呢？

是李淵的。巴蜀能歸附李唐，要感謝一個人，這個人名字叫做李孝恭，是李淵的堂侄，李世民的堂兄。

熟知唐史的朋友應該知道，貞觀十七年，唐太宗李世民評定淩煙閣二十四功臣，排第二位的就是李孝恭，僅次於長孫無忌。

李孝恭之所以能有這個排名，主要是因爲他在李唐統一天下的戰爭中立下了蓋世奇功。具體說來，北部中國基本上是由李世民平定的，而南部中國則完全是由李孝恭收服的，概括起來就是：南有李孝恭，北有李世民。

李孝恭在李唐統一戰爭中的處子秀就是平定巴蜀地區。

大業十三年，李淵攻克大興後，即任命李孝恭爲招慰大使，招慰巴蜀。李孝恭爲人溫和，人生信條是：能用嘴解決的問題，絕不動手。所以，入蜀之後，他便發佈招降檄文，對各地隋朝官吏曉之以理，動之以情。這麼做的好處是顯而易見的，史載，「檄書所至，降附者三十餘州」。

不戰而屈人之兵，這才是王道。

好了，現在蕭銑瞄上了巴蜀。不過，要想挺進巴蜀，必須得經過一個地方。這個地方就是李唐控制下的峽州（今湖北宜昌市西）。

武德三年九月，蕭銑出手了，派宋王楊道生率軍突襲峽州。蕭銑和楊道生都覺得峽州是小菜一碟。但事實證明，他們忽略了一個人的存在——大唐峽州刺史許紹。

許紹，表字嗣宗，高陽人。一言以蔽之，這是個相當有德、相當有才的人。大業年間，許紹在夷陵郡擔任通守。當時，天下群雄蜂起，南部中國也陷入水深火熱之中，戰亂不休，生靈塗炭。唯獨只有夷陵，未經戰火蹂躪，儼然成了亂世中的一處桃源。

這是爲什麼呢？

因爲夷陵有一個別的地方沒有的人，就是許紹。許紹宅心仁厚，愛民如子，切實地承擔起好臣子、好父母官的責任。他修繕城池，從嚴練兵，竟在這板蕩的亂世中保得夷陵一方平安。

附近的百姓慕名而來，紛紛逃入夷陵，人數竟達數十萬之衆。許紹來者不拒，一概接納，開倉賑給，甚得人心。

王世充弒君篡位之後，許紹以夷陵歸附自己的老同學、好朋友李淵。許紹的能力和人品，老李再清楚也不過了，竭誠歡迎之餘，授任他爲峽州刺史，封安陸郡公。

峽州正好處於王世充、李淵、蕭銑三股勢力的交會地區，戰略重要性自不待言。這個地方沒一天不打仗，沒一天不死人。無論是僞鄭，還是僞梁，抓到了許紹的人，都毫不例外地一概處死。那許紹碰到類似情況又是怎麼做的呢？

很簡單，就四個字：一律放歸。

這麼做的好處也很明顯，敵方陣營受到分化，經常有人改投到許紹的旗下。峽州雖然處於三戰之地，但從未被敵人攻破。

楊道生帶著滿滿的自信來了，卻被許紹打得落花流水，抱頭鼠竄。蕭銑不甘心，又派大將陳普環率領水軍溯江而上，進攻峽州。結果還不如上次，楊道生起碼回來了，陳普環直接被生擒了。

蕭銑無奈，只得退守安蜀、荊門二城，改積極進攻爲消極扼制。

老蕭的戰略調整對許紹沒什麼影響，卻把李靖難住了。

原來，蕭銑的連番挑釁已經把李淵激怒了，但此時李唐正集中精力對付王世充和竇建德，短期內還沒有同時與蕭銑開戰的實力，只能採取守勢。不過，不打歸不打，必要的戰爭準備還是要進行。於是，老李就調李靖去夔州（今四川奉節）擔任刺史。

李靖接到命令後，立即啓程趕往夔州。許紹管轄的峽州正是去往夔州的必經之地。走到峽州的時候，李靖遇到了一個讓他無比糾結的問題：前路不通。沒錯，峽州還在大唐的手裡，但蕭銑給峽州安了兩把鎖：安蜀城和荊門城。這兩把鎖沒鎖住許紹，倒把遠道而來的李靖鎖住了。

李靖急壞了，天天如坐針氈，延誤了期限，這可如何是好啊？果然，長安的老李聽說李靖迄今還未趕到夔州，氣壞了。老李本來就對李靖心存芥蒂，見他滯留不前，就以貽誤軍機爲由，密令許紹將他處死。

別人不瞭解事情的經過，許紹還不瞭解嗎？

許紹看得出，李靖是個足堪大用的人才，怎麼能因爲這點小事，就要他的性命呢？所以極力向老李求情。畢竟是老同學，老李怎麼也得給三分薄面，李靖已經邁進鬼門關的那條腿這才收了回來。

事後，許紹將事情的經過原原本本地告訴李靖。李靖驚出一身冷汗，連聲稱謝，隨後立即動身，晝夜兼程，繞道趕往夔州。

對李孝恭而言，李靖到得太是時候了，簡直就是及時雨。

就在三月份（武德三年），巴蜀地區的一個蠻族首領冉肇則興兵作亂，進犯夔州。冉肇則十分生猛，能征慣戰的李孝恭竟然連番受挫，被虐得夠嗆。正當愁得腦袋快爆掉的時候，一代神人李靖來了。

李靖率八百精兵，趁著夜色，劫了冉肇則的大營，大破蠻兵。緊接著，又在蠻軍倉皇逃歸老巢的路上設伏，一舉擊殺冉肇則，俘獲蠻兵五千人。隨後，李孝恭和李靖二人聯手收復失地，四川地區的反唐運動至此歸於沉寂。

捷報傳到京城長安，李淵樂壞了，專門頒佈敕書，慰勞李靖，「愛卿，你這票幹得不錯，我很滿意。以後好好幹，榮華富貴很容易。」

通過這次平叛，李靖充分展示了自己過人的能力。這一切，老李都記在心裡。雖然不喜歡李靖，但也知道像他這樣的人才必須得加以籠絡重用。老李還給李靖寫了一封親筆信，說了一句很有意思的話，「以前的事我都忘了。」

這個老東西，翻臉比翻書都快！

大家都知道，蕭銑其實是董景珍、張繡等人捧起來的。所以，大梁政權實際上存在著這麼一個問題：眞正擁有實權的不是皇帝蕭銑，而是董景珍、張繡等異姓王。

在董景珍、張繡等人的眼中，蕭銑只不過是他們擺在皇位上的一個傀儡而已，經常表現得不那麼尊重，說話直來直去，有時還越俎代庖，擅自做出決斷。

他們以爲自己可以跟蕭銑平起平坐，但蕭銑可不這麼認爲，他一個皇室貴冑跟這班武夫怎能相提並論？

爲了維護自己的絕對權威，蕭銑推出了一項政策：裁軍興農。

從表面上來看，裁軍只是手段，興農才是目的，但實際上，興農僅僅是幌子，裁軍才是目的。誰掌握著軍權呢？正是董景珍、張繡等人。蕭銑此舉，顯然是爲了削奪諸將的兵權。

董景珍、張繡等人也不是傻子，蕭銑此令一出，立即引發他們的強烈不滿。第一個訴諸行動的是董景珍的弟弟。武德三年十一月，他策劃發動政變，要推翻蕭銑。豈料，事情敗露，蕭銑毫不留情地殺了他。

當時，董景珍正鎭守長沙。蕭銑下敕，對他進行特赦，並召他返回江陵。董景珍又氣又怕，氣的是蕭銑忘恩負義，恩將仇報；怕的是遭到蕭銑屠戮。思來想去，董景珍最終做出一個艱難的決定，率軍投降許紹。

蕭銑當然難以容忍董景珍的背叛，十二月的時候，派董景珍的好哥們張繡去進攻長沙。兩軍陣前，董景珍無限傷感地對張繡說：「去年醢彭越，往年殺韓信，漢高祖劉邦屠殺功臣的事你是知道的。你我兄弟多年，爲什麼要爲了一個昏君而相互殘殺呢？」

張繡什麼都沒有說，用實際行動做出了回答，指揮大軍包圍長沙城。利益當頭，親老子都可以殺，何況只是一個結義兄弟呢？梁軍攻城甚急，董景珍打算突圍，卻被部下殺死，長沙城再次落入蕭銑手中。

張繡回來後，受到蕭銑的高度褒獎，提拔他爲尙書令。如果他能低調一點的話，或許還能多活幾年。但張繡犯了武夫們常犯的錯誤，仗著自己有功勞，驕傲蠻橫，不把蕭銑放在眼裡。

打仗，張繡行，蕭銑不行，但要說起玩政治，張繡在蕭銑的面前簡直就是幼稚園程度。不久之後，張繡就被蕭銑給幹掉了。這件事情充分說明了一個道理：老大不是你想欺就能欺。

屠殺功臣這種事其實是一把雙刃劍，固然能清除威脅統治的內部不穩定因素，但往往會讓其他臣子離心離德。不是不能屠殺功臣，但總得先選好時機，得狡兔死絕了，才能烹殺走狗。像漢高祖劉邦、明太祖朱元璋已經統一了天下，外部並無心腹大患，所以他們清除功臣，才沒有引發顛覆性的災禍。

蕭銑面臨的情況可不同，他的梁國只是一個地方性的割據政權而已，四周強敵環伺，此時最最不應該做的就是屠殺功臣，自毀長城，但蕭銑偏偏就這麼幹了。這樣做的後果當然非常嚴重。

李靖雖然人在夔州，但時時刻刻都密切關注著梁國的政局變化。蕭銑屠殺功臣的消息傳來，李靖立刻感到，僞梁滅亡已經進入倒數計時階段。此時不出手，更待何時？

武德四年正月，李靖向李孝恭提了一個大計劃，就是要消滅蕭銑，具體的操作方法是十條計策，叫做平梁十策。李孝恭看過後十分滿意，舉雙手贊成，並立刻將平梁十策上報中央。

在讓李淵刮目相看的道路上，李靖的步子邁得越來越大了。平粱十策到了李淵這裡，就是滿意的平方了，還等啥，馬上就辦！

二月初三，李淵下敕，任命李孝恭爲夔州總管，全權主持討伐平粱事宜；任命李靖爲行軍總管，兼任李孝恭的長史，協助李孝恭處理軍政事務。不過，老李認爲，現在還不是時候，先把兵練好再說。李孝恭、李靖哥倆不敢怠慢，立即調動人力和物力，大造舟船，同時組織士兵練習水戰。

經過近七個月認眞準備，平粱的條件終於在九月份成熟了。

三十日，老李正式頒佈敕書，調集四路大軍會攻蕭銑：西路軍爲主力，以李孝恭爲主帥、李靖爲副帥，統領十二總管，從夔州沿長江東下；北路軍以宗室廬江王李瑗爲主帥，出襄州道；東路軍以黃州總管周法明爲主帥，出夏口道；南路軍以黔州刺史田世康爲主帥，出辰州道。

四路大軍齊頭並進，一齊殺向江陵。

第 4 章

蒸發的四十萬人

唐軍僅用了不到一個月的時間，便一舉消滅第二大割據勢力蕭銑。擁有四十萬雄兵的蕭銑彈指間灰飛煙滅，這既要怪他策略不當，也要怪李靖太厲害，妙計迭出，神鬼莫測。

好事向來多磨。李孝恭的西路軍剛剛出發，就碰到了問題。十月正值秋季，南方普降大雨，長江水位暴漲，水勢十分兇猛。李孝恭的部下大多是北方人，平日裡騎馬走路慣了，鮮有在水面上活動的機會，長於陸戰而短於水戰。面對洶湧澎湃的江水，兄弟們怕了，一個勁地請李孝恭等水勢平緩以後再進軍吧！

別說他們了，李孝恭這輩子也是頭一次看到這種陣勢的江水。但他畢竟是主帥，朝廷已經頒發敕令，停滯不前恐怕是說不過去的。李孝恭犯了難，不知道該如何是好。

只有一個人執意要求進軍，他就是李靖，「各位，兵貴神速啊！蕭銑應該還不知道我軍集結的情況。如果我們趁著長江水位暴漲的大好機會，急速行軍，突然出現在江陵城下，絕對可以收到奇效。即便蕭銑已經知道我軍出擊的情報，但倉促之下，必定無法組織有力的抵抗，我們就可以一舉將其擒拿。」

李靖的話算是說到李孝恭的心坎裡了，頻頻點頭。時間就是生命，效率就是勝利嘛！李孝恭最終採納李靖的建議，唐軍兩千多艘戰船沿著長江，浩浩蕩蕩地東下……

其實，蕭銑已經收到了唐軍集結的情報。但是，外行的他認為，此時長江水位暴漲，不擅水戰的唐軍必定不敢冒險進軍，江陵短期內並無刀兵之憂，竟然沒做絲毫防備。

與此同時，李孝恭、李靖帶著兩千艘戰艦，出三峽，破駭浪，順流東進。梁軍未做應對準備，唐軍很快便攻破荊門、宜都二鎮，一路所向披靡，於十月抵達夷陵城下。

消息傳來，蕭銑傻了眼。你姥姥的，有必要這麼拼命嗎？

一直到夷陵，唐軍才遇到像樣的抵抗。抵抗來自蕭銑麾下的驍將文士弘。此時，文士弘的數萬精兵就駐紮在離夷陵不遠的清江。這一路上，唐軍前進得那叫一個快啊！李孝恭可能習慣這種快節奏了，想立即進攻文士弘，衆將也爭著搶著要打頭陣。

不料，這個時候，李靖又一次站了出來，一如既往地唱起了反調，「不要小覷了文士弘，此人是蕭銑麾下的猛將，所部士兵也是僞梁最爲精銳的百戰之士。現在，他率全軍屯駐清江，擺明了是要和我們決一死戰。我軍遠道而來，舟船勞頓，而敵人士氣正旺，此時交戰，恐怕敗多勝少。咱們應該停靠於長江南岸，避而不戰。等到敵人的士氣衰落以後，我軍再行出擊，一定可以擊敗文士弘。」

停靠南岸，李孝恭聽了；但避而不戰，他堅決不答應。李孝恭留李靖看守軍營，自己率兵出戰。果不出李靖所料，雙方剛一接觸，高下立判，唐軍被梁軍打得落花流水。李孝恭吃了一個大大的敗仗，倉皇逃歸南岸，部衆損失慘重。

文士弘原以爲唐軍會很難纏，想不到竟是一群菜鳥，頓生輕敵之意。他料定，唐軍新敗，氣餒膽寒，短期內必定不敢出擊，便放心地縱兵四出搶掠。梁軍士兵見主帥默許，便三五一夥地到處搶劫。

文士弘犯了一個極其嚴重的錯誤。他的眼中只有李孝恭，卻忽略了李孝恭身邊還有一個李靖。

李靖一直在觀察梁軍。此時，得意忘形的梁軍搶得正歡，將找不到兵，兵尋不著將，亂哄哄的好似一鍋粥。李靖當機立斷：出擊。

文士弘哪想到唐軍會去而復返，眼見著唐軍渡江而來，慌忙地想收攏人員，但人早都跑散了，此時收攏，哪來得及？梁軍被唐軍打了一個措手不及，死傷近萬人，舟艦四百餘艘全部落入唐軍之手。文士弘一敗，夷陵城立即淪陷。

梁軍一路逃，唐軍一路追，一直追到百里洲，文士弘實在跑不動了，回過頭來要和李靖玩命，結果又被痛扁一頓。文士弘只得再次跑路，往北江而去。

夷陵就好比是罩著江陵的褲頭，一丟失，江陵就光不溜秋地暴露在唐軍面前了。此時的蕭銑真想狠狠抽自己幾個嘴巴子。當初，他盲目樂觀，認爲唐軍斷然不敢冒險東進，沒在軍事上做任何準備。豈料，唐軍根本不照套路來。等到覺察的時候，人家已經打到家門口了。

最最無奈的是，眼見著江陵城危在旦夕，他卻束手無策。這是因爲，此時他手上可以調動的兵力僅有幾千人。唐軍有十多萬，梁軍只有不到一萬人，這仗怎麼打？

相信大家一定會問，蕭銑手下不是有盛兵四十萬人嗎？都哪裡去了，人間蒸發了？兵員衆多的蕭銑怎麼會手下無兵呢？

但現實就是如此殘酷，蕭銑手下確實只有不到一萬人馬！

這究竟是怎麼一回事呢？

誰都不能怨，只能怪蕭銑自己。總的來說，原因有二：

首先，前段時間，蕭銑為了削奪董景珍等人的軍權，搞了個裁軍興農。結果，大批百戰之士脫下鎧甲回老家種地去了，這就少了一批。

其次，蕭銑特別注重防守，每攻下一地，必定會派兵把守。梁國佔據了大半個南部中國，這四十萬人一平攤，在每一地的兵力都不是很多。兵力高度分散，一旦遇到緊急情況，短期內難以集結優勢兵力。

可能蕭銑覺得自己永遠都不會碰到緊急情況吧！但事實是，人家唐軍偏偏不按常理出牌，硬是要製造緊急情況。罷了罷了，死馬只能當活馬醫了！蕭銑一面派人搬救兵，一面組織現有人力，做好堅守準備。

唐軍來得太快了！攻下夷陵後，李靖沒做片刻的停留，馬不停蹄地率五千輕騎直撲江陵城下。隨後，李孝恭率唐軍主力趕到，將江陵城圍了個水洩不通。此時，李靖率領的先鋒軍已經拿下了江陵外城和水城，梁國江陵水師的戰船全部落入唐軍之手。

但在如何處理這些戰船的問題上，李靖和其他將領又一次發生了分歧。這一次不怪眾將，只能怪李靖的建議太雷人，居然提議將繳獲的偽梁戰船統統扔到長江上，任其順流東下。

眾將被雷得死去活來，堅決反對，「我們應該把這些戰利品有效地利用，怎麼能隨隨便便就扔了呢？萬一被下游的梁軍撿到，他們坐著這些戰船來打我們怎麼辦？」

「是啊！怎麼辦？」李孝恭也以為李靖豬八戒附身了。

李靖淡淡一笑，娓娓道來，「蕭銑的地盤很大，南到五嶺，東至洞庭湖。我們孤軍深入，如果不能迅速拿下江陵，敵人的援軍就會從四面八方趕來。屆時，我軍腹背受敵，進退兩難，即便有戰船又有何用？我之所以提議放棄戰船，其實是疑兵之計，下游的敵方援軍見到這些順流而下的戰船，必然會認為江陵已經被我軍攻陷了。這樣，他們就不敢貿然進軍了。只要他們拖上個十天半個月，我們就可以拿下江陵。」

「原來是這樣啊！」李孝恭聽得頻頻點頭。任何不通情理的做法經李靖這張嘴一說，都合理得不能再合理了。

李孝恭最終同意李靖的建議，將繳獲的梁軍戰船全部扔到江上。

果然不出李靖所料，此時蕭銑的部下交州刺史丘和、長史高士廉、司馬杜之松正全速向江陵開進。在行進的路上，他們發現一個奇特的景象：江上到處都是梁軍的戰船，只是船中空無一人。

哥幾個合計了一番，最終達成了共識：不好，江陵丟了，皇帝被活捉了。老大都被人家逮了，這仗還有什麼打頭？

這哥仨兒的反應連李靖都沒有想到，居然整軍投降了李孝恭。

此時，江陵城中的蕭銑正眼巴巴地盼著援軍呢！但一連等了十多天，就是不見一兵一卒。不祥的預感湧上蕭銑的心頭，滿懷感傷地問中書侍郎岑文本，「怎麼辦？」岑文本的回答讓他心碎，「眼下只有投降這一條路了。」

蕭銑徹底絕望了，對群臣說：「老天爺不保佑咱們梁國啊！我們已經支撐不下去了。再這麼耗下去，城中的糧食就要吃光了，到時候老百姓就要遭殃了。我怎麼忍心因爲個人的緣故讓全城生靈塗炭呢？咱們投降吧！」

十月二十一日，蕭銑起床吃過最後一頓皇帝早餐，便到太廟向祖先謝罪。這一切都辦完後，蕭銑下令，打開城門，出城投降，江陵軍民哭聲震天。唐軍大營外，李孝恭看到僞梁君臣身著喪服逶迤而來……

蕭銑從來都不是一個壞人，面對李孝恭，他只說了一句話，「要殺要剮，悉聽尊便，但百姓無罪，希望貴軍不要屠殺搶掠。」

李孝恭沉吟不語，因爲他知道，手下的這幫人可不是白給你賣命的，沒半點好處大家憑啥把腦袋別在褲腰帶上跟你幹？大家就指望著破城之後，狠狠地搶掠一把呢！現在突然宣佈不讓搶掠，讓他們情何以堪。

蕭銑很無奈。這個時候，岑文本站了出來，對李孝恭說：「自隋末以來，江南迭遭災禍，百姓苦不堪言。他們就盼望著能遇到一位聖明的君主。如果您放縱軍隊搶掠，恐怕江南的百姓不會有歸化之心了！」

這番話深深地觸動了李孝恭。個人利益事小，國家穩定事大，怎可因爲小利而忽視了大義呢？他當即下令，嚴禁搶掠。

此令一出，好似一盆冷水當頭澆到衆將的頭上，只好退而求其次，「那些因抗拒我軍而戰死的梁國將領，實在罪大惡極，請將軍抄沒他們的家產，用來賞賜將士。」

「討厭」的李靖又一次出來擋差，「這怎麼能行呢？王者之師，應當以仁義爲先。這些梁軍將領都是爲了自己的君主和國家而戰死的，是大大的忠義之士，我們怎麼能籍沒其家呢？」

李孝恭表示贊同。於是，梁國雖然亡了，江陵雖然淪陷了，但城中秩序井然，百姓安居樂業。各地的州縣聽說唐軍秋毫無犯，全都望風歸順。

蕭銑投降後沒過多久，十多萬梁軍援軍便趕到了江陵。他們聽說江陵失守，皇帝被擒，唐軍對戰俘寬大處理，便紛紛脫下戰袍、放下武器，向唐軍投降。

李孝恭將蕭銑解送長安。李淵將蕭銑一頓奚落，說他自不量力，抗拒義師。蕭銑卻表現得不卑不亢，「隋朝因殘暴而失去了江山。天下群雄並起爭霸。我只是因爲沒有得到上天的照顧，才落到今天這般田地。如果要以此來定罪，我只有死路一條了！」

但老李從來都不是一個寬大的人，蕭銑被判斬於鬧市。這一年，他年僅三十九歲。

緊接著，李淵下敕褒獎功臣，李孝恭被提拔爲荊州總管。但收穫最大的還是李靖。在此次攻滅蕭銑的戰鬥當中，李靖傑出的軍事才能驚艷四方。千軍易得，一將難求，李淵從此徹底消除了對李靖的成見，加封李靖爲上柱國，封永康縣公，賜物二千五百緞。

從九月三十日出兵，到十月二十一日入駐江陵，唐軍僅用了不到一個月的時間，便一舉消滅了僅次於李密的第二大割據勢力蕭銑。擁有四十萬雄兵的蕭銑彈指間灰飛煙滅，這既要怪他策略不當，蒸發了四十萬人，最終蒸到了自己頭上，也要怪李靖太厲害，妙計迭出，神鬼莫測。

消息傳來，李唐朝野皆大爲歡喜，但這種喜悅很快就被劉黑闥給沖淡了。

饒陽一戰，劉黑闥打出了氣勢，打出了軍威，更重要的是打出了民心。十月初六，觀州老百姓活捉刺史雷德備，獻城投降劉黑闥。緊接著，毛州百姓也暴動了，殺死刺史趙元愷，獻城回應劉黑闥。由這兩件事就可以看出：劉黑闥起兵反唐，深得民心。與此同時，竇建德的舊部紛紛起兵，殺死唐朝官吏，響應劉黑闥。

劉黑闥乘勝前進，於十一月初九攻陷定州，總管李玄通被俘。李玄通打仗很有一套，劉黑闥愛惜他的才華，有心招降。但李玄通不幹，找了個機會自殺了。

十二月初三，劉黑闥率軍攻陷了冀州，殺唐冀州刺史麴稜。九天之後，他又大破李世勣，斬首五千級，李世勣隻身逃脫，劉黑闥率軍逼近洺州。十四日，城中豪強發動反唐叛亂，劉黑闥順利進入洺州。十天後，陷相州，擒刺史房晃，右武衛將軍張士貴突圍逃走。

緊接著，劉黑闥又接連攻陷了黎州、衛州、邢州、趙州、魏州、莘州。至此，劉黑闥僅僅用了不到半年的時間，就恢復了原先竇建德的全部地盤。

第 5 章

反唐勢力大合流

為了對付李唐，頡利真是煞費苦心，硬是將劉黑闥、徐圓朗、高開道成功地擰在一起。四股反唐勢力合流，一時間巨浪滔滔，逆流滾滾，李唐面臨著建國以來的最大危機。

屋漏偏逢連夜雨，羅藝現在對這句話是深有感觸。槁城一戰，一向鮮有敗績的他竟然意外地栽在劉黑闥的手上，眞是丟人到家了。本想著回家好好靜養一番，豈料幽州又鬧起饑荒。

天災比人禍慘烈多了。打敗仗沒關係，以後再贏回來就是了。可是，面對滿城餓得呼天搶地的軍民，羅藝急得抓耳撓腮。有困難，當然是要找政府了，可是政府太遠了，等糧食運過來，幽州恐怕早就變成一座鬼城了。思來想去，只有去求他了。

高開道，陽信城南（今山東陽信南）人，世代以煮鹽爲生。大業九年，格謙在豆子崗（今山東惠民境）起兵反隋，擁衆十萬，自稱燕王。高開道聽說之後，毅然放棄家傳的手藝，隻身一人投奔格謙。

在同隋軍的戰鬥當中，高開道屢立戰功，深得格謙賞識，被逐步提拔爲二把手。大業十二年年底，格謙在同王世充的戰鬥中被殺。於是，高開道就變成起義軍的最高領導人，率軍活動於幽燕一帶。

羅藝第一次和高開道接觸，是在武德元年。那時，高開道派人來幽州招降羅藝。羅藝出身世家大族，怎麼會看上高開道這個煮鹽的窮小子，扭頭便歸附了李唐。

高開道是窮人出身，生平最恨別人看不起自己，豈料羅藝偏偏就是看不上他。高開道很生氣，便接連攻陷北平和漁陽作爲報復。十二月，他定漁陽爲都，自稱燕王，正式建立起割據政權。

十九世紀的英國首相帕麥斯頓曾經說過一句話，「政治上沒有永恆的敵人，也沒有永恆的朋友，只有永恆的利益。」

高開道和羅藝的微妙關係就是對這句話的最好注釋。

武德三年的十月，竇建德率軍圍攻幽州，羅藝萬般無奈，只得厚著臉皮去求高開道。高開道本就擔心竇建德奪取幽州後，會繼續北上侵犯他的地盤，便一口答應。不久之後，他親率兩千精銳騎兵救援幽州，成功逼退竇建德的大軍。

不過，在這場慘烈的戰鬥當中，高開道也掛了彩，面頰上中了一箭。

中箭怎麼整啊？

得取出來！不一會兒，醫生來了，高開道就讓他把箭拔掉。醫生一瞅，只見他滿臉都是鮮血，情形甚是恐怖，腿就開始不停地哆嗦了。他仔細這麼一看，箭頭深入面骨，想拔出來是不可能的，只得如實回答說：「鏃深，不可出。」

高開道一聽，怒了，什麼意思啊，你是說我只能等死嗎？一刀就把這個可憐的傢伙給劈死了。

不一會兒，又來了一位醫生，還說不行。高開道揮手又是一刀。

第三個醫生戰戰兢兢地進來了，一進大堂，就看見了前面兩位同行的屍體。這哥們索性把心一橫，對高開道說：「可出。」

高開道說，行，那你就往出取吧！

這位醫生確實是把命豁出去了，先是用鑿子鑿開高開道的面頰，而後釘入一根楔子，楔子將高開道的面頰撐開了一道一寸多長的縫。都到這個地步了，箭頭當然能取出來了。

這位醫生的膽子確實夠大，不過，與高開道比起來，他的精采表現一下子就黯然失色了。在整個手術過程中，高開道這老兄一聲都沒吭，一邊欣賞著歌舞，一邊還大口吃肉，大碗喝酒。

有人說了，高開道這傢伙完全是關二哥再世嘛！

錯！他比關二哥牛太多了！關雲長刮骨療傷一事純屬虛構，人家高開道鑿頰取箭卻是眞事。拋開人品不說，這傢伙堪稱一代梟雄。

這次救援之後，羅藝就把高開道當哥們了。他勸高開道歸附大唐，高開道答應了。李淵十分高興，任命高開道爲蔚州總管，封北平郡王。

幽州發生了饑荒之後，羅藝就想到了好哥們高開道，一來，他認爲他和高開道有患難的交情，有相助的感情基礎；二來，高開道現在也是李唐的臣子，有相助的義務。

果然，高開道把胸脯拍得砰砰的，兄弟你就放心吧！

不過，話說回來，害人之心不可有，防人之心不可無。高開道名義上雖然是唐臣，但實際上就是一打著李唐旗號的割據勢力，所以羅藝小心從事，先派城中的老人和孩子去漁陽求食。

高開道果然兌現了諾言，「皆厚遇之」。

這下羅藝就放心了，派了三千百姓，帶著幾百輛車，趕著一千多匹驢馬到漁陽領糧。

誰曾想，高開道突然翻臉不認人，將這些車馬人統統扣押了下來。不僅如此，還公開宣佈與羅藝斷絕關係，重新稱燕王，起兵反唐。

羅藝悔得腸子都青了，派人去質問高開道。你們猜高開道怎麼說？

老高說：坑的就是你！

羅藝對高開道的那個恨啊，猶如滔滔江水，連綿不絕，又如黃河氾濫，一發而不可收拾，一心想著報復高開道。

機會說來就來，高開道的部將謝稜送信給他，說是不滿高開道的所作所爲，要重新站到政府和人民這邊，希望他能派兵到懷戎接應。羅藝高興壞了，立刻如約趕往懷戎。

結果，又被高開道擺了一道。

原來，謝稜投誠不過是高開道精心佈置的一個陷阱而已，羅藝在趕往懷戎的路上，中了謝稜的埋伏，損失慘重。

羅藝十分鬱悶，高開道怎麼突然變了臉？

這個問題有一個人能回答，他就是東突厥的新任大汗。

武德三年十一月，突厥處羅可汗突然去世。處羅的兩個兒子奧射設和阿史那社爾年紀尚輕，群衆基礎薄弱。於是，義成公主便自做主張，改立處羅的弟弟莫賀咄設爲新任大汗。這個莫賀咄設就是後來聞名天下的草原梟雄頡利可汗。

遵照突厥的古老習俗，頡利可汗又娶了自己的後媽兼嫂子義成公主做老婆。義成公主先後嫁與啓民可汗、始畢可汗、處羅可汗、頡利可汗父子四人爲妻，就此成爲中國歷史上第一位被父子四人「輪娶」的和親公主。她的丈夫不僅數量多，而且個個都是最高領袖，眞是牛到家了。

頡利可汗上台，可謂是唐突關係發生劇烈轉折的標誌性事件。在頡利之前，唐突關係的主流是和平，支流是戰爭；但自頡利開始，唐突關係的主流則變成了戰爭，一直到東突厥帝國崩潰爲止。

促成突厥對唐政策轉變的因素有三個：

第一個，頡利懷疑是李淵的使者鄭元毒死自己的哥哥處羅。處羅可汗去世前夕，正謀劃著攻取晉陽。李淵探得這一消息，便派太常卿鄭元出使突厥，勸說處羅回心轉意。處羅不幹，正要對唐用兵之際，卻突然得暴病死翹翹。處羅死得太過突然，突厥人懷疑是鄭元下了毒藥，便扣押他。

第二個，以義成公主爲代表的隋朝宗室大肆挑撥唐突關係。義成公主就不用說了，屬於骨灰級的反唐分子，立場相當堅定。她還有個堂弟名叫楊善經，也是反唐骨幹分子。楊善經極力勸說頡利對唐強硬，「昔啓民爲兄弟所逼，脫身奔隋，賴文皇帝之力，有此土宇，子孫享之。今唐天子非文皇帝子孫，可汗宜奉楊政道（齊王之子）以伐之，以報文皇帝之德。」

第三個，同時也是最重要的一個因素，明眼人都能看出，李唐統一天下只是時間問題而已，而這正是突厥人最不願意看到的。

這些年來，突厥人一直在品嘗著隋末亂世帶來的甜頭，他們不僅徹底擺脫了隋王朝的控制，而且還成長爲東亞和北亞地區最爲強悍的勢力。中原的各股勢力都不敢與突厥作對，像劉武周、梁師都等人乾脆直接投靠突厥。如果李唐統一了天下，這就意味著中原的漢人又有了一個統一的核心。屆時，突厥的利益將會受到嚴重損害。

正是由於以上三條，頡利當上大汗之後，便一改之前的對唐溫和政策，大興刀兵。

武德四年三月，當時李世民正與王世充交戰，頡利就曾派軍入侵汾陰、石州。四月十二日，頡利親率大軍侵犯雁門。二十一日，又侵犯晉陽。六月初一，頡利再次興兵犯境，李淵的堂弟、長平靖王李叔良率軍迎戰，結果遭到突厥鐵騎重創，李叔良身中流箭，在撤退的途中去世。八月，突厥再犯代州，行軍總管王孝基所部被殲滅，王孝基被俘。

九月，突厥又接連進犯晉陽、原州、靈州。

高開道的地盤緊挨著突厥，早就和頡利勾搭上了。他之所以突然與羅藝翻臉，向李唐發難，其實就是受了頡利的指使。

頡利的人生信條是：我的敵人的敵人，就是我的朋友。所以，當十二月底劉黑闥提出結盟的請求後，他一口答應下來。爲了對付李唐，頡利眞是煞費苦心。高開道早年曾經和竇建德交過手，算來也應該是劉黑闥和徐圓朗的仇人，但頡利硬是將劉黑闥、徐圓朗、高開道三股反唐勢力成功地擰在一起。不僅如此，他還派俟斤（即突厥酋長）宋邪那率領突厥騎兵，直接跟隨劉黑闥作戰。

四股反唐勢力合流，一時間巨浪滔滔，逆流滾滾，李唐面臨著建國以來的最大危機。

第 6 章

水淹劉黑闥

這是一場無比慘烈的戰鬥，正在混戰之際，只見突然湧來一股洪流，兩軍全被淹沒。漢東軍再厲害，也厲害不過洪水，遭到慘重失敗，劉黑闥與范願、王小胡等二百騎北走突厥。

反唐勢力大合流的消息傳到長安，引起朝野上下強烈「地震」。在這種關鍵時刻，大家都把目光鎖定在秦王李世民身上。輿論很快就把李世民推到歷史的潮頭浪尖之上，要求秦王帶兵東征劉黑闥的呼聲空前高漲。

十二月十五日，李淵順從民意，命秦王李世民、齊王李元吉率軍出征；同時，命幽州總管羅藝率軍南下，夾擊劉黑闥。

劉黑闥方面很快做出了回應。在軍事方面，劉黑闥軍十七日陷邢州、趙州，十八日陷魏州，十九日陷莘州；在政治方面，武德五年正月初一，劉黑闥於洺州自稱漢東王，定年號為天造，正式建立起與李唐分庭抗禮的割據政權。漢東政權基本上就是大夏政權的二點〇版本，中央領導成員幾乎都是原大夏國的老班底。

兩路唐軍均推進極快。李世民方面，正月十四日收復相州，月底攻陷水縣，二月十七日收復邢州，十九日攻陷井州。羅藝方面，正月三十日在徐河大破劉黑闥之弟劉什善，擒斬八千人，此後接連攻佔定、欒、廉、趙四州，生擒了劉黑闥的尚書劉希道。二月二十四日，李世民與羅藝會師於洺州城下。

劉黑闥的反應大出李世民的意料，竟然沒有回師救援洺州，而是選擇猛攻水縣。水縣，顧名思義，縣城四周全都是水，而且寬度足有五十丈。守衛水縣的是唐軍王君廓部一千五百人。劉黑闥特意在城東北修建了兩條甬道，猛烈攻打，一時間水縣險象環生。饒是王君廓能打，此時也只有連番派人向李世民求救的份了。

李世民聞訊，也顧不上洺州了，立即趕往水縣援救王君廓。但劉黑闥這回看來是鐵了心吃定水縣了。李世民先後三次救城，都被劉黑闥擋住了。情勢萬分嚴峻，連一向淡定的李世民都有些沉不住氣了。

區區一個水縣，李世民並沒有放在心上，但王君廓是他的心腹愛將，李世民絕不會坐視他被劉黑闥消滅。於是，李世民連夜召集眾將商議救援之事。

李世勣已經詳細勘察過地形了，以確定、一定、肯定的口吻告訴眾人，「如果劉黑闥將甬道修到城下，水縣必定失守。」其餘唐將也不傻，大家都知道，現在的水縣已經變成一顆燙手山芋，都恨不得躲得遠遠的。

誰都沒有想到，居然會有人站出來搶這顆燙手山芋。這個不信邪的人就是羅士信。李世勣說水縣守不住，羅士信偏不信，王君廓不行，不代表我羅士信也不行。於是，他請求李世民讓他代替王君廓守城。

羅士信是否一定就比王君廓強，李世民的心中也沒譜，但見羅士信一副自信滿滿的樣子，也只好把懷疑壓在心底。羅士信得令大喜，大步流星地去了。李世勣望著他漸漸遠去的身影，無奈地搖了搖頭……

是日，李世民登上城南的高山，命人用旗語告訴王君廓，令他率軍突圍。王君廓早就不想在城裡待了，接令後立刻率領部下突圍。趁著兩軍混戰的機會，羅士信帶著兩百士兵衝入了城中。

事後，劉黑闥才發現城中的守將已經由王君廓變成了羅士信，不禁譏笑這種毫無意義的舉動。不管誰守城，老子一定要拿下水縣。

隨即，劉黑闥改變打法，晝夜猛攻。

依著羅士信和李世民的想法，本想搞個裡應外合，夾擊劉黑闥。結果，恰逢天降大雪，唐軍根本無法增援，只能眼睜睜地看著漢東軍一次次地衝向水城……

八天之後的二十五日，果如李世勣所料，水縣陷落了，逞強的羅士信被擒。

劉黑闥早就聽說羅士信是一員猛降，便有心招降他。

豈料，羅士信態度十分堅決，不僅嚴詞拒絕，反而大罵劉黑闥。劉黑闥從來都不是一個拖泥帶水的人，不能爲我所用，那就是我的敵人，立刻命人剁掉了他的腦袋。可憐羅士信這一年只有二十歲。

四天後，雪停了，李世民終於率軍攻下水縣，但此時羅士信的屍體早已經涼透了。

自古英雄出少年，但少年英雄往往年輕氣盛，鮮有壽終，羅士信就是一個典型的例子。

李世民、羅藝聯軍駐紮於水縣城下，劉黑闥幾次三番前來挑戰，但一心想爲愛將報仇的李世民卻始終高掛免戰牌，避而不戰。

頭兩天，劉黑闥表現得還算謹慎。但這麼耗了十多天後，腦中的弦就不免有些鬆了。三月十一日這天，李世勣突然跳了出來，撥了撥這根弦。

這日，劉黑闥置酒軍中，大宴諸將。自從起兵以後，大伙已經好久沒坐在一起喝酒吃肉了。漢東軍諸將都十分興奮，觥籌交錯，喝得不亦樂乎。這其中，最誇張的要數高雅賢，這哥們敞開肚子一頓猛灌，喝得爛醉如泥。

在大家喝得正爽的時候，李世勣卻突然來叩營了。高雅賢喝得迷迷瞪瞪的，一聽說唐軍那邊來人了，提根長槍就衝出大帳。等劉黑闥發現的時候，他已經單人匹馬向唐軍衝了過去。

劉黑闥急得直跺腳，壞了，老高只會醉酒，不會醉槍。不一會兒工夫，高雅賢就被李世勣的部將潘毛一槊刺於馬下。等到漢東軍將士搶回高雅賢的時候，他已經由醉鬼變成了死鬼。

高雅賢既是竇建德的老部下，也是劉黑闥的老戰友，更是擁立劉黑闥的大功臣，他的死亡徹底激怒劉黑闥。十三日，劉黑闥再次出擊，猛攻唐軍大營。他特意給麾下第一猛將王小胡一道命令：誰都不要管，只管抓住潘毛就好。王小胡奉令而去，不一會兒就將潘毛的首級提了回來。

劉黑闥崇尚鬥爭哲學，自起兵以來，只重視軍事鬥爭，卻忽略了農業生產。所以，他的後勤保障很成問題。至於李唐，則是集全國之力對付一隅，糧食多得是。很快，漢東軍糧食告急，劉黑闥只得從各州運糧。結果，李世民又使出老路數，命人截擊劉黑闥的運糧隊，將老劉辛辛苦苦弄來的糧食付之一炬。

這下劉黑闥可坐不住了，再這麼耗下去，漢東軍必敗無疑，唯一的選擇就是速戰速決。如何能把李世民一舉消滅呢？劉黑闥陷入了深思當中。

皇天不負有心人，還終於被他想到了一個好點子。劉黑闥計劃先以小股部隊僞裝主力，猛攻唐軍李世勣部。李世勣有難，李世民必定會率軍前來救援，屆時，他再率領主力一舉擊殺李世民。這在兵法上就叫做擒賊先擒王。

主意定下，劉黑闥立即率軍進攻李世勣。李世民果然中計，率軍趕來增援，結果被老劉圍了個結實。漢東軍裡三層，外三層，李世民左衝右突，但就是衝不出去。時間一久，李世民也不免有些害怕了，他娘的，這回眞要玩完了。

正當他瀕臨絕望之際，一員唐將突然殺入戰陣，槊鋒所指，敵人或死或退，好生厲害。李世民定睛一瞧，原來是救主專業戶尉遲敬德到了。尉遲敬德接著李世民，一路殺出了重圍。望著李世民遠去的背影，劉黑闥氣得哇哇直叫。他知道，這樣的機會以後都不可能再有了。

李世民死裡逃生，回到大營之後，高掛免戰牌。經過這一次戰鬥，他算是徹底摸清了漢東軍的實力。漢東軍是自他起兵以來所遇到的最爲難纏的對手，正面對決的話，唐軍恐怕很難打垮他們。

但李世民就是李世民，他總是有辦法的。

三月二十六日，漢東軍糧食將盡，劉黑闥只得率軍渡過洺水，要與李世民一決雌雄。這是一場無比慘烈的戰鬥，雙方你來我往，從中午一直殺到黃昏。唐軍畢竟人多，漸漸地漢東軍便現出了敗象。王小胡瞧得清楚，扭頭對劉黑闥說：「主公，我們頂不住了，快走吧！再不走就來不及了。」

劉黑闥無奈地歎了一口氣，撥轉馬頭，往北而去。王小胡策馬跟了上去。

此時，其餘的漢東軍將士渾不知情，還在浴血拼殺。正在混戰之際，只見突然湧來一股洪流。水深高達一丈，兩軍全被淹沒。

哪兒來的水呢？

原來，早在數日前，李世民便命人在洺水上游築壩蓄水了。水淹漢東軍就是他想到的破敵之法，儘管這麼做會犧牲很多自家人馬，但爲了消滅劉黑闥，李世民在所不惜。

漢東軍再厲害，也厲害不過洪水，遭到慘重失敗。是役，漢東軍陣亡一萬餘人，淹死幾千人。劉黑闥與范願、王小胡等二百騎北走突厥。

第 7 章

「小李世民」之死

李道玄全身多處負傷，平生第一次感受到死亡的氣息。頻頻回頭探望，卻始終不見自家人增援。終於漢東軍萬箭齊發，李道玄無處可躲，身中數矢，口吐鮮血地從馬上栽了下來。

自大業十三年起兵以來，徐圓朗從沒像現在壓力這麼大。本來，他還指望著從劉黑闥的勝利中分上一杯羹，豈料小黑來得快，去得更快，轉瞬之間就被攆到了突厥，李唐的軍事壓力一下子全都壓到了他的頭上。

徐圓朗很害怕，莫非這次眞要玩完了？

沒有想到，生死存亡的緊要關頭，劉黑闥竟然又閃電般地回來了。小黑袋中無錢，手中無人，他之所以能夠迅速東山再起，要感謝一個人：東突厥頡利可汗。

作爲一個堅定的反唐分子，頡利在支持劉黑闥打內戰方面不遺餘力。上一次，他派兵打著志願軍的旗號，跟著劉黑闥作戰。事實證明，這不過是杯水車薪，無濟於事。所以這一次，頡利決定更換打法。

四月二十一日，劉黑闥引著五萬突厥騎兵包圍了邊陲重鎭新城（今山西寧武），唐代州總管定襄王李大恩爲國英勇捐軀。五月底，進寇忻州。六月初一，入侵山東，李淵下敕命幽州總管、燕郡王羅藝迎敵。

十五日，劉黑闥帶著突厥大軍出現在定州城下。消息傳出，舊將曹湛、董康買等人紛紛舉兵響應。事到如今，光一個羅藝明顯是應付不來了，於是李淵又於七月十五日下敕，命堂侄——河北道行軍總管、淮陽王李道玄率軍迎戰。

直到現在，李淵仍然認爲，頡利不會大舉入侵，但人家偏偏就這麼做了。八月初六，他親率十五萬突厥鐵騎南下侵唐。這是自晉陽起兵以來，突厥規模最大的一次入侵，戰爭的陰雲再次籠罩在兩國人民的頭上。

初七，突厥大軍便突入雁門。初十，進犯晉陽、原州。李淵接報大驚，連發三道敕書：第一道，命雲州總管李子和充當先鋒，急速趕赴雲中，阻擋突厥大軍前進的勢頭；第二道，命左武衛將軍段德操迂迴至夏州，從後邀擊突厥；第三道，命太子李建成率軍出幽州道，秦王李世民率軍出泰州道，抵禦突厥大軍。

事到如今，劉黑闥只是小問題，頡利才是大麻煩。

另一方面，深入唐境之後，頡利逐漸意識到了一個問題：現在的大唐早已不是父兄口中那個一推就倒的大唐了，短短數年，李唐的國力已經有了質的飛躍。二十日，突厥大軍竟然在汾州被擊敗，損失五千餘騎。雖然緊接著又攻陷了廉州和大震關，退兵的念頭已經悄悄爬上了頡利的心頭。

頡利知道，以突厥現有的實力不是沒有滅掉大唐的可能。但漢人有句話說得好，叫做「傷敵一萬，自損八千」，只怕大唐覆滅之日，就是突厥衰敗開始之時。爲了一個劉黑闥，搭上整個部族的前途，犯不著啊！

二十九日，李淵的使者鄭元（之前已經被頡利放歸）來了。鄭元直接開門見山，「大唐與突厥風俗不同，可汗你就是得到了大唐的土地，也不能居住。俘虜的人口和搶奪的財物都給了普通的突厥百姓，可汗你又得到了什麼？」

頡利問：「那依你之見，該怎麼辦呢？」

鄭元答道：「依我之見，你不如撤軍，與大唐和親。這樣，既能免除長途跋涉的辛勞，又能坐享金銀財物，比拋棄兄弟之間多年的情誼而給子孫後代留下無窮的仇怨，不知道要好多少呢！」

頡利深以爲然，當即答應，並拔營後撤。不想回軍的途中，他赫然發現，自己又被狡猾的漢人給忽悠了！

突厥大軍剛一收縮，唐軍就頻頻出擊。九月十五日，突厥軍隊在三觀山遭到三路唐軍的圍攻。十八日，又在崇崗鎮遭到阻擊。二十四日，敗於恆山南麓。二十八日，敗於甘州。

有人問了，頡利爲什麼不帶著大軍反撲呢？

我的回答是：談何容易？退容易，再想進來可就難了。唐軍早趁著這段時間做好了部署，最佳的戰機已經喪失。頡利如果再來，回不回得去都是個問題。

頡利畢竟是一代梟雄，儘管被打落牙齒，也是和著血吞了。不過，明著不計較並不代表暗地裡也不計較，他慫恿劉黑闥、徐圓朗、高開道繼續進軍。九月三十日，劉黑闥以攻陷瀛州、殺刺史馬匡武的行動，向李淵做出了堅定的回答。同日，高開道也南下，進犯李唐控制的蠡州。

別小瞧草原民族，草原民族也會玩政治！

江湖再起風雲，十月初一，李淵下敕，命齊王李元吉率軍東進，討伐劉黑闥。李元吉還沒有到，十七日傳來噩耗，河北道行軍總管、淮陽王李道玄死了。

李道玄，李繪的長子，作戰勇敢頑強，乃李唐宗室當中繼李世民、李孝恭之後的又一將才。

你若問李道玄他最崇拜的人是誰，他絕對會不假思索地回答是堂兄李世民。是的，李世民正是他心中的偶像。從生活的各個方面，直至用兵打仗，處處都在模仿。所以其他兄弟們給他起了一個外號，叫做「小李世民」。

李世民介休大破宋金剛的那一戰，第一個登上介休城頭的就是李道玄。那一年，李道玄只有十六歲。別看人家年紀小，打起仗來絕對和羅士信有得一拼。據《新唐書》的記載，李道玄「每赴敵，飛矢著身如蝟，氣益厲」。瞧瞧，都被射成刺蝟了，戰鬥意志反倒越加旺盛。

七月十五日，李淵點名由他和副將史萬寶，率三萬精兵對付劉黑闥。李道玄年輕氣盛，初生牛犢不怕虎，一心想和漢東軍主力決戰。可劉黑闥繞來繞去，就是不和他打。直到十月十七日，雙方竟然意外地在下博（今河北深縣西南）碰面。

這次偶然的相遇可把李道玄給興奮壞了，碰都碰上了，沒啥好說的，開打吧！雙方排好陣後，李道玄扭頭對史萬寶說：「我先帶著輕騎兵上了，你隨後跟進就是了。」史萬寶連連稱是。迫不及待的李道玄隨即領著輕騎，如一陣風似地殺了出去。

史萬寶本爲長安大俠，晉陽起兵之後，追隨李神通在關中舉兵回應李淵。從這個角度來說，有首義之功，也算是開國元勳了。

在李唐統一天下的戰爭當中，他更是屢立戰功，最著名的一次便是聽從部下盛彥師的建議，擊殺了赫赫有名的李密，因功封原國公。

不管別人怎麼想，反正史萬寶覺得自己是年高德劭，用兵如神。偏偏搭檔的李道玄沒把他放在眼裡，不僅說話直來直去，而且決策時完全不徵求他的意見，這很讓他不爽。一個乳臭未乾的小屁孩，跩什麼跩？

因此，當李道玄殺入敵陣，史萬寶沒有隨後跟進。

區區千人的輕騎兵，怎能撼得動驍勇善戰的漢東軍？眼見著李道玄情勢不妙，險象環生，史萬寶的親信便催促速速進軍。史萬寶倒不是想借刀殺人，他是另有打算，「出發之前，陛下曾給我一道手敕，說淮陽王不過是個小毛孩子，軍隊的所有行動，由我全權做主。現在淮陽王冒冒失失地出擊，我們如果和他一起進攻，肯定會失敗。所以我想，不如用他做誘餌。如果他被劉黑闥擊敗，敵軍一定會攻過來。屆時，我方守住陣形，以逸待勞，一定可以打敗劉黑闥。」

見老史一副自信滿滿的樣子，一干裨將也不好再說些什麼。

就在他閒扯淡的時候，李道玄的輕騎兵基本上已經被漢東軍吃光了。李道玄試了好幾回，都沒有衝出包圍圈。此時，他全身多處負傷，平生第一次感受到死亡的氣息。頻頻回頭探望，卻始終不見自家人增援。

終於漢東軍萬箭齊發，李道玄無處可躲，身中數矢，口吐鮮血地從馬上栽了下來。這一年，他剛十九歲。

得知李道玄被殺的消息，史萬寶才有些慌了。此時，得勝的漢東軍趁勢撲了上來，史萬寶無暇多想，趕緊組織人馬堅守陣地。

但他忽略了一點，全軍將士都知道，軍中主帥是李道玄，不是他史萬寶。主帥一死，軍心大亂，誰還聽他的招呼啊？

一時間，唐軍士氣全消，陣形大亂。結果大家肯定猜到了——慘敗。史萬寶倚老賣老，自作聰明，不僅斷送了李道玄的性命，也將三萬唐軍將士送上了奈何橋。人老臉皮就是厚，最後就他自己一個人毫髮無損地逃了回來。

聞訊，李世民嚎啕大哭。在一幫兄弟當中，就數李道玄和他關係最好，他也十分喜歡這個小堂弟，孰料長安一別，竟然人鬼殊途。深深的自責湧上了他的心頭，「道玄啊道玄，你經常隨我出征，見我深入敵陣，心中羡慕想要模仿，才落得今天這個下場，是爲兄害了你啊！」

第 8 章

世間再無劉黑闥

聽說新來的李建成寬大為懷，對於謀反的軍士，只要放下武器，就絕對不追究。於是，軍中開始出現士兵逃逸的現象，今天跑一個，明天跑一雙，後天跑一群……

李道玄的死震驚了整個山東地區（崤山以東）。李淵的另一個堂侄——信州總管、廬江王李瑗慌了，棄守信州，向西逃竄。他這一跑，相州（今河南安陽）以北的各個州縣很快便落入劉黑闥之手。從六月進入山東到現在，劉黑闥僅僅用了四個月的時間，就完全恢復了大夏國原先的全部地盤，比第一次還快了兩個月。這可把東征軍總司令李元吉給嚇壞了，按兵不動，不敢前進。

此時，唐廷內部，秦王黨和太子黨的鬥爭已經擺到了檯面上。太子黨徒王珪、魏徵等人紛紛勸誡李建成，「秦王早已功蓋天下，名滿江湖了。殿下您只是因爲年長才得以入主東宮，如果不樹立功勞，必無法讓天下人信服。現在，劉黑闥捲土重來，他手下的人馬還不到一萬，只要您率大軍前往征討，一定可以取勝。而且，我們還可以趁機籠絡山東的才俊。殿下，機不可失，失不再來啊！」

李建成大爲所動，馬上向李淵提出請求。

這一次，李淵沒有拒絕。

武德五年十一月初七，即西元六二二年十二月十四日，大唐皇帝李淵正式下敕，任命太子李建成爲陜東道大行台及山東道行軍元帥，東征劉黑闥。

李建成能行嗎？

十二月底，李建成大軍趕到的時候，劉黑闥正在率軍圍攻山東地區唐軍的最後一處據點——魏州（今河北大名東北）。

讓劉黑闥頗爲驚訝的是，李建成居然按兵不動。按理說，這太子李建成讓秦王李世民壓了這麼多年，好不容易逮到了一個出鋒頭的機會，理應速戰速決才是，可他偏偏不動一兵一卒。如此不按常理出牌的人，劉黑闥還是頭一次碰到。

劉黑闥並不知道，李建成根本就沒閒著。別看這幾天唐軍高掛免戰牌，兩軍陣前風平浪靜，實際上，李建成的中軍大帳比西單、王府井還要熱鬧。

這幾日，他和魏徵等人一直在討論一個問題，那就是：劉黑闥和漢東軍的生命力爲何如此頑強，以至於連強悍的李世民都擺不平他們？

討論來，討論去，還眞被他們找出了問題的癥結。漢東軍之所以造反，理由其實很簡單：不甘心任人宰割。如果不是因爲李淵和李世民血腥地清洗他們，鬼才會喜歡過這種刀口舔血的生活呢！說穿了，還是那句老話：官逼民反。

所謂一把鑰匙開一把鎖，問題的癥結找到了，解決問題的措施也就浮出水面了。魏徵及時地貢獻了一個點子，「今宜悉解其囚俘，慰諭遣之，則可以坐視離散。」釋放已經俘虜的漢東軍戰俘，只要不再投靠劉黑闥，絕對既往不咎。

過去，李唐對漢東軍將士的政策是「妻子係虜，欲降無繇」。造反者及其家屬都是不可寬恕的，不接受投降。現在，李建成採納了魏徵的建議，轉而實施寬大為懷的政策：只要造反者的老婆說他們投降了，他們就會被赦免，既往不咎。這是史上對戰犯最為寬容的政策。

政策的出台正逢其時。此時，漢東軍的糧草已經消耗殆盡。人是鐵，飯是鋼，一頓不吃餓得慌。飯都吃不飽了，哪還有力氣鬧革命啊？何況，大家又聽說新來的李建成寬大為懷，對於謀反的軍士，只要放下武器，就絕對不追究。於是，軍中開始出現士兵逃逸的現象，今天跑一個，明天跑一雙，後天跑一群……

李建成的措施切實起了「不戰而屈人之兵」的效果。

眼見形勢對自己日趨不利，劉黑闥擔心魏州的守軍出兵夾擊，幾經斟酌，最終痛下決心，連夜撤往館陶。

李建成得知消息，率軍緊追，一直追到了永濟河邊。劉黑闥大軍擠在河邊無法渡河，老劉只得派王小胡背靠河水列陣，自己親自督促軍士搭橋。好個王小胡，不愧是一代驍將，力敵唐軍。與此同時，一座簡單的橋迅速地矗立起來，漢東軍從容撤退。李建成趕忙派人追擊，哪想唐軍只過去劉弘基部一千人，橋樑就折斷了。奶奶的！倉促之間，劉黑闥居然搞了個豆腐渣工程。

劉弘基率騎兵繼續追擊，劉黑闥且戰且退。武德六年正月初五，到達饒陽城下，回頭一看，身邊只剩下一百多人了，而且個個餓得眼冒綠光。恰在此時，老劉任命的饒陽刺史諸葛德威及時出現，熱烈歡迎劉黑闥入住饒陽。

劉黑闥起初不肯答應，但架不住諸葛德威「謬為誠敬，涕泣固請」，只得率殘兵進入饒陽。一干人等躺了一地，不一會兒，諸葛德威就派人把熱騰騰的飯菜端了上來。捧著熱呼呼的飯碗，劉黑闥感動得熱淚盈眶，自己人就是自己人啊！

突然間，一幫虎賁武士衝了進來，三下五除二就將眾人綁了個結實。這一切發生得太快，等劉黑闥緩過神來的時候，早被人家綁成了大粽子。然後，笑眯眯的諸葛德威踱著方步走了出來。劉黑闥長歎一聲，無奈地垂下了頭……

唐書上說劉黑闥「無賴，嗜酒，好博弈，不治產業」，活脫脫一副小流氓的樣子。但觀他後天之所為，足見此人是一個俠肝義膽、義薄雲天的大英雄。

武德六年正月時分，隋末唐初又一大英雄劉黑闥在洺州迎來人生的終點。

戲劇性的開始，戲劇性的戛然而止，這就是劉黑闥起兵反唐的故事。當那一曲落紅的輓歌唱罷，世間再無劉黑闥。然而，倒下的是肉體，站立起來的是精神——一種不畏強權、反抗壓迫的大無畏精神。

劉黑闥一死，漢東軍群雄立刻煙消雲散。

這其中，有一個二十七歲的年輕人心灰意冷，解甲歸田，回到了家鄉冀州武邑（今河北省武邑縣）。十三年後，他將創造歷史，並成為大唐歷史上最著名的一流將領之一。這個年輕人是高雅賢的養子，他的名字叫做蘇定方。

平梁戰事結束後不久，李淵即擢升李靖爲檢校荊州刺史，命他安撫嶺南諸州。武德四年十一月，李靖越過南嶺，到達桂州。他派人分道招撫南方各州縣，各地皆望風歸降，連下九十六州，所得民戶六十餘萬。

至此，「嶺南悉平」。

蕭銑敗亡以後，他的散兵大部分投靠了老對手林士弘。腰包鼓起來的林士弘就有點兒不甘寂寞了，居然於武德五年十月派兵攻打李唐治下的循州。這可眞是蚍蜉撼大樹，可笑不自量了，李唐不來找他的晦氣，他自己反倒往刀口上撞。

人家老李都沒動用主力，光是循州刺史楊略就把林士弘的軍隊打得落花流水。林士弘又驚又氣，兩腿一伸，死了。樹倒猢猻散，他的部下一哄而散。折騰了六年的林士弘軍事集團就此煙消雲散。

至此，南部中國全部併入李唐版圖。

再看北方。劉黑闥一死，徐圓朗就知道自己快要完蛋了。因爲李氏父子絕不允許像他這樣降而復叛的人存活於世上，朱粲就是一個鮮活的例子。

武德六年二月二十日，徐圓朗帶著幾名貼身侍衛逃出兗州城。去哪裡？以後該怎麼辦？這些問題根本沒想過，也無暇考慮，他現在就是爲了逃而逃。

但就是這麼一個簡單的目標，上天都不讓它實現。半路上，老徐被一夥仇恨他的農夫砍掉了腦袋，找竇建德、孟海公去了。

徐圓朗一死，他的軍事集團頓時土崩瓦解。很快，地盤全部落入了李世民之手。至此，河北、山東完全併入李唐版圖。

隋末亂世，群雄並起。蔡東藩曾在其代表作《唐史演義》中做過詳細統計，「劉武周起馬邑、林士弘起豫章、劉元進起晉安，以上均自稱帝。朱粲起南陽，自號楚帝。李子通起海陵，自號楚王。邵江海起岐州，自號新平王。薛舉起金城，自號西秦霸王。郭子和起榆林，自號永樂王。竇建德起河間，自號長樂王。王須拔起恆定，自號漫天王。汪華起新安、杜伏威起淮南，以上均自號吳王。李密起鞏，自號魏公。王德仁起鄴，自號太公。左才相起齊郡，自號博山公。羅藝起幽州、左難起當涇、馮盎起高羅，以上均自號總管。梁師都起朔方，自號大丞相。孟海公起曹州，自號錄事。周文舉起淮陽，自號柳葉軍。高開道起北平、張長憑起五原、周洮起上洛、楊士林起山南、徐圓朗起豫州、張善相起伊汝、王要漢起汴州、時德叡起尉氏、李義滿起平陵、綦公順起青萊、淳于難起文登、徐師順起任城、蔣弘度起東海、王薄起齊郡、蔣善合起鄆州、田留安起章邱、張青持起濟北、臧君相起海州、殷恭邃起舒州、周法明起永安、苗海潮起永嘉、梅知岩起宣城、鄧文進起廣州、楊世略起循潮、冉安昌起巴東、寧長眞起郁林、李軌起河西，自號涼王。蕭銑起巴陵，自號梁王。這數十起草頭王，統是史冊上留有名目，可以錄述。此外尚有許多小丑，東劫西掠，騷擾民間，實屬記不勝記。」

經過歷年的殘酷戰鬥，截至徐圓朗身死之時，群雄幻滅。放眼天下，除李唐外，只剩下杜伏威（輔公祏）、梁師都、高開道、苑君璋四路人馬了。

這是黎明前最後的黑暗，和平的曙光即將來臨。

天下歸一

除了李子通，還有一個人對杜伏威幸災樂禍，
他就是杜伏威的結拜義兄輔公祏。
好啊，杜伏威你小子也有今天啊，
回不來了吧，活該！
杜伏威被軟禁了，他怎麼這麼高興啊？

第 1 章

小屁孩與好漁民

李子通一個想不開之下，率軍突襲杜伏威。杜伏威行事向來光明磊落，哪想到李子通會出這樣的陰招？結果當然是吃了大虧，在這場戰鬥中身負重傷，跌落馬下。

從地理學的角度來說，江淮地區是指長江以北、淮河以南、大別山以東、黃海以西的廣大地區。再說得具體一點，就是今天江蘇、安徽兩省境內，從長江到淮河的這一片地區。

隋朝末年，群雄紛爭，天下大亂，江淮自然不會成爲亂世當中的一方淨土。這片肥沃富庶的土地上，曾先後活動著大大小小數十支武裝力量，其中實力最爲強悍的是李子通、沈法興以及杜伏威、輔公祏哥倆等三路人馬。三大軍事集團在廣袤的舞台上縱橫捭闔，鬥智鬥勇，連袂獻上一幕幕精采紛呈的大戲。

隋末群雄當中，杜伏威、輔公祏哥倆起兵的時間算是比較早的，大業九年（具體月份不詳），僅次於翟讓和竇建德。

這一年，年僅十六歲的杜伏威跟著結拜義兄輔公祏偷了輔公祏的親姑姑的羊，被人家給發現，將二人告到了官府。官老爺可不含糊，立刻派人緝拿他們歸案。大輔和小杜索性把心一橫，落草爲寇。

剛入夥的時候，他倆都只是小嘍囉。尤其是杜伏威，小屁孩兒一個，屬於首長口中「小鬼」那種角色。但別看人家年紀小，打起仗來可猛了，而且爲人特仗義。每次大家出去「做買賣」，小杜總是衝在最前；撤退的時候，他又總是留在最後。時間一久，威信與日俱增，山寨裡面的兄弟提起他來，沒有一個不豎大拇哥的。最後，大伙乾脆推選他當了大哥大。

小杜也沒有客氣，接過頭把交椅，有聲有色地幹了起來。

當時，隋王朝在江淮地區的根基還是比較紮實的，力量也比較強大。小杜意識到自己的隊伍實力太弱，如果不儘快把蛋糕做大，根本生存不下去。於是，他努力尋找各種機會，圖謀兼併附近的其他起義軍。

第一個被他盯上的是下邳地區的苗海潮義軍。

小杜派人給苗海潮送去了一封信，信的內容相當簡單，一個抬頭——老苗，一個落款——小杜，正文就一句話：如果老苗你認爲你的實力比我強，那我就投靠你；反之，你就得來投靠我。

苗海潮收到信，立刻就被杜伏威強大的氣場給鎮住了。怕你了，我的隊伍歸你了。

接下來，海陵的趙破陣又上了杜伏威的黑名單。

人家趙破陣的實力要遠遠強於小杜，寫信這招肯定就不好使了。招降苗海潮，小杜是充爺爺，面對趙破陣，他決定裝孫子。

這不，他帶著十幾個人來見趙破陣，金銀珠寶帶了一大堆，說是將來歸降的見面禮。

當官的不打送禮的，當賊的就更不打送禮的了，趙破陣很高興，設宴款待。誰曾想小杜在酒席上突然發難，老趙還沒明白怎麼回事，就去向閻王爺報到了。

老大被殺，當小弟的嚷嚷著要剁了杜伏威。正在這時，輔公祏率領大隊人馬及時趕到。趙破陣的部下群龍無首，只好投降。

這件事告訴我們兩個道理：第一，人在江湖漂，怎能不裝逼？現在裝爺爺，是爲了將來當爺爺；現在裝孫子，還是爲了將來當爺爺。第二，在資本積累的過程當中，暴力和流血是不可避免的。

連續兼併了幾支人馬，杜伏威的實力大增，部隊迅速成長爲江淮地區一支誰都無法小覷的軍事力量。

拉山頭和經營公司差不多，公司實力越強，市場地位越高，知名度越大，就越是能招來人才；同理，山頭實力越強，在造反界地位越高，知名度越大，就越是能招來亡命之徒。這不，大業十一年的十一月，就來了一個亡命之徒……

來人名叫李子通，大隋東海丞縣（山東省棗莊市嶧城）人，漁民一枚。

這個人可不簡單，不僅智勇雙全，而且爲人正直，樂善好施，是個義薄雲天的英雄豪傑。每次打魚歸來，只要遇到窮苦的鄉親，必定會把打的魚送給他們。見到誰家缺糧，只要家裡還有，他一定會送過去。有惡霸地痞欺壓窮人，他一定會上前打抱不平。正因如此，李子通在他們那疙瘩享有崇高的威望和極強的號召力。

大業十一年，博山人左才相在長白山起義的消息傳到了東海丞縣，李子通那顆不安分的心開始躁動。在幾個哥們的攛掇慫恿之下，他帶上百十來個小弟，在一個月黑風高的夜晚，跑上了長白山。

見到左才相，李子通終於明白了一個道理——理想和現實是有差距的。誰能想到眾人口中坦蕩磊落的義軍領袖，竟然是個白衣秀才王倫式的人物？小家子氣也就算了，關鍵是嫉賢妒能，這就讓人有些吃不消。不過，話又說回來了，吃不消又能怎麼樣？人在屋簷下，不消也得消。

和王倫一樣，左才相有意刁難李子通，給他出了一道難題，說是山寨有規定，但凡前來投靠者，必須先送一份見面禮，而後才能入夥。這個壞東東的心思和王倫是一樣一樣的，希望李子通知難而退。

可他眼中的難題，在李子通這兒根本就不算事。小李明顯要比林沖有本事多了，一出手就打了一個大戶，擄得白銀數千兩，糧食、衣物更是數不勝數。事實勝於雄辯，還有啥可說的？左才相哪怕心不甘情不願，也只能夠接納。

眞正融入了長白山，李子通才發現，自己其實是進了一座圍城，起義軍遠沒有世人所說的那麼好。就拿左才相的部隊來說，純粹就是一幫毫無正義觀念的土匪。不分官家私家，不論窮人富人，見人就搶，見東西就拿，即便是擄得了窮人做人質，只要其家人不按時送來贖金，照樣撕票，沒得商量。

正直的李子通有點兒受不了，反感之餘，向左才相提出了一條基本原則——「三不掠」：一不掠窮人，二不掠賢人，三不掠弱者。

這也不准搶，那也不許掠，你想想，左才相他能同意嗎？

雖然左才相不同意，但在每次打劫的過程當中，只要有上述三種人被捉，李子通都會全力營救。時間一久，圈裡圈外的人都知道他是個好人，名氣越來越大，前來投靠的人越來越多。結果，不到半年的時間，部下就發展至一萬多人。左才相十分羨慕嫉妒恨，不滿之情溢於言表。但李子通沒有學林沖當激情犯罪人，而是選擇離開長白山。你不待見爺，爺還不待見你呢！

大業十一年十一月，李子通帶著一萬多小弟，渡過淮河，來投杜伏威。

他想得挺好，以為杜伏威會重視他，豈料人家根本就不待見他，原因有二：一是他得罪了杜伏威的好哥們左才相，二是李子通這個人的能力實在是太強了，人緣實在是太好了，杜伏威壓力山大。

李子通的狀態正應了那句歌詞，「我現在很受傷，很受傷……」一個想不開之下，幹了生平第一件出格的事：率軍突襲杜伏威。

杜伏威行事向來光明磊落，哪想到李子通會出這樣的陰招？結果當然是吃了大虧，在這場戰鬥中身負重傷，跌落馬下。要不是養子王雄誕背著他躲入蘆葦叢中，九成九要被李子通生擒活捉。

《亮劍》裡面的李雲龍曾經說過，「他娘的，人要是倒楣，放屁都能砸到腳後跟。」杜伏威就是這麼倒楣，剛被李子通扁完，緊接著，江都隋軍落井下石，派來了來護兒他們家的小六子來整。來整是個相當厲害的角色，有詩為證，「長白山頭百戰場，十十五五把長槍。不畏官軍千萬眾，只怕榮公（來護兒封榮國公）第六郎。」

可憐杜伏威元氣尚未恢復，又在來整這兒吃了一頓「刀削麵」。這一仗敗得更慘，同樣是身負重傷，同樣是跌落馬下，同樣是有人相救。

唯一不同的是，這次救他的是部將西門君儀的老婆王氏。這個女人力氣忒大，把杜伏威往肩膀上一放，轉眼就消失得無影無蹤。

杜伏威又羞又氣，恨來整，更恨李子通。

從此，杜伏威與李子通勢不兩立。

第2章

李郎妙計取江都

李子通招募了一批江南漁民，半夜到杜伏威的大營裡面溜達了幾圈。杜伏威藉著火光一看，我勒個去，到處都是書著「沈」字的大旗，入耳盡是浙江腔，不是沈綸，還能有誰？

進入大業十二年後，杜伏威終於恢復了元氣，李子通也恢復了元氣（也被來整打敗了）。這兩人一個佔據六合（今江蘇省南京市六合區），一個屯駐海陵（今江蘇省泰州市），手下都有小十萬人馬，嚴重威脅著江淮地區政府的統治和官民正常的生產生活秩序。七月份的時候，隋煬帝在南下江都的龍船上發佈了一道命令，調右御衛將軍陳稜剿滅江淮義軍。

陳稜，晚隋時期最爲傑出的軍事將領之一。他有多傑出呢？第一，琉球是他擺平的；第二，楊玄感也是他擺平的。

陳稜倒是看得挺準，一眼就瞄上了杜伏威。大業十三年正月，陳稜搶先對杜伏威下手，但很快就發現，這塊骨頭不好啃。

爲啥不好啃呢？這要從杜伏威的治軍方法講起。其實，小杜的治軍方法很簡單，來來去去就是三條：第一條，每次戰後都要檢查將士們的後背，但凡有傷的，一律處死，理由很簡單，肯定是逃跑時受的傷。第二條，每次作戰繳獲的軍資財物，杜伏威不留一針一線，全部賞賜給將士們，這一點很像李密和竇建德。第三條，將士們如果有戰死的，就將他們的妻妾殺死殉葬。

就這三條，簡單，粗暴，但是很有效，史官都說了，「所向無敵」。

攤上了這麼個難纏的對手，陳稜的艱難可想而知，只好窩在營壘中不出來，任你杜伏威喊破嗓子，我自巋然不動，不出不出就不出，氣死你！但杜伏威有辦法，他派人給陳稜送了一套服裝，高檔不高檔不知道，只知道這是一套女人的衣服。

陳稜起先挺高興，還以爲是送給他老婆的。但來使接著說了兩個字，「陳姥」，立即把陳稜給惹毛。你才是姥姥呢！於是，衝動佔領了理智的高地，他率軍出戰了。結果是無比悲催的，「稜僅以身免」，逃歸江都。

戰後，杜伏威乘勝破高郵（今江蘇高郵北），占歷陽（今安徽和縣），自稱總管，任命輔公祏爲長史，分派各將領攻取江都郡所屬各縣。大軍一路所向披靡，江都郡各縣相繼淪陷。江淮地區的小股勢力爭相歸附，杜伏威的軍隊很快成長爲該地區最大的武裝力量。

武德元年，又有一個人登上了江淮這塊舞台，也想在亂世當中分上一杯羹，他的名字叫做沈法興，本是大隋的吳興（今浙江省湖州市）太守。

這一年的三月，宇文化及在江都發動了政變，消息傳出以後，吳興太守沈法興就以討伐宇文化及爲名起兵，向江都進軍，打算勤王救駕。走到烏程（今湖北湖州）時，卻改了主意，原因有兩條：第一，隋煬帝已經死亡，去江都的意義喪失，再說宇文化及的驍果軍可不是吃素的，搞不好的話，有命去江都，沒命回吳興；第二，他意外地發現，麾下竟然有六萬精兵，足夠他嘯聚一方了。

於是，吳興太守沈法興動了私心，乾脆指揮大軍，相繼攻佔餘杭（今浙江省餘杭縣）、毗陵（今江蘇省常州市）、丹陽（今江蘇省丹陽縣）等十餘郡，自稱江南道大總管。九月，於毗陵建都，自稱梁王，成爲一方諸侯。至此，江淮地區形成了杜伏威、李子通、沈法興三足鼎立的格局。你方唱罷我登場，好不熱鬧。

九月初，李子通率先出手了，攻打江都。

消息傳來，新任江都太守陳稜愁壞了。三月，宇文化及在率軍北返之前，給陳稜升了官，由左武衛將軍調整爲江都太守，總管一切留守事宜。不知道內情的人還以爲宇文化及是他的大舅哥呢！其實，宇文化及完全是把一個爛攤子丟給了他。

江都太守這位置，擱在三年前絕對是個美差，擱在去年也不算是壞事，無奈時過境遷，今非昔比，陳稜這個太守嚴重縮水，只能管到江都城，除此之外的其他州縣，基本上都被李子通、杜伏威、沈法興三人瓜分了。陳稜整天掛著張苦瓜臉，奶奶的，命苦不能怨政府啊！

宇文化及前腳剛走，李子通後腳就把江都給圍住。可憐陳稜急得像熱鍋上的小螞蟻，一邊大罵宇文化及十八代祖宗，一邊派人向沈法興和杜伏威求救。

有人不明白了，陳稜是不是撞豬身上了，怎麼會向這兩人求援呢？尤其是杜伏威，前不久還打得難分難解，現在向人家求援，人家能來嗎？

當然能來，因爲沈法興和杜伏威現在的身份，都是大隋的臣子。杜伏威是跟朝廷作對過，但是皇泰主在洛陽登基稱帝後，人家上表稱臣了，此時是大隋東道大總管、楚王。沈法興也學杜伏威向皇泰主上表，皇泰主還沒說啥，他就自稱大司馬了。既然同是大隋的臣子，陳稜就有向他倆求援的權利，他倆也有出兵救援的義務。

所以，沈法興派出了兒子沈綸，杜伏威則親自率軍，一起來救援江都。杜軍駐紮在清流，沈軍駐紮在揚子，相隔數十里。

要說沈綸和杜伏威對陳稜有多深的感情，那純屬扯淡。這兩人爲了保存實力，誰都不願意先上。沈綸說了，你是大哥，這救援的大功我怎麼能和你搶呢？你先上吧！杜伏威說了，都說初生牛犢不怕虎，世界是屬於我們的，也是屬於你們的，但歸根結柢，還是屬於你們的，你先上吧！

雙方十多萬人馬光扯皮了，一點兒正事都沒幹。

他們不幹正事，李子通可不學他們。要說李子通這人也眞夠壞的，他招募了一批江南漁民，僞裝成沈綸的軍隊，半夜到杜伏威的大營裡面溜達了幾圈。杜伏威藉著火光一看，我勒個去，到處都是書著「沈」字的大旗，入耳盡是浙江腔，不是沈綸，還能有誰？

立刻還以顏色，攻擊沈綸。

老杜發火，沈綸也不含糊。媽的，叫你幾聲哥，你還真喘上了！立刻組織人馬還擊。

看見杜伏威和沈綸幹仗幹得熱火朝天，李子通就甭提有多開心了，他集中全力，很快就拿下了江都。光桿司令陳稜只得倉皇投奔杜伏威。鷸蚌相爭，最終還是漁翁得了利。

陳稜來了之後，杜伏威才明白是怎麼一回事，但一切都為時已晚。李子通乘勝出擊，沈綸被揍得哭爹喊娘。杜伏威看情形不對，立刻抬腳走人。

李子通得意地笑，得意地笑。隨即在江都即皇帝位，建立吳國，改年號為明政。

第3章

雙雙退場

偏偏王雄誕命人在山上山下插滿旗幟，到了晚上，則將火把綁在樹上。他這邊一點火，可把李子通給嚇壞了，漫山遍野都是敵人的旗幟，這還打個屁啊？撤吧！

要說李子通、沈法興、杜伏威三人當中，誰的眼光最為長遠？那還得屬杜伏威。

就在李子通稱帝的當月，杜伏威做了一件充分彰顯長遠眼光的事：改旗易幟，投到了大唐的門下。

要知道，這一年是大唐武德元年，李密、竇建德、薛舉、劉武周、宇文化及、王世充等猛人都在，且都處在相當生猛的階段，怎麼就偏偏看上了剛剛起步的李唐呢？小玉估摸，他不會用搖骰子、抽籤等方式來決定這件事情，唯一合理的解釋就是眼光。

對於杜伏威的歸附，李淵熱烈歡迎，於十二日下敕，任命為淮南安撫大使，兼和州總管。杜伏威就此投入了李淵的懷抱。他不知道，這一投竟然再也沒有出來，連小命都投了進去。

轉眼之間，一年半的時間過去了。

過去的一年半是翻天覆地的一年半，薛舉、李密、宇文化及、李軌先後出局，李唐行情日漸看漲。杜伏威有事沒事偷著樂，慶幸自己跟對了人。

李淵對這個小弟也很滿意，這一年（武德三年）六月初一，他再次下敕，任命杜伏威為揚州刺史、東南道行台尚書令、淮南道安撫使，總管江淮以南諸軍事，晉封為吳王，賜姓李氏。任命輔公祏為東南道行台左僕射，進封舒國公。

行情看漲的可不止杜伏威一個，李子通現在發展得也不錯。唯一混得不好的就是沈法興了。這一年，李子通派軍渡過長江，攻打沈法興。沈法興接二連三地遭到痛扁，丟完了京口丟丹陽，丟完了丹陽丟毗陵，最後乾脆躲到吳郡去。

眼看著沈法興就要Game Over，江淮三足鼎立的格局就要成爲歷史。這個時候，杜伏威就坐不住了，趕忙派輔公祏率將軍闞稜、王雄誕等八千人馬渡過長江，進攻李子通。

輔公祏渡江之後，開局還算不錯，一下子就打下了丹陽。這可把李子通給惹毛了，親率八萬人馬逼近溧水，要和他拼命。

八千人PK八萬人，一比十，這仗可不好打。輔公祏壓力山大，不過，壓力大，動力更大。他將這八千人馬分爲左、中、右三軍，闞稜領左軍兩千，王雄誕領右軍兩千，他自領中軍三千。

老輔這個人眞夠心細的，他又將自己的三千中軍分爲了三隊，每隊一千人馬。輔公祏對第三隊的一千人說了，如果交戰的時候，第一隊的人撤下來，你們就直接幹掉他們。第二隊的人答應之後，就發現輔公祏領著剩下的一千人站到了他們的後面……

領導下了死命令了，只許勝不許敗，開打之後，這幫中軍拼命地往前招呼，個個如下山猛虎一般，沒一個後退的。無奈雙方的實力對比畢竟太過懸殊了，區區三千人馬能與李子通的大軍戰個旗鼓相當，已經是奇蹟中的奇蹟。

戰鬥進行至艱難時刻，輔公祏這才下令左右兩軍出擊。剎那間，闞稜領左軍兩千，王雄誕領右軍兩千，猶如兩把利刃般，猛插敵軍兩肋。李子通軍頓時崩潰。

輔公祏一高興，理智的防線鬆了，帶著全軍奮力追趕。

八千人追八萬人，這是相當不靠譜的一件事情，李子通的軍隊敗是敗了，可沒有兵敗如山倒，與其說潰敗，倒不如說是有序撤退更為妥貼。輔公祏可沒看出這一點，拼命地追，追著追著，就把李子通給惹毛了。你娘的，沒完了？

火大之下，李子通就在半道上設了一個埋伏。

輔公祏一頭紮入了包圍圈，被一頓痛扁。

輔公祏此人挺有意思，一下又從一個極端走向了另一個極端，乾脆收兵回營，堅守不出了。手下王雄誕挺懵懂，認為李子通沒有安營紮寨，且又滿足於剛才的小勝，應該趁機突襲才對，但輔公祏就是不聽。

王雄誕是杜伏威的養子，平日就沒把輔公祏放在眼裡，當天夜裡他便率本部人馬去突襲李子通。正如他所料，敵軍根本就沒想到他會來。李子通又吃了一個大大的敗仗，便放棄江都，退守京口去。輔公祏火速進軍，江西一省全部歸附。杜伏威索性將都城遷到了丹陽。

李子通打不過杜伏威，就去撿沈法興這個軟柿子捏。可憐沈法興在吳郡才待了幾天，實力根本沒有恢復，被攆得到處跑。

這時，他的同鄉、活動在吳郡的義軍領袖聞人遂安向他伸出了橄欖枝，派人來接。老沈走了一半，後悔了，打算幹掉前來迎接的使者，結果被人家發覺，一個想不開之下，乾脆投江自殺。三角戲變成了對口相聲。

沈法興一死，李子通樂了，接收了沈法興的全部地盤。北從太湖，南到五嶺，東包會稽，西至宣城，這麼大的一塊地方落入了手中，甭提有多高興了，東山再起，鹿死誰手，猶未可知啊！

他不知道，所謂東山再起不過是覆亡前的迴光返照。

李子通重新崛起的消息傳來，杜伏威氣得哇哇叫，眞是個打不死的小強。武德四年十一月初一，再次派王雄誕率軍攻打。

李子通選了個好地方，叫做獨松嶺，作爲屯兵之所。獨松嶺地勢極其險要，端的是一夫當關，萬夫莫開。偏偏王雄誕是屬藕的，粗中有細，命人在山上山下插滿旗幟，到了晚上，則將火把綁在樹上。

他這邊一點火，可把李子通給嚇壞了，漫山遍野都是敵人的旗幟，這還打個屁啊？撤吧！李子通立即率軍退守杭州，王雄誕一路猛追。跑到杭州城下，兩軍打了一仗，李子通大敗，逃入城中。

十一月初七，窮途末路的李子通不得已獻城投降。此時，王世充、竇建德、朱粲三股勢力已經於五月敗亡，江南的蕭銑也於十月投降李唐。杜伏威不敢含糊，立即將李子通解送長安。

回軍的路上，王雄誕順手收拾掉了佔據黟、歙二州的汪華和佔據昆山的聞人遂安兩股小勢力。至此，杜伏威完全佔有江淮和江東地區。

杜伏威笑了，紛紛擾擾這麼多年，終究還是他笑到了最後。

但他似乎忽略了一個問題：剛剛上演的這幕獨角戲，他還能一直唱下去嗎？或者說，別人會允許他繼續唱下去嗎？

第 4 章

他來了，他樂了！

除了李子通，還有一個人對杜伏威幸災樂禍，他就是杜伏威的結拜義兄輔公祏。好啊，杜伏威你小子也有今天啊，回不來了吧，活該！杜伏威被軟禁了，他怎麼這麼高興啊？

武德五年七月，李世民在擊敗劉黑闥之後，乘勝進攻徐圓朗，並取得了一系列勝利。得勝的李世民幹了一件李淵一直想做卻始終沒有做到的事情：陳兵杜伏威境上耀武揚威，李唐的聲威第一次傳入淮泗地區。

杜伏威認李淵當老大雖然已經四年，但因地盤和李唐並不接壤，李唐的實力到底有多強，只有一個極其朦朧的概念。現在情形不同了，王世充、竇建德、李密等牛人全都化作了塵土，梁師都、高開道、徐圓朗之輩或僻處邊疆，或滅亡在即。也就是說，唯一還能對李唐構成威脅的，就是杜伏威了。

老杜很擔心，很害怕，擔心江淮會成爲李唐的下一個進軍目標，害怕自己走上王世充、竇建德的老路。思來想去，最終做出了一個艱難的決定：入朝，向李淵表忠心。此舉正中李淵下懷，他對杜伏威的使者表態：歡迎，歡迎，熱烈歡迎，早就想讓你家主公來了。

武德六年七月初八，杜伏威帶著闞稜，懷著忐忑不安的心情，抵達長安。

初次見面，李淵對杜伏威別提有多熱心了，拉著杜伏威的手，張口老弟，閉口老弟，三天一小宴，五天一大宴，美女、金銀、綢緞……逮著啥就賞賜啥。不僅如此，還任命他爲太子太保，每次上朝的位置甚至都在齊王李元吉的前面，排在太子李建成和秦王李世民的後面。

杜伏威感動得稀裡嘩啦的，終於遇到了聖主明君。

不過，俗話說得好，金窩銀窩，不如自己的狗窩，長安雖好，畢竟是別人的，時間一久，杜伏威就想回狗窩丹陽了。一提出這個想法，李淵便露出了眞實嘴臉。丹陽不過是一個地級市而已，哪能跟帝都比呢？長安可是全國的政治中心、文化中心，發達得很！別回去了，幹好你的太子太保吧！

杜伏威只得打落牙齒和血吞，完了，完了，這下眞回不去了。

杜伏威來長安的消息，可把一個人給樂壞了，這個人就是他的老對手，李子通。

去年杭州一戰，李子通大敗，獻城投降，隨即被解送長安。李淵器重他是個英雄豪傑，並沒有爲難，還給了他一個有職無權的位子。老李以爲，有吃有喝有錢花的日子可以羈縻住李子通。殊不知，人家野慣了，如此安逸的生活根本消受不了。

杜伏威入朝，李子通覺得自己東山再起的機會終於又來了。難掩興奮之情，偷偷地對部將樂伯通說：「杜伏威現在長安，江淮必定群龍無首。咱們只要能回去收拾舊部，必定可以再戰江湖！」

樂伯通完全就是王伯當第二，對此提議表示嚴重支持。這哥倆就找了個機會偷跑，跑到藍田關，被當地的官吏抓住，就地滅了。

眞是奇了怪了，姓李的人爲什麼就不願意消停？

除了李子通，還有一個人對杜伏威幸災樂禍，他就是杜伏威的結拜義兄輔公祏。好啊，杜伏威你小子也有今天啊，回不來了吧，活該！

輔公祏和杜伏威不是號稱刎頸之交嘛？杜伏威被軟禁了，他怎麼這麼高興啊？沒錯，他倆確實是拜把子的結義兄弟，只是需要在前面加一個時間狀語——幾年前。才不過三五年的時間，這份兄弟之情便名存實亡了，這正印證了那句老話：可以共患難，不可同富貴。

起初，杜伏威對輔公祏確實不錯，天老大，他老二，輔公祏就是老三。所以，輔公祏在軍中享有與杜伏威相同的地位，又因爲他年齡要稍長一些，所以將士們都親切地稱呼他爲伯父。然而，漸漸地，杜伏威越聽越覺得伯父這個字眼太刺耳，於是任命闞稜爲左將軍，王雄誕爲右將軍，暗中逐步削奪輔公祏的兵權。

輔公祏吃的鹽畢竟要比杜伏威多，豈能看不出來？兩人心知肚明，交情就此斷絕，只不過表面上還裝出一副情深意重的樣子。輔公祏恨杜伏威恨得牙根都癢癢了，但杜伏威畢竟是軍隊的頭，他要是跟人家叫板，絕對沒有好下場。權衡之下，老輔乾脆辭掉軍職，整日裡跟著老朋友——道士左遊仙廝混，名爲學道辟穀，實爲明哲保身。

可杜伏威還是不放心，入朝之前，雖然點名由輔公祏守衛丹陽，卻把軍權完全交給了王雄誕。也就是說，輔公祏仍然是一個有名無實的光桿司令。臨行時，更不忘對王雄誕千叮嚀萬囑咐，「你一定要看住輔公祏。我到了長安之後，如果沒有丟掉權位，你千萬不能讓他鬧事。」王雄誕一口應允。

杜伏威的擔憂是對的，他前腳剛走，左遊仙就勸輔公祏起兵造反。輔公祏等這一天已經很久了，當即點頭答應。沒兵權？沒關係！王雄誕？小意思！

輔公祏對外聲稱收到了杜伏威的親筆信，並「無意中洩漏」給王雄誕，說杜伏威對他不放心，懷疑他有二心。

王雄誕這個傻蛋居然信了，傷心得要死，我王雄誕忠心耿耿，你居然懷疑我？或許是傷心難禁，或許是主動避嫌，從此便聲稱身體有病，再也不來辦公了。

輔公祏心中暗喜，王雄誕有病，總得有人幹活不是？順理成章地將軍權奪了過來。兵權到手之後，派部將西門君儀向王雄誕攤牌，伯父要起兵反唐了，你幹不幹？

王雄誕這才恍然大悟，無限的悔恨填滿心胸，拒絕參與反叛。輔公祏大怒，娘的，沒你地球還不轉了？命人勒死了王雄誕。王雄誕人緣很好，特別體恤部下，而且從不擾民，口碑賊佳。他死的那一天，軍中將士及民間百姓無不放聲痛哭。

王雄誕一死，輔公祏再無顧忌。八月初九，他集合臣民，宣稱杜伏威被李唐軟禁，暗中派人捎來親筆信（偽造的），命他起兵救駕。上上下下沒有一個人懷疑，輔公祏正式宣佈起兵反唐。江淮眾將士，就這樣被一個自私的人綁上了戰車……

起兵後不久，輔公祏便迫不及待地稱了帝，定國號為宋。消息傳到長安，老李暴怒，老大不是你想當就能當。二十三日，李淵下敕，調李孝恭率李靖、李世勣等討伐叛軍。

唐軍剛剛出擊，便折了一員大將——黃州總管周法明。

周法明本是前隋的眞定縣縣令，武德四年五月起兵，接連攻克黃梅、蘄春、安陸、沔陽四郡，隨後於當月十三日投降李唐。五天後，李淵下敕，任命他為黃州總管。之後，周法明就參加了平定蕭銑的戰鬥，並以傑出的戰場表現贏得李淵的認可。照這種形勢發展下去，遲早會百尺竿頭更進一步。誰都沒有想到，他美好的前途和人生，會在十一月初十這天戛然而止。

周法明的終結者，名叫張善安。此人原本也是唐臣，官拜洪州總管，可他改不了自己的匪性，降而復叛。輔公祏起兵後，把他拉入了隊伍。既然是匪，心中就不會有什麼道德觀念，所以初十這天，張善安派遣幾名刺客，偽裝成漁民，來到了周法明駐紮的荊口鎮，悄悄摸上戰船。唐軍哨兵也眞夠麻痺的，等他們發覺情形不對的時候，周法明的屍體都涼透了。

周法明的死可把他的戰友李大亮給氣壞了，決心抓住張善安，爲兄弟報仇。十二月初二，雙方會戰於洪州。

李大亮不僅會打仗，而且口才賊好，極力勸說張善安投誠，重新站到人民的一邊，直說得天花亂墜，海枯石爛。張善安被忽悠得一愣一愣的，「大哥，你知道嗎？我本來沒有反叛的意思，都是我手下的那幫人慫恿我。」

李大亮一拍大腿，「是嗎？那你怎麼不早說啊！既然你有心歸附政府，那咱們就是一家人了。」說罷，拍馬進入張善安的大營。兩人別提有多親熱了，感覺跟多少年的老朋友似的。

張善安心想，李大亮敢一個人來，說明他充分信任咱，既然如此，咱也能完全信任他。於是，他答應向唐軍投降。

李大亮說，行啊，熱烈歡迎，不過，你得到我們那邊，咱們好好商量商量。

張善安依言帶著數十騎來到了李大亮的營地。然而，李大亮只放他一個人進來。當時他就覺得有點不對勁，但還是硬著頭皮進去。坐下來一談，心頓時變得拔涼拔涼的，完全是在忽悠老子嘛！急忙找了個藉口，說要告辭。

李大亮立即開罵，爺的大營是你想來就來、想走就走的地方嗎？來人啊！給我拿下。唐軍營門外，張善安的小弟們瞧見情形不對，立馬開溜。

不一會兒，張善安的大軍全來了，嗚嗚咋咋地，要求李大亮釋放老大，否則踏平唐營。李大亮聞訊，一臉苦相地出來，「兄弟們，不是我留住了張總管，是張總管打算歸附朝廷，自己留下來的，與我沒關係啊！」

張善安的部下一聽，當時就怒了，張善安這個王八蛋，把咱們都出賣了，還打個屁啊？登時作鳥獸散。李大亮樂極了，指揮大軍出擊，俘虜了許多敵人。事後，他將張善安解往長安。

張善安人品不怎麼樣，打仗可很有一套，自從他被李大亮捉了，輔公祏方面便屢戰屢敗。

第 5 章

七世紀的博爾特

李世勣越是追，輔公祏的心就越慌，跑得就越快。等到了句容的時候，輔公祏一扭頭，發現身邊只剩下不到五百個小弟，其餘那幾萬人根本撵不上他老人家的步伐。

武德七年二月，發生了兩件大事：死了兩個人。

第一個，高開道。

劉黑闥、徐圓朗一死，反唐鐵三角就只剩下高開道了。這個人比較有意思，嚴重不按常理出牌。按理說只剩下他一個人了，應該低調低調再低調才對，但高開道偏不，竟然接二連三地興兵犯唐。

武德六年三月初七，主動出擊，攻掠文安、魯城。五月二十八日，引奚族騎兵侵犯幽州。七月，他又在靈壽、九門、行唐一帶劫掠。八月，再次引奚族騎兵侵犯幽州。一個月後，帶二萬突厥騎兵三犯幽州。

高開道這麼得瑟，李淵爲什麼不辦他？原因當然有很多，最主要的一條，打狗還得看主人，李淵並不想因爲高開道而與突厥全面開戰。所以，儘管這廝可勁兒地折騰，李淵始終沒有出手。

天欲令其亡，必先令其狂，這句話估計是專爲高開道量身定做的。武德七年二月，狂妄至極的高開道終於自嘗苦果，被部將張金樹幹掉。

張金樹爲什麼要幹掉高開道呢？

原因很簡單：他想回家。

高開道這一支勢力雖然活動於幽州地區，可基本上由山東人組成。時間久了，將士們都十分思念故鄉，無奈懾於老大的淫威，不敢逃跑。最後實在是受不了了，大家就來找張金樹，希望他能帶他們回山東老家，張金樹點頭答應。

高開道再厲害，畢竟只是一個人，做掉他沒什麼難的，難的是如何對付他身邊的義子們。高開道有個特殊的習慣，見到勇士，就將他們收爲義子，作爲貼身護衛。這幾年下來，身邊的義子已經有好幾百人了。

這幫人不怎麼好對付，可這難不倒張金樹。

這日，張金樹帶著幾名同黨進入閣內，和高開道的義子們玩耍。義子們光顧著玩，絲毫沒注意到弓弦早已被人偷偷切斷，刀槍也不見了。

到了就寢的時候，張金樹開始行動，帶著同黨們猛攻高開道的閣房。義子們這才醒悟過來，紛紛尋找兵器，卻發現弓弦早斷了，刀槍也不見了，當下亂作一團，紛紛投降。

高開道明白，今天這道坎兒他是過不去了，索性身披鎧甲，手持兵器，坐在堂上，照舊和妻妾們奏樂暢飲。衆人都害怕他的英勇，不敢靠近。高開道和自己的女人們就這麼喝了一夜的酒。

時間似乎過得特別快，轉眼之間，東方現出了魚肚白。高開道哈哈大笑，勒死了妻妾和兒子們，然後自殺身亡。張金樹一不做二不休，接著將他的五百多個義子全部殺死。隨後，派人向李唐投降。

二十二日，李唐在高開道故地設置嬀州，任命張金樹為北燕州都督。

緊接著，吳王杜伏威也死了。

杜伏威生於西元五九七年，武德七年是西元六二四年，也就是說，他死的時候只有二十七歲，相當年輕。這裡面就有蹊蹺了，一個二十七歲的青年人，突然暴斃，那年代能有什麼絕症？《新唐書》說是誤服雲母，中毒而死。中毒估計是眞的，但怎麼中的毒可就不好說了，你們懂的。

杜伏威是不幸的，英年早逝；杜伏威又是幸運的，起碼他不用眼睜睜地看著自己的部隊被徹底消滅。

此時，李孝恭正統率大軍，步步緊逼。輔公祏一面派大將馮慧亮、陳當世率領三萬水兵，駐紮在博望山（安徽當塗縣西南江畔），一面派大將陳正通、徐紹宗率領三萬步兵騎兵，駐紮在青林山（當塗縣東南）。又用鐵索切斷了梁山以下的長江航道，還在兩岸修築了大量城堡壁壘，綿延近二十里，搞得銅牆鐵壁一般。

李孝恭遠道而來，馮慧亮請他吃閉門羹，高掛免戰牌，堅決不肯出戰。李孝恭只得派兵截斷了馮慧亮的糧道。這下，馮慧亮坐不住了，連第二天都不願意等，當天晚上就來了，要和李孝恭決一雌雄。

這次可輪到李孝恭踱了，不打不打就不打，你請我吃閉門羹，我也請你吃閉門羹。

不過，這麼拖下去畢竟不是個事兒。第二天一大早，李孝恭召集諸將開會，商量下一步該怎麼辦。

絕大多數將領都認爲，硬碰硬是占不到便宜，主張繞過馮慧亮等人，直取丹陽，丹陽一下，馮慧亮等人自然就會投降。

李孝恭覺得大家說得很有道理，正要拍板，李靖又跳了出來，堅決反對。他的理由是：輔公祏的精兵固然都在這裡，他本人統率的軍隊也不少。如果我們十天半個月都拿不下丹陽，馮慧亮等人就會抄了我軍的後路，那可就危險了。不應該冒這個險，最好先擊潰馮慧亮等人。馮慧亮一敗，輔公祏必定肝膽俱裂。

他這麼一摻和，李孝恭的態度就發生了一百八十度的大轉變。上次打蕭銑的時候，也是李靖力排衆議。事實證明，聽他的就對了，仗眞的打勝了。所以，李孝恭就說了，好，聽你的。

戰略定好之後，李孝恭用老弱殘兵進攻馮慧亮、陳當世。老弱殘兵哪能打得了勝仗，不一會兒就退了下來。馮慧亮、陳當世追出了好幾里地，然後傻眼，媽呀，碰見李孝恭大軍了！

這哥倆在唐軍的隊伍當中意外地發現一個老同事——闞稜。武德六年七月，闞稜跟著杜伏威一起入朝，杜伏威撈了個太子太保的虛銜，闞稜則撈了個左領軍將軍。這人是員猛將，相當能打，李淵尋思不用白不用，就把他派到了李孝恭手下。

闞稜果然發揮了作用，摘下頭盔向宋軍喊話，「你們都不認識我了嗎？居然敢與我交戰！」宋軍將士仔細一瞅，這不是闞稜闞大將軍嗎？紛紛下馬行禮。

李孝恭大喜，趁機揮軍進攻，馮慧亮、陳當世攔不住敗軍，只好撤退。李孝恭、李靖乘勝追擊逃敵，轉戰竟達一百多里，青林山、博望山兩處敵軍均告潰敗，馮慧亮、陳正通等人倉皇逃回丹陽。

唐軍各路人馬當中，李靖的部隊是最先到達丹陽的。他說得沒錯，輔公祏已經嚇破了膽子，乾脆放棄了丹陽城，帶著幾萬人馬向會稽方向逃跑。

李靖歡天喜地進了丹陽城，不一會兒，李世勣的部隊也上來了，見李靖已經取了丹陽，尋思該幹點兒啥好。正好有人告訴他輔公祏跑了，便率軍順路追趕。

李世勣越是追，輔公祏的心就越慌，跑得就越快。等到了句容的時候，輔公祏一扭頭，發現身邊只剩下不到五百個小弟，其餘那幾萬人根本撵不上他老人家的步伐。那年頭沒有奧運會，要有的話，輔公祏絕對是七世紀的博爾特。

當天晚上，輔公祏在常州宿營。你想他能睡著嗎？鬱悶的老輔在營地裡面溜達，這一溜達竟然有意外收穫，無意當中聽到了吳騷等人的對話，這幾個小子正琢磨著挾持他投降李唐呢！當場嚇出了一身冷汗，連老婆孩子都顧不上了，僅帶了幾十名心腹，連夜繼續跑。

人要是倒楣起來，喝涼水都塞牙縫。唐軍沒捉住他，叛徒沒抓住他，竟然被一幫農民給抓住了。原來，輔公祏一路狂奔，跑到武康（浙江德清縣西）的時候，被當地的農民打了埋伏，西門君儀被當場打死，輔公祏則讓人家給活捉了。這幫農民可不含糊，立刻將他解往丹陽。

輔公祏這傢伙也夠缺德的，臨死之前拉了一死一活兩個人墊背。一個死人就是杜伏威。輔公祏說了，我是根據杜伏威的指示才起兵的。李孝恭可不管偵查，輔公祏怎麼說，他就怎麼上報。李淵大怒，下敕追免杜伏威的一切官職，並將他的妻兒沒爲官奴。

輔公祏又說了，闞稜其實是我的同黨。

這一點李孝恭根本不相信，因爲闞稜的表現在那兒擺著呢！但是，闞同志仗著自己立了大功，態度十分傲慢，完全不把李孝恭放在眼內，李孝恭索性藉著收繳杜伏威、輔公祏、王雄誕等人田產的機會，把他的土地也收了。

闞稜當然不幹了，就跑來找鬧。

這下李孝恭可逮著機會了，你大爺的，還反了你了，老子不僅要你的田產，還要你的小命！以通敵謀反的罪名將闞稜給做了。

隨後，李孝恭處死了輔公祏，傳首長安。唐軍分兵搜捕輔公祏餘黨，自左遊仙以下，全部被處決。至此，江淮地區完全併入了李唐版圖。杜伏威要是還在，見到這個情景，即便不病死，也得氣死，辛辛苦苦十多年，原來都是在爲李淵做嫁衣。

是的，在江淮乃至全國這個廣闊的舞台上，杜伏威、輔公祏、李子通、沈法興都是配角，眞正的主角只有一個，那就是李唐。

第 6 章

天下歸一

天下風雲出我輩，一入江湖歲月催。塵世如潮人如水，只歎江湖幾人回。一個舊的時代終結了，一個新的時代開啟了，貞觀的長歌，就在梁師都的輓歌聲中拉開了序幕……

輔公祏的敗亡，終於使亂世的終結現出了黎明的曙光。

隋末亂世，群雄競起，逐鹿中原，稱王稱帝者多達數百人，其中眞有實力問鼎江山的不外乎薛舉、李淵、劉武周、王世充、李密、竇建德、輔公祏（杜伏威）、蕭銑等八路人馬。現在，經過十多年的殘酷角逐，八路人馬中僅李氏父子一枝獨存。李唐一統華夏已是板上釘釘，剩下的只是時間問題。

放眼神州大地，此時只有兩股小的勢力仍在負嵎頑抗，垂死掙扎。這兩股勢力，一是劉武周的妹夫苑君璋，一是活動於朔方地區（今陝西省橫山縣西）的梁師都。

武德三年四月，劉武周在逃歸馬邑的路上被昔日的主子突厥人幹掉了。處羅可汗隨即扶植苑君璋爲大行台，統率劉武周殘部，繼續與李唐對抗。此後的數年間，苑君璋以馬邑爲前沿跳板，不斷地襲擾，雙方互有勝負。

一直到了貞觀元年，突厥現出衰敗的跡象，苑君璋這才下定決心，於五月率兵歸降。唐太宗李世民隨即冊封他爲隰州都督、芮國公。隋末群雄當中，苑君璋是爲數不多的得以善終的人。

至於梁師都，如果非要用一句話來概括，就是這一句了：他是隋末群雄當中唯一的一個眞漢奸。

隋朝末年，突厥實力強大，各路諸侯在起事之初，比如李淵，都曾向其稱臣納貢，以換取突厥的不干涉甚至軍事支持。但絕大多數人投靠突厥只是權宜之計，雙方是相互利用的關係。唯有梁師都對突厥是死心塌地，置國家民族利益於不顧，全心全意地爲主子賣命，充當了突厥人奴役華夏百姓的鷹犬。

梁師都幹得最出格的事情有兩件：

第一，一手挑起了突厥和大唐之間的衝突。

處羅可汗上任伊始，本想奉行對唐友好政策。如果唐突友好眞能實現，後來的中國歷史乃至世界歷史將會被全部改寫，梁師都偏偏一手把這個局給攪黃。

武德三年十一月，在唐軍接連不斷的有力打擊下，梁師都內憂外困，處境艱難。這個壞東東便派人去遊說處羅可汗，說什麼「比者中原喪亂，分爲數國，勢均力弱，故皆北面歸附突厥。今定楊可汗（劉武周）既亡，天下將悉爲唐有。師都不辭灰滅，亦恐次及可汗，不若及其未定，南取中原，如魏道武所爲，師都請爲嚮導。」

處羅可汗聽了他的鬼話，怦然心動，一改初衷，積極對大唐用兵。繼任的頡利可汗繼承了處羅的衣缽。

大唐與東突厥連年交戰，直到貞觀四年東突厥被消滅。延續多年的唐突戰爭不僅壓制了新生李唐政權的發展崛起，也給華夏百姓和突厥人民帶來了深重的災難。究其始作俑者，正是梁師都。

第二，他一手造就了華夏歷史上屈辱的「渭水之盟」。

武德九年玄武門事變後，再度陷入困境的梁師都又去遊說頡利可汗，勸說他趁李唐最高權力更迭的有利時機入侵。

頡利可汗聞言大喜，即刻發兵二十萬，南下中原。八月二十四日，也就是李世民登基稱帝後的第十五天，突厥鐵騎出現在長安近郊的渭水河畔。這時，長安兵力極爲空虛，李世民被迫於三十日訂立城下之盟，將國庫全部財物拱手送給頡利，換來突厥的撤兵。這就是歷史上著名的「渭水之盟」。

經此打擊，唐太宗李世民便在心中給梁師都重重地記了一筆。此後，李唐發動了對梁師都軍事集團的持續打擊。

貞觀二年四月，唐太宗調右衛大將軍柴紹統兵進攻梁師都的老巢朔方。內憂外困的頡利可汗雖派出了援軍，但很快就被唐軍擊潰。二十六日，梁師都的堂弟梁洛仁殺了他，獻城投降。

從義寧元年（西元六一七年）二月初一起兵，到貞觀二年（西元六二八年）四月二十六日被殺，梁師都堅持了十二年之久，是隋末群雄當中最後一個被消滅的割據勢力。他的敗亡標誌著隋末亂世的徹底終結，也意味著李唐終於完成了統一中國的宏圖偉業。飽受戰亂之苦的華夏百姓，迎來了闊別已久的和平。

詩曰：

天下風雲出我輩，一入江湖歲月催。

皇圖霸業談笑間，不勝人生一場醉。

提劍跨騏揮尾雨，白骨如山鳥驚飛。

塵世如潮人如水，只歎江湖幾人回。

一個舊的時代終結了，一個新的時代開啓了，貞觀的長歌，就在梁師都的輓歌聲中拉開了序幕……

・全書完

能人高人鬥智鬥勇，奇謀妙計爭相出籠

三國那些事兒

THOSE THINGS IN THE THREE KINGDOMS

卷三｜爭相稱帝・孔明之死

昊天牧雲——著

三國，一個英雄輩出的崢嶸時代，綿延一百年的亂世裡，各路能人高人輪番登場，各種奇謀妙計爭相出籠！

這是一個波瀾壯闊的時代，更是一個爾虞我詐、征伐不斷的混亂時代。

董卓亂政、群雄爭霸、官渡之役、赤壁大戰……

各路牛人鬥智、鬥力、鬥勇、鬥狠，最後形成三國分庭抗禮的態勢。

陰詐莫測的人性勾鬥，層出不窮的奇謀妙計，機關算盡的權謀霸術，瞬息萬變的合縱連橫，波詭雲譎的歷史舞台正上演著一幕幕高潮迭起的時代大戲……

從部落走向帝國的鐵血戰鬥民族

秦朝的那些事兒

Those things in the Qin Dynasty

卷三　秦皇天下

精采完結

老鐵手——著

【秦朝】

東周初期，秦國還只是個不起眼的西部附庸，
經過艱苦卓絕、不屈不撓的奮鬥，
從卑微的藩屬逐漸成長為一方霸主。
經過一次次變革，一次次奮鬥，
終於躋身春秋五霸、戰國七雄之列，
最終秦始皇統一全中國，
卻又因為暴虐統治而快速滅亡……

《秦朝的那些事兒》
講述秦國從部落走向帝國、
從崛起走向滅亡的完整過程。

以秦國發展歷史為主線，把春秋戰國諸侯爭霸、
兼併和廝殺的生存法則寫得淋漓盡致。

隋唐其實很有趣全集：
梟雄戰梟雄・王牌對王牌

群星會

208

作　　者　北溟玉
社　　長　陳維都
美術總監　黃聖文
編輯總監　王郡凌
出 版 者　普天出版社
　　　　　新北市汐止區忠二街 6 巷 15 號
　　　　　TEL / (02) 26435033 (代表號)
　　　　　FAX / (02) 26486465
　　　　　E-mail：asia.books@msa.hinet.net
　　　　　http://www.popu.com.tw/
　　　　　郵政劃撥 19091443 陳維都帳戶
總 經 銷　旭昇圖書有限公司
　　　　　新北市中和區中山路二段 352 號 2F
　　　　　TEL / (02) 22451480 (代表號)
　　　　　FAX / (02) 22451479
　　　　　E-mail：s1686688@ms31.hinet.net
法律顧問　西華律師事務所・黃憲男律師
電腦排版　巨新電腦排版有限公司
印製裝訂　久裕印刷事業有限公司
出 版 日　2023 年 8 月第 2 版第 1 刷
ISBN◉978-986-389-875-7　條碼 9789863898757

國家圖書館出版品預行編目資料

隋唐其實很有趣全集：梟雄戰梟雄・王牌對王牌
北溟玉著. 一第 2 版. 一：新北市, 普天
2023.08 面； 公分. - (群星會；208)
ISBN◉978-986-389-875-7 (平裝)